智慧零售系列教材

智慧仓储精细化管理

主　编　伯黎醒　高明浩　任星宇
副主编　许　杰　陈佳列　孟　华
　　　　曾庆菊　黎　侨　易　攀
参　编　周昔敏　李家锐

电子工业出版社
Publishing House of Electronics Industry
北京·BEIJING

内 容 简 介

本书以培养学生的仓储操作及管理技能为目标，基于仓储岗位主要编写了 8 个项目：认识智慧仓储、了解智慧仓储企业、探索智能仓储规划、入库作业精细化管理、在库作业精细化管理、出库作业精细化管理、智慧仓储成本精细化管理、智慧仓储运营管理。每个项目包括任务目标、任务导入、任务分析、思政小课堂、知识准备、知识拓展、任务实施、任务评价、实战演练等环节，提供了丰富的教学资源。

本书图文并茂、实操性强，既可作为职业型本科院校与高等职业院校物流管理、电子商务等专业的教材，也可作为企业在职人员的学习和培训用书。

未经许可，不得以任何方式复制或抄袭本书之部分或全部内容。
版权所有，侵权必究。

图书在版编目（CIP）数据

智慧仓储精细化管理 / 伯黎醒，高明浩，任星宇主编. —北京：电子工业出版社，2023.4
ISBN 978-7-121-45491-2

Ⅰ. ①智… Ⅱ. ①伯… ②高… ③任… Ⅲ. ①仓库管理－智能控制 Ⅳ. ①F253.4-39

中国国家版本馆 CIP 数据核字（2023）第 074626 号

责任编辑：张云怡　　　特约编辑：田学清
印　　刷：天津画中画印刷有限公司
装　　订：天津画中画印刷有限公司
出版发行：电子工业出版社
　　　　　北京市海淀区万寿路 173 信箱　　邮编：100036
开　　本：787×1092　1/16　印张：18　字数：473 千字
版　　次：2023 年 4 月第 1 版
印　　次：2023 年 4 月第 1 次印刷
定　　价：67.00 元

凡所购买电子工业出版社图书有缺损问题，请向购买书店调换。若书店售缺，请与本社发行部联系，联系及邮购电话：(010) 88254888，88258888。
质量投诉请发邮件至 zlts@phei.com.cn，盗版侵权举报请发邮件至 dbqq@phei.com.cn。
本书咨询联系方式：(010) 88254573，zyy@phei.com.cn。

前言

党的二十大报告指出："从现在起，中国共产党的中心任务就是团结带领全国各族人民全面建成社会主义现代化强国、实现第二个百年奋斗目标，以中国式现代化全面推进中华民族伟大复兴。"随着智能时代的到来，人工智能正在加速走进工厂，走进生产线，走进生产系统。供应链之间的竞争逐渐转变为智能能力的竞争——上游愈发智能化，下游愈发信息化，而处于中间环节的库存、物流与仓储，也必然需要变革！

在这样的时代背景下，面对更加清晰的供应链运营，仓储、物流、配送的效率提高成为供应链管理的核心课题。大量的研究与实践证明，精细化管理已经成为智能时代供应链管理的必然趋势。这是因为，只有对仓储的每一个环节进行精细化管理，各种智能化手段才能发挥应有的效用，企业需要通过精细化管理提高管理效率。

本书正是基于这一点，紧密结合仓储物流行业的发展状况，根据企业对新型仓储岗位的需求，将智能化、信息化的技术和理念嵌入其中，从智慧仓储的角度，以智慧仓储作业精细化流程为主线分解教学内容，使企业对每一项工作的内容都看得见、说得准，从而加深学生对智慧仓储的全面认知。

本书是校企共同开发的线上线下混合式双元教材，以仓储企业主要工作流程为线索，采用项目导向式编写方式，以项目为导向，以任务为驱动，采用"理实一体化"教学方法让学生在情境任务的引导下思考解决问题的方法，实现"行动导向、在做中学"，提升学生分析、思考、决策及自学的能力。

本书以培养学生的仓储操作及管理技能为目标，基于仓储岗位主要编写了8个项目：认识智慧仓储、了解智慧仓储企业、探索智能仓储规划、入库作业精细化管理、在库作业精细化管理、出库作业精细化管理、智慧仓储成本精细化管理、智慧仓储运营管理。每个项目包括任务目标、任务导入、任务分析、思政小课堂、知识准备、知识拓展、任务实施、任务评价、实战演练等环节，提供了丰富的教学资源。

本书由重庆城市职业学院的伯黎醒、日照职业技术学院的高明浩、顺丰速运重庆有限公司的任星宇主编，参与本书编写工作的还有重庆工程职业技术学院的许杰，重庆化工职业学院的孟华，重庆城市职业学院的陈佳列、曾庆菊、黎侨、易攀、周昔敏、李家锐。本书的具体编写分工如下：伯黎醒负责编写项目 4 中的任务 7、项目 5 中的任务 2 和任务 3，以及全书的统稿；高明浩负责编写项目 5 中的任务 1、项目 7 中的任务 2；许杰负责编写项目 8；陈佳列负责编写项目 6；孟华负责编写项目 4 中的任务 3 至任务 6、项目 7 中的任务 1；曾庆菊负责编写项目 3；黎侨负责编写项目 1；易攀负责编写项目 2；周昔敏负责编写项目 4 中的任务 1、任务 2；李家锐负责编写项目 5 中的任务 4、任务 5；任星宇提供部分教学案例，对每项内容进行把关、指导。

编写团队对本书倾注了大量心血，但由于水平、经验有限，书中难免有欠妥之处，恳请广大读者批评、指正。

编者

2023 年 3 月

目录

项目 1 认识智慧仓储 ... 1

任务 1：初识智慧仓储 ... 1
  1.1 智慧仓储的概念 ... 2
  1.2 智慧仓储发展的原因 ... 3
  1.3 智慧仓储未来的发展趋势 ... 6

任务 2：智慧仓储的类型 ... 10
  2.1 智慧仓储的典型应用 ... 11
  2.2 智慧仓储软件系统 ... 18

任务 3：智慧仓储的精细化管理 ... 22
  3.1 智慧仓储精细化管理的背景 ... 23
  3.2 智慧仓储精细化管理的内容 ... 24
  3.3 智慧仓储精细化管理的典型案例 ... 28

学习心得 ... 32
  学习回顾 ... 32
  自我反思 ... 32
  行动计划 ... 32

项目 2 了解智慧仓储企业 ... 33

任务 1：智慧仓储企业的组织结构 ... 33
  1.1 组织结构建立的原则 ... 34
  1.2 组织结构设计的步骤 ... 35
  1.3 仓储企业的组织结构形式 ... 36

任务 2：智慧仓储的岗位细分 ... 43

2.1 仓储部门的职能 44
2.2 仓储部门的权责 45
2.3 常见仓储岗位的具体职责 46

学习心得 57
学习回顾 57
自我反思 57
行动计划 57

项目 3 探索智能仓储规划 58

任务 1：智慧仓库的平面布局 58
1.1 仓库平面布局规划 59
1.2 仓库建筑设计要考虑的因素 60
1.3 仓库内部的平面布置 61

任务 2：智慧仓库货位规划与编码 68
2.1 仓库的分区分类 69
2.2 货位编码 70
2.3 货位编码的标识 74
2.4 货位编码的应用 75

任务 3： 智能仓储设备及技术 76
3.1 智能仓储设备的选择 77
3.2 智能仓储技术 78
3.3 智能仓储设备 81

学习心得 93
学习回顾 93
自我反思 94
行动计划 94

项目 4 入库作业精细化管理 95

任务 1：智慧入库作业流程 95
1.1 入库订单处理 96
1.2 入库作业组织 97

任务 2：入库准备工作 103
2.1 入库前准备概览 104
2.2 整理存放区域 108
2.3 组织人力物力 108

2.4　认识运输包装标志 108
　　2.5　安排搬运作业 110
任务 3：货物接运 112
　　3.1　货物接运的主要方式 113
　　3.2　合理安排接货人员与设备 117
　　3.3　接货差错的处理 117
任务 4：货物验收 119
　　4.1　货物验收的要求 120
　　4.2　货物验收的流程 120
任务 5：办理入库手续 127
　　5.1　交接 128
　　5.2　登账 129
　　5.3　立卡 130
　　5.4　建档 131
任务 6：货物堆码 132
　　6.1　货物堆码的原则与要求 133
　　6.2　货物堆垛设计的内容 135
　　6.3　堆码作业操作 139
　　6.4　货物苫垫与加固 143
任务 7：智能储位分配 148
　　7.1　货物分区分类 149
　　7.2　储位的分配原则 149
　　7.3　储位的使用策略 153
　　7.4　储位的分配方式 155
学习心得 158
　　学习回顾 158
　　自我反思 159
　　行动计划 159

项目 5　在库作业精细化管理 160

任务 1：货物保管与养护措施 160
　　1.1　货物保管养护的概念 161
　　1.2　货物保管养护的任务 161
　　1.3　在库货物的质量变化形式 161
　　1.4　影响库存货物变化的因素 161

1.5　在库货物养护的基本措施 163
　　1.6　仓库的温湿度控制 165
　　1.7　仓库虫害与霉腐的防治 167
　　1.8　金属制品的锈蚀和防护 169
　任务 2：货物盘点 171
　　2.1　盘点的作用 171
　　2.2　盘点的内容 172
　　2.3　盘点的方法 172
　　2.4　盘点的作业流程 175
　任务 3：智慧库存管理 180
　　3.1　库存管理的基础知识 181
　　3.2　库存控制的制约因素 182
　　3.3　库存需求预测 184
　　3.4　库存管理的方法 186
　任务 4：智慧仓储 8S 精细化管理 192
　　4.1　8S 管理的起源与发展 193
　　4.2　8S 管理的内容 194
　　4.3　推行 8S 管理的意义和目的 196
　　4.4　推行 8S 管理的常见问题与误区 199
　任务 5：智慧仓储安全精细化管理 201
　　5.1　仓储安全精细化管理的内容 202
　　5.2　仓储安全精细化管理的基本任务和目标 204
　　5.3　仓库安全管理信息系统 206
　　5.4　仓库消防管理 208
学习心得 210
　学习回顾 210
　自我反思 210
　行动计划 210

项目 6　出库作业精细化管理 211
　任务 1：常见的出库形式 211
　　1.1　智能出库作业的概念 212
　　1.2　货物出库的基本要求 212
　　1.3　常见的出库方式 213
　　1.4　出库前的准备工作 214

1.5　出库作业岗位的职责范围 216

　任务2：智能出库作业流程 219

　　　2.1　核单 220
　　　2.2　分拣备货 220
　　　2.3　复核 223
　　　2.4　包装刷唛 224
　　　2.5　清点交接 224
　　　2.6　登账 224
　　　2.7　库内清理 225

　任务3：出库异常情况处理 228

　　　3.1　出库凭证问题 228
　　　3.2　串发货和错发货 229
　　　3.3　包装破漏 230
　　　3.4　漏记账和错记账 230

　学习心得 232

　　　学习回顾 232
　　　自我反思 232
　　　行动计划 232

项目7　智慧仓储成本精细化管理 234

　任务1：智慧仓储成本管理 234

　　　1.1　智慧仓储成本管理的内容及作用 235
　　　1.2　智慧仓储成本核算与分析 236
　　　1.3　智慧仓储成本控制及优化 239

　任务2：智慧仓储绩效管理 244

　　　2.1　仓储绩效管理的意义 245
　　　2.2　仓储绩效考核指标的制定原则 246
　　　2.3　仓储绩效考核指标体系 247

　学习心得 252

　　　学习回顾 252
　　　自我反思 253
　　　行动计划 253

项目8　智慧仓储运营管理 254

　任务1：智慧仓储合同管理 254

IX

1.1 仓储合同概述 255
  1.2 仓储合同的种类 255
  1.3 仓储合同的双方当事人 256
  1.4 仓储合同的订立 256
  1.5 仓储合同的特点 260
  1.6 仓储合同的内容 260
  1.7 仓储双方的权利与义务 262

任务2：智慧仓储经营管理 265
  2.1 保管仓储经营 266
  2.2 混藏仓储经营 266
  2.3 消费仓储经营 267
  2.4 仓库租赁经营 267
  2.5 流通加工经营 268

任务3：客户化仓储管理 271
  3.1 客户化仓储管理概述 271
  3.2 制订客户化仓储战略计划的步骤 272
  3.3 客户化仓储管理对仓储企业的新要求 273

学习心得 276
  学习回顾 276
  自我反思 276
  行动计划 276

参考文献 278

项目 1
认识智慧仓储

任务 1：初识智慧仓储

任务目标

1. 了解智慧仓储发展的原因
2. 掌握智慧仓储的概念
3. 分析智慧仓储的发展趋势

任务导入

随着智能技术的普及与社会消费趋势的升级，"智慧"成为当下的热词，"智慧家居""智慧生活"等受到绝大多数用户的追捧。另外，智能技术与电商经济的发展也推动着物流行业不断革新升级，"智慧仓储"（见图 1-1）成为当下各物流企业争相布局的领域。顺丰在分拣系统中首次上线的"问题呼叫管理系统"被誉为仓库的"智慧大脑"，可以实时了解全国 300 多家分拣中心货品和人员的状态，并做出相应的调整，让整个仓库实时掌控在自己手中，让仓库

图 1-1　智慧仓储

的人、货、设备正常运作。那么，智慧仓储究竟是什么？它又是怎么发展到今天的呢？

任务分析

从长远来看，预计未来国内仓储行业在技术和协同大升级的影响下，将进一步向仓储智能化和数字化转型升级，朝着龙头化、差异化、国际化、服务化和智慧化发展，从而实现仓储乃至整体物流行业的降本提效。

思政小课堂

当下物流行业发展迅速，智慧仓储、云仓储、大数据等概念和技术更新很快，物流企业必须培养具有创新理念与创新能力、责任心强、专业性强的全面应用型人才，才能实现物流模式的革新，促进自身的发展。

知识准备

1.1 智慧仓储的概念

智慧仓储是一种仓储管理理念，是通过信息化、物联网和机电一体化共同实现的智慧物流，能降低仓储成本，提高运营效率，提升仓储管理能力。

智慧仓储以信息交互为主线，使用条形码、射频识别、传感器、全球定位系统等先进的物联网技术，集成自动化、信息化、人工智能技术，通过信息集成、物流全过程优化和资源优化，使物品运输、仓储、配送、包装、装卸等环节自动化运转并实现高效率管理。智慧仓储能够有效提升企业的市场应变能力和竞争能力，为客户提供快捷、方便、准确的服务，同时降低成本，减少自然资源和社会资源的消耗。

不同于劳动密集型的传统物流行业，智慧仓储体现出技术密集、以机器替代人力、土地利用效率大幅提升等特点。具体来看，其上游可以分为立体库、AGV（自动导引小车）、自动码垛机等核心硬件，以及WMS（仓库管理系统）、WCS（仓库控制系统）、MES（仓库执行系统）等核心软件，其下游可以运用在电商行业、制造业、农业等几乎所有具有实物交割需求的领域。

根据业务性质不同，智慧仓储主要应用于两大领域：工业生产物流、商业配送物流。工业生产物流服务于生产，对工厂内部的原材料、半成品、成品及零部件等进行存储和运输，侧重于物流与生产的对接；商业配送物流为商品流通提供存储、分拣、配送服务，使商品能够及时被送达指定地点，侧重于连接工厂、贸易商和消费者。

从功能上区分，智慧仓储主要可以分为仓储系统、分拣拣选系统、搬运输送系统、信息管理软件。在此基础之上，还有一些增值设备，如包装机器人、焊接机器人、机械手等。

智慧仓储体系如图1-2所示。

项目1 认识智慧仓储

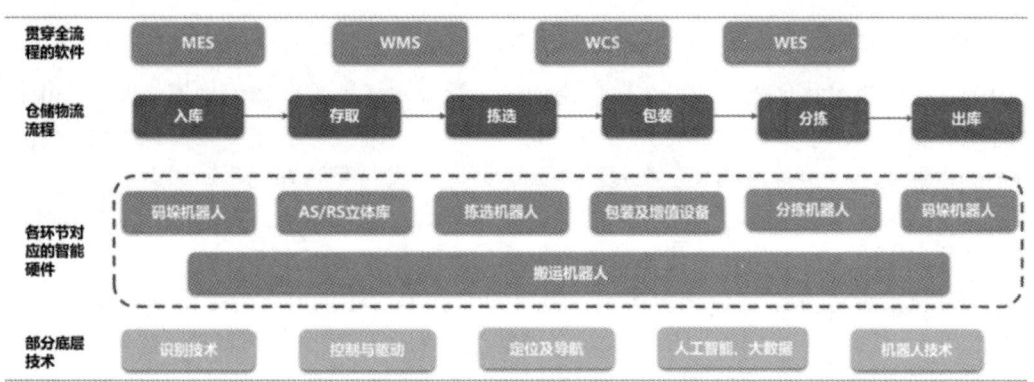

图1-2 智慧仓储体系

1.2 智慧仓储发展的原因

扫一扫，查看"初识智慧仓储"微课

1. 物流总额提升和物流费用下降的矛盾逼迫产业技术升级

物流行业的总需求与制造业息息相关，我国物流行业的总需求稳步提升。近10年来，我国工业品物流总额占物流总额整体的比例始终维持在90%左右，是我国物流需求的中流砥柱。2012年以来，我国物流总额的增速有所放缓，增长略慢于GDP的增长，这也许与着重发展第三产业的导向有关。我们有理由相信，未来物流行业的总需求有望实现不慢于GDP的增长。根据我们的测算，2025年我国物流总额有望突破380万亿元。

虽然物流行业的总需求有望实现快速增长，但是我国对物流降费的要求仍较高，物流总费用的提升空间可能不大。2020年，我国物流总费用为14.9万亿元，占GDP的比例为14.7%，与上年基本持平，过去几年的下降趋势有所缓解。其背后的原因有两个方面：一方面，第三产业对GDP的贡献率下降，与物流更为相关的第二产业对GDP的贡献率有所提升，造成物流对经济增长的贡献提升；另一方面，海运行业运输费增长迅速，对物流总费用有所拉动。而这两个原因是阶段性的，因此2020年该比例的稳定也是阶段性的，长期来看仍将继续下降。我国需要推动物流效率进一步提升，建成以国家物流枢纽为核心的现代化物流运行体系，推动物流总费用占GDP的比例继续下降。

物流行业总收入与物流总费用的相关度较高，物流行业从整体来看在收入端仍存在较大的压力。从历史上来看，我国物流行业总收入占物流总费用的比例约为70%，物流总费用的增长会直接导致物流行业总收入的增长较慢。

2. 人口老龄化或导致物流企业招工难度再升级

如何发现、招聘、留住人才目前已经成为物流企业面临的最大问题之一。传统物流行业是典型的劳动密集型行业，存在工作环境较差、薪酬回报较低等问题，各企业之间对人才的竞争激烈。2020年，56%的物流企业将雇佣和留住合格员工评为极具挑战性的问题之一，73%的物流企业需要耗费30天以上的时间才能填补一个职位空缺。

随着我国人口老龄化的发展，物流企业的用工难度将进一步升级。在未来的20年内，适龄劳动力人口具有下降趋势，出生人口也呈现下降趋势，这无疑将对劳动密集型的物流用工形成新的挑战，人力成本也大概率随之提升。

3

3. 产业集群化发展更利于 3PL 进行资本开支

（1）产业的集群化使得企业的生产制造流通、聚集，促使配套物流规模化发展。相较于全国各地各自为战，产业的集群化使得各企业的分工更为细致，运输的距离也相对缩短，面临的不确定性变小。但是不同企业在包装方式、装卸方式、存储方式、流通加工方式上有不同的要求，这就要求物流条线要基于产业集群拥有强大的网络体系、先进的技术和成套的设施设备，才能完成这些工作，促使物流业向规模化方向发展。

（2）新兴产业及先进制造业对科学、有效的管理更为注重，需要更精细可视的物流服务。不同于传统的人力密集型的制造业，先进制造业的产品具有货值较高、机械化率较高、货值波动剧烈等特点，一旦出现供应链不畅等情况，可能引发机器停转、打乱生产计划等情况，造成较大的损失。同理，新消费行业也会因交付时间长而导致客户满意度降低。因此，先进制造业及新兴产业多采用信息化的管理手段，同时对供应链各环节的可视化、精细化、高效化提出要求。

（3）产业的集群化可以大幅降低 3PL（第三方物流）对单一企业业务的依赖度，并提高资本开支的效率。基于对成本和效率的考量，企业大多倾向于将生产物流配套依厂而建。3PL 在资本开始阶段也会相对谨慎，需要综合考量客户的长期发展潜力及物流需求是否稳定等情况。产业的集群化、园区化发展则大幅降低了这一风险。产业集群发展模型如图 1-3 所示。

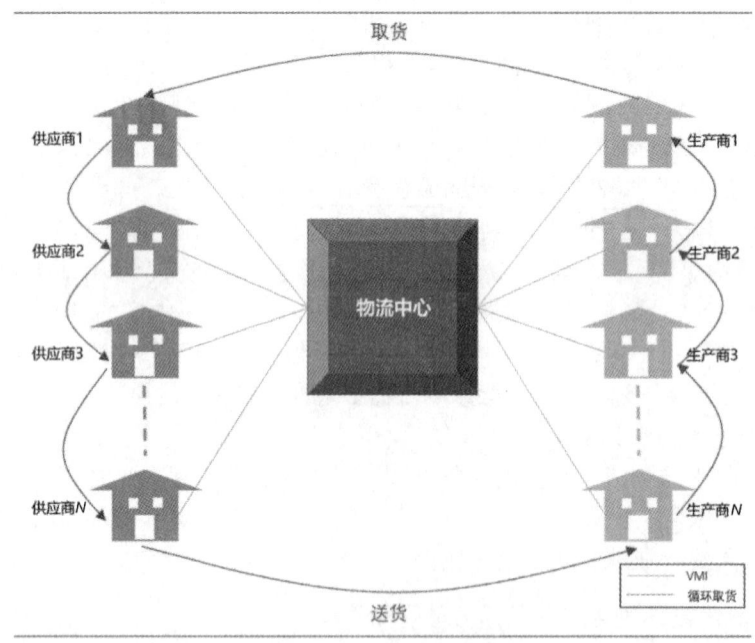

图 1-3　产业集群发展模型

4. 物流装备的国产替代已经开始，成本下降有望带来更多客户群

（1）国内智能物流装备行业已经涌现一批优秀的企业。国内已经涌现一批优秀的智慧物流企业，在科技赋能加速的背景下，我们认为我国的智能物流装备有望迅速迎头赶上，实现国产替代。在智慧物流领域，我国已经有相当一批企业实现了较好发展，这些企业在2018—2020 年实现了近 50%或 50%以上的营收复合增长。随着 AR、AIoT 等物流相关实用技术的迅

速发展，我们相信我国智慧物流行业有望迈上新台阶。此外，从我国进口的物流装备数量来看，2018—2020 年我国分别进口了 6.9 万台、6.7 万台、6.3 万台，呈现连年下降的趋势，我国智能物流装备领域的国产替代已经开始。我国的产业集群及制造成本优势，将推动更多企业采购智能物流装备，从而提升全社会的物流效率。

（2）物流科技融资力度加强，行业发展提速可期。物流科技融资提速，平均单笔融资额创 17 年以来新高。2021 年上半年，中国物流科技融资事件达 36 起，较 2020 年上半年增长 5 起；物流科技融资金额为 446.1 亿元，较 2020 年上半年增长 367.2 亿元。这背后，一方面体现出我国物流科技领域投融资的回暖，另一方面，单笔投资额的提升体现出融资企业的扩张力度、研发力度正在加强，行业正向头部化集中。在此背景下，物流科技行业有望突破拐点，加速发展。

5．制造业与物流业深度融合是大势所趋

（1）制造业与物流业的深度融合是我国长期以来重点支持的方向。截至 2021 年 7 月，我国制造业与物流业联动发展大会已经开了 14 届。在政策层面，顶层多次出台相关政策支持智慧物流的发展及两业联动。在 5G、AIoT、AR 等技术高速发展的背景下，物流业的智能化升级将成为我国制造业向高端、智能方向升级的重要拼图。"智慧物流+AI"对物流业的影响如图 1-4 所示。

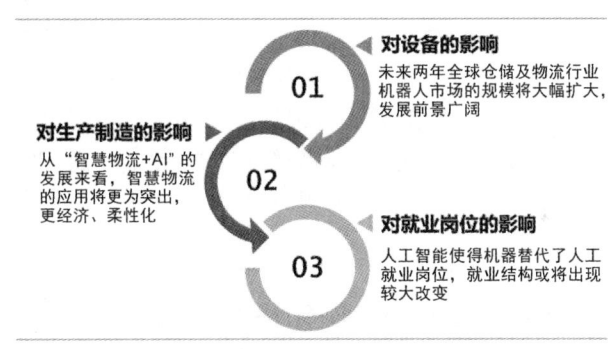

图 1-4　"智慧物流+AI"对物流业的影响

（2）制造业向智能制造发展，而智慧物流的发展是智能制造发展的基础。我国的制造业正处于产业升级的关键时刻，对分工细化程度、自动化率、全产业链协同和生产效率再提高等均提出了更高的要求，这也促使我国生产进入柔性化阶段。这对与之配套的物流提出了更高的要求：一方面，柔性化的生产意味着原材料需求的动态变化，对物流的相应速度提出要求；另一方面，以交付为核心，物流将在生产中承担比以往更多的角色，如生产计划、库存管理、供应商补货、逆物流处理等，对增值服务的需求持续增加。

（3）国内制造业品类齐全、整体成本敏感，更低成本的供给有望进一步创造需求，为智慧物流的发展创造优渥的土壤。相对于其他国家，我国的智慧物流企业面对的本国客户的种类更为全面，这为其积累经验打下了坚实的基础。由于制造业具备规模效应，经验的积累亦能带来成本的优化，我国的物流装备有望以更低的价格回馈市场。而制造业往往具备较强的成本敏感性，当采用智慧物流设备带来的效率提升足以覆盖设备采购成本时，则有望转化部分原本不具备采购意愿的客户，从而形成正向循环。

1.3 智慧仓储未来的发展趋势

1. 智能仓储设备拥有千亿元大市场，仍具有较大增长空间

（1）从物流信息化的角度来看，虽然大多企业已经运用了信息化管理，但其还缺乏系统性的规划和运用。完全没进行信息化管理的企业已经不足 5%，信息化管理在较为广泛的仓储管理领域的渗透率也已经高达近 80%。但是，在要求物流和生产深度融合的工位配送信息化领域，信息化管理目前的渗透率仅为 25%。也就是说，我国的物流业和制造业仍处在各自为战的状态下。

（2）从智能仓储设备的渗透率来看，目前 AGV、输送线及机器人的使用较为广泛，但仍有近一半的企业尚未引入物流自动化设备。这背后的原因有两个：其一是设备的更新迭代较快而投资额较高，部分企业在无法确定其能为自身带来长期优势的情况下，不愿意负担较高的资本开支；其二在于制造企业往往忽视智能仓储设备对工厂运营的重要性，仅在局部及某些节点使用这些设备，无法进行工厂运营系统的优化。

（3）我国智能物流装备的渗透率与发达国家相比仍有较大差距，拥有较大的提升空间。从发达国家物流系统的发展来看，其智能物流装备的渗透率高达 80%，而我国只有刚刚超过 50% 的水平。国内智能物流装备主要集中在烟草、医药和汽车等对自动化要求较高的行业。

（4）由于成套的智能仓储设备对生产效率的优化、成本的节约有更好的效果，未来智能物流装备将会日渐成为主流。智能制造是以智能物流作为前提和基础的，将生产或产线嵌入智能物流装备中，从而实现"制造工厂物流中心化""零断点、快交付"；智能物流装备是智能制造的重要构成，其是否被合理、有效地配置决定了智能制造能否有效运营。由于工厂的生产具备连续性，需要各个环节的紧密配合、通力合作，因此全套的智能物流装备有望在人工成本提升、效率要求居高不下的大环境下发挥更大的作用，具有较大的发展空间。

2. 中游市场广阔，集成商和运营商成为产业链的核心

（1）运营层面：一体化供应链加速渗透，优质的 3PL 服务被前置至设计环节，战略地位提升。

物流的精细化和专业化是效率提升的必要条件，效率更高、投资更少的外包物流行业的渗透率提高成为大势所趋。制造企业为提升自身的生产效率，将物流外包是其最优选择之一。一方面，利用第三方物流服务供应商的专业知识，管理及整合供应链中的各个环节，会使企业的物流效率更高；另一方面，这也将帮助企业减少对物流基础设施的大额投资。2015—2020年，外包物流的渗透率已经从 39.1% 提升至 43.9%，预计到 2025 年，外包物流市场规模将增至 9.2 万亿元，复合增速为 7.1%，快于同期物流支出的增速（5.3%），届时外包物流的渗透率有望达到 47.8%。

① 在外包物流行业当中，一体化供应链物流服务供应商展现出更强的吸引力。

一体化供应链物流服务供应商能够提供端到端的服务，便利性更强。单一供应链物流服务供应商通常仅提供一种特定物流服务，如快递。而有更复杂及精细物流需求的企业则需要聘请多家单一物流服务供应商。相比而言，一体化供应链物流服务供应商能够提供仓储及存货管理解决方案等一站式解决方案，从产品制造到配送满足客户的端到端需求，使客户免去聘请多家物流服务供应商的烦琐程序。

先进的技术应用和数据赋能带来更高的效率。传统的单一供应链物流服务供应商大体上仍属于劳动密集型企业，自动化水平相对较低，尤其对于装载及分拣之类的任务而言，这将导致流程中出现效率低、易出错等情况。此外，单一供应链物流服务供应商对数据洞察的利用有限。一体化供应链物流服务供应商通常利用技术及无人化解决方案来提高运营效率。同时，凭借先进的IT基础设施，不同供应链环节及不同合作伙伴之间的数据采集、整合及分析也变得更加精准。

一体化供应链物流服务供应商具有改善客户业务运营的能力。一体化供应链物流服务供应商可提供额外增值服务，并在销售预测、生产规划、SKU及存货管理，以及终端客户订单管理等多个方面为客户的业务运营赋能，以增进其与客户的关系，从而增强客户黏性，创造追加销售的机会。

2015—2020年，一体化供应链行业的规模从1.2万亿元提升至2.0万亿元，占外包物流行业总额的比例从28%提升至31%。预计到2025年，一体化供应链行业的规模将进一步增至3.19万亿元，复合年增长率为9.5%，占外包物流行业总额的比例将提升至34.6%。

② 不同垂直领域的客户具有不同的复杂需求。

制造企业的供应链直接关系到客户满意度、库存周转和资金周转，为满足终端消费者对更为迅速且灵活的供应链物流服务的需求，效率的提升将不可避免，但一味追求效率在物流行业不具备普适性，这便要求物流企业针对不同领域的客户量身制定解决方案。而长期积累的方案设计经验及运营经验会对企业的口碑、效率、成本进一步优化，从而带来品牌效应及溢价。

③ 数据洞察及其他增值服务的价值逐步提升。

企业供应链各个环节产生的数量庞大的数据具有很大的价值，因为对这些数据进行分析能使企业更全面地了解其运营低效的原因，从而做出更好的业务决策。一体化供应链物流服务在本质上更广泛地覆盖供应链，产生的有价值的数据更易被追踪、整合及分析。一体化供应链物流服务供应商可提供的数据洞察及辅助增值服务对企业具有吸引力及价值。

④ 借助3PL的经验，企业可以在设计智能物流系统时更好地预见潜在问题，可以与3PL共同进行资本开支，减轻负担。

由于具备物流线生产改造需求的制造企业大多对智能物流系统不甚了解，集成商对企业及行业物流需求的了解又相对较浅，因此可能存在进行大量投资后，系统并无法得心应手的情况。而物流经验丰富、熟悉智能仓储设备的3PL则可以作为中间的桥梁，充分解决这一问题。将3PL从单纯的运营角色前置到设计环节，可以加强双方的绑定程度，更好地进行两业融合。

（2）**制造层面：集成商是直面终端客户的产业链核心。**

① 智能仓储行业产业链上中游的集成商在整个产业链中处于核心地位。由于智能物流系统不是简单的设备组合，是以系统思维的方式对设备功能的充分应用，并保证软硬件接口的无缝和快捷连接，目的是实现集成创新，是一个全局优化的复杂系统。只有运用系统集成的方法，才能使各种物料合理、经济、有效地流动，实现物流的信息化、自动化、智能化、快捷化和合理化。智能物流系统综合解决方案提供商通常在该领域具有整体规划、系统设计和整合行业资源的能力，起到了积极而不可替代的作用。

② 根据业务形态的不同，有的系统集成商同时也制造物流设备、开发物流软件。目前比较知名的系统集成商大都是由上游物流设备生产商或物流软件开发商演变而来的。对于由物流设备生产商演变而来的系统集成商，这类企业的硬件技术较强，如日本大福、德马泰克、

昆船物流等；对于由物流软件开发商发展而来的系统集成商，这类企业在软件技术开发上具有较强的竞争实力，以瑞仕格、今天国际为典型代表。

知识拓展

近年来，物流业与互联网的深度融合正在提速，新技术、新模式、新业态不断涌现，以互联网为核心的新一轮科技革命深刻影响着物流业。当前，我国物流业正处于增速放缓、效率提升、需求调整和动力转换的战略转型期。智慧物流处于起步阶段，以"互联网+物流"为重点，为行业转型升级开辟了新的路径。

智慧物流的概念由2010年IBM发布的《智慧的未来供应链》这份研究报告提出的智慧供应链概念延伸而来。智慧物流是以信息化为依托，并广泛应用物联网、人工智能、大数据、云计算等技术工具，在物流价值链上的七个基本环节（运输、仓储、包装、装卸搬运、流通加工、配送、信息服务）实现系统感知和数据采集的现代综合智能型物流系统。我们可以将智慧物流简单地理解为在物流系统中采用物联网、大数据、云计算和人工智能等先进技术，使得整个物流系统如同在人的大脑指挥下实时收集并处理信息，做出最优决策，实现最优布局，使物流系统中各组成单元实现高质量、高效率、低成本的分工和协同。

任务实施

顺丰的仓储中心正准备制订一份智慧仓储发展规划，小李作为发展部门的成员之一，要在一个月的时间内做调研，并写一份调研方案。

步骤一：明确调研目的及意义

要清楚调研什么问题、解决什么问题、研究什么内容。在完整的产品生命周期中，在立项、研发、上市、营销等不同阶段，所需要研究的内容、定义的问题，以及相应的决策都必须清晰、明了。

步骤二：确定调研资料的来源

调研人员需要明确调研资料的具体来源及获取途径，包括企业已有的内部营销资料和外部收集的资料。调研资料是否具有可信度，一般看两个指标：统计信度和实验误差。一般在做定量测试时，目标受访者越多，误差相对越小。

步骤三：设置调研项目

调研项目是企业所要调研的具体内容，即要向调研对象了解什么问题。在确定调研项目时，除了要考虑调研目的、调研任务和调研对象的特点，还应该注意以下几个问题：

1. 调研项目的确定既要满足调研目的和调研任务的要求，又要能够取得数据；
2. 调研项目应包括调研对象的基本特征项目、调研主体项目、调研课题相关项目；
3. 调研项目的表达必须明确，调研项目的答案选项必须有确定的形式，如数字式、是否式或文字式；
4. 调研项目之间应尽可能地相互关联，使取得的资料能够相互对应，具有一定的逻辑关系，便于了解调研现象发展变化的结果、原因，以及检查答案的准确性；
5. 调研目的必须明确，必要时可以附加对调研项目或指标的解释及填写要求。

步骤四：选择调研方法

调研方法是收集和分析调研资料的具体方式和方法。

步骤五：确定调研样本计划

可以调研国内或国际的典型物流企业，也可以调研竞争对手。

步骤六：安排时间进度

1．制订调研组织计划

调研组织计划是指实施整个调研活动的具体工作计划。制订调研组织计划主要是确定调研的组织领导、机构设置、任务分工、人员的选择和培训、工作步骤及进度安排等。

2．安排调研进度

安排调研进度是对各类调研的项目、方法、工作时间、程序等做出具体规定。

步骤七：编制调研预算

编制调研预算是对调研所需费用进行计划，根据实际情况合理编制。

步骤八：撰写调研方案

在前期各项工作完成后要形成书面的市场总体调研方案，用于指导后期的实际操作。

任务评价

根据调研方案，结合实际填写仓储调研任务评价表（见表1-1）。

表1-1 仓储调研任务评价表

姓名：			班级：			学号：			
项目	序号	考核项目	考核内容	分值	学生自评（30%）	学生互评（30%）	教师评价（40%）	分数
技术考评（80分）	1	技能操作	可行性研究	10				
	2		调研目的明确	10				
	3		调研要求合理	5				
	4		方案设计科学	15				
	5		方案设计完整	20				
	6		方案设计适用	20				
非技术考评（20分）	7	职业素养	态度端正	5				
	8		遵守纪律	5				
	9		团队合作	5				
	10		细心严谨	5				
总分：								

实战演练

扫一扫，检测你的学习效果

任务2：智慧仓储的类型

任务目标

1. 掌握无人仓的应用
2. 掌握智慧云仓的应用
3. 掌握智慧仓储的常用软件系统

任务导入

顺丰探索智慧物流与供应链在工业端的应用，为中国重汽集团济南卡车股份有限公司提供产前物流数字化解决方案，使生产与物流快速联动，提升车辆周转效率，满足客户对全链路降本、全程感知可控、高品质履约和柔性化生产等供应链服务的需求。在推进智慧应用方面，建设占地 12000m² 的自动化仓库，分为托盘立体库和料箱立体库，其中托盘立体库可储存约 30000 个托盘，料箱立体库可储存约 60000 个料盒。仓库应用行业领先的 RFID 系统、智能循环取货系统、卡车智能调度系统等，提高了储存密度和空间利用率。同时，在分拣中心投入 30 台 AGV，实现从立体库到分拣中心全过程的货到人拣选。那么，智慧仓储的类型主要有哪些呢？

任务分析

智慧仓储是集物联网、AI、VR 等科技于一体的仓储管理系统平台，也是 5G 工业互联网的一个重要应用场景。依托信息化、物联网和机电一体化等技术，数维图团队打造出物流仓储行业的可视化解决方案——智慧仓储。它结合了物流仓储领域成熟的 WCS/WMS、RFID 技术、立体化 AS/RS 仓库等，以三维可视化的形式赋能企业的业务数据，实现了数据分析、货物快速搜索、人员车辆实名制定位等系统化功能，从而帮助企业降低仓储成本、提高运营效率、提升仓储管理能力。

思政小课堂

从智慧仓储设备和技术的升级换代，激发学生的专业自豪感、爱国情怀；从智慧仓储的发展类型培养学生的创新意识，锻炼他们的想象力和创新能力。

知识准备

2.1 智慧仓储的典型应用

扫一扫，查看"智慧仓储的类型"微课

1. 无人仓

（1）无人仓的概念。

对于无人仓的概念，目前业内并没有统一的看法。单从字面意思理解，无人仓指的是货物从入库、上架、拣选、补货，到包装、检验、出库等物流作业流程全部实现无人化操作的，高度自动化、智能化的仓库。无人仓的内景如图1-5所示。

图1-5 无人仓的内景

还有观点认为，基于高度自动化、信息化的物流系统，仓库内即便有少量工人，但实现了人机高效协作，这样的仓库也可被视为无人仓。京东、菜鸟目前打造的无人仓就是这样的。

甚至有部分人士认为，在货物搬运、上架、拣选、出库等主要环节逐步实现自动化作业，也是无人仓的一种表现形式。综合以上观点，无人仓的发展方向是明确的，即以自动化设备替代人工完成仓库内部作业。

从市场需求来看，一方面随着以智能制造为代表的制造业物流的升级发展，以及电商行业海量订单处理对更高效率的自动化系统的需求越来越大，要求越来越高，传统的物流系统已经难以满足；另一方面，随着土地成本和人工成本的不断上涨，"机器换人""空间换地"成为趋势，仓库无人化成为必然趋势。

从物流技术本身的发展来看，仓储系统自动化、信息化、智能化程度的不断提高，不仅大幅降低了物流作业人员的劳动强度，还替代人工实现了更加准确、高效的作业，因此其在作业效率、准确性等方面的优势不断凸显。同时，以设备替代大量人工，使得物流作业成本大幅降低，并且随着无人仓技术越来越成熟，应用越来越广泛，其成本也将得到有效降低，投资回报率不断提高。

可以说，智能制造，特别是电商企业的需求直接推动了无人仓技术的发展升级。无人仓是市场需求和物流技术发展双重作用的结果，是供需双方联合创新的典范。

（2）无人仓的技术标准。

无人仓的技术标准需要从"作业无人化""运营数字化""决策智能化"三个层面去理解。

① 作业无人化。

在作业无人化方面，无人仓要具备"三极"能力，无论是单项核心指标，还是设备的稳定性、各种设备的分工协作，都要达到极致化的水平。

无人仓使用了自动立体式存储、3D视觉识别、自动包装、人工智能、物联网等各种前沿技术，兼容并蓄，实现了各种设备、机器、系统之间的高效协同。

② 运营数字化。

在运营数字化方面，无人仓需要具备自感知等能力。在运营过程中，与面单、包装物、条码有关的数据信息要靠系统采集和感知，出现异常系统要自己能够判断。

在无人仓模式下，数据将是所有动作产生的依据，数据感知技术如同为机器安装的"眼睛"，将所有商品、设备等的信息进行采集和识别，并迅速将这些信息转化为准确、有效的数据上传至系统，系统再通过人工智能算法、机器学习等生成决策和指令，指导各种设备自动完成物流作业。其中，基于数据的人工智能算法将在货物的入库、上架、拣选、补货、出库等各个环节发挥作用，同时还会随着业务量及业务模式的变化不断优化作业程序。因此，可以说算法是无人仓技术的核心与灵魂。

③ 决策智能化。

在决策智能化方面，无人仓能够实现成本、效率、体验的最优，可以大幅度地减轻工人的劳动强度，并且效率是传统仓库的10倍。

京东物流无人仓能够满足业务全局发展的需要，具有智能化、自主决策的能力，其核心是监控与决策算法的优化。

（3）无人仓的构成。

无人仓的构成包括硬件与软件两大部分。

硬件：对应存储、搬运、拣选、包装等环节，无人仓有各类自动化物流设备。其中，存储设备的典型代表是自动化立体库；搬运设备的典型代表包括输送线、AGV、穿梭车、KIVA机器人、无人叉车等；拣选设备的典型代表包括机械臂、分拣机（不算自动化设备）等；包装设备的典型代表包括自动称重复核机、自动包装机、自动贴标机等。

软件：主要是仓库控制系统（WCS）和仓库管理系统（WMS）。

WCS——接收WMS的指令，调度仓库设备完成业务动作。WCS需要支持各种类型、各种厂家的仓库设备，并能够计算出最优执行动作，如计算机器人最短行驶路径、均衡设备动作流量等，以此来支持仓库设备的高效运行。WCS的另一个功能是时刻对现场设备的运行状态进行监控，当出现问题时立即报警提示维护人员。

WMS——时刻协调存储、调拨、拣选、包装等各个业务环节，根据不同仓库节点的业务繁忙程度动态调整业务的波次和业务执行顺序，并把动作指令发送给WCS，使得整个仓库高效运行。此外，WMS记录着货物出入库的所有信息，知晓货物的位置和状态，确保库存信息准确。

此外，支撑WMS、WCS进行决策，让自动化设备有条不紊地运转，代替人进行各类操作（行走、抓放货物等）的是，运用人工智能、大数据、运筹学等相关算法和技术，实现作业流、数据流和控制流协同的"智慧大脑"。智慧大脑既是数据中心，也是监控中心、决策中心和控制中心，从整体上对全局进行调配和统筹安排，使设备的运行效率最大化，充分发挥设备的集群效应。

总之，无人仓是在整合仓库业务、设备选型定制化、软件系统定制化的前提下实现仓库作业无人化的结果。从理论上来说，仓库内的每个业务动作都可以用机器替代人来完成，关键是要把所有业务节点的设备连通，形成一套完整、高效的无人仓解决方案。

（4）无人仓的主要实现形式。

无人仓虽然代表了物流技术的发展趋势，但真正实现仓储作业全流程无人化并不容易。从仓储作业环节来看，当前无人仓的主要实现形式如下。

自动化存储：卸货机械臂抓取货物投送到输送线，输送线将货物自动输送到机械臂码垛位置，在将货物自动码垛后，系统调度无人叉车将货物送至立体库入口，由堆垛机将货物储存到立体库中。当需要补货到拣选区域时，系统先调度堆垛机从立体库中取出货物，送到出库口，再调度无人叉车搬运货物到拣选区域。

KIVA机器人拣选：KIVA机器人方案完全减去补货、拣货过程中作业人员的行走动作，由机器人搬运货物到指定位置，作业人员只需要在补货、拣选工作站根据电子标签灯光显示屏的指示完成动作，效率高，出错少。KIVA机器人方案分"订单到人"和"货到人"两种模式。

输送线自动拣选：货物在投箱口被自动贴条码标签后，对接输送线投放口，由输送线调度到拣选工作站，可通过机械臂完成无人化拣选，或者作业人员根据电子标签灯光显示屏的指示进行拣货。

自动复核包装分拨：将拣选完成的订单箱输送到自动包装台，通过"称重+X光射线透视"等方式进行复核，复核成功由自动封箱机、自动贴标机对其进行封箱、贴面单，完成后由分拣机将其自动分拨到相应道口。

（5）无人仓的运行原理。

① 无人仓之眼——数据感知。

由人、设备和流程等元素构成的仓库作业环境会随时随地产生大量的状态信息。过去，这些信息只能通过系统中数据的流转来进行监控，缺乏实时性，也难以对业务流程进行指导。而传感器技术的进步，带来了最新的数据感知技术，让仓库中的各种数据都可以迅速、精准地被获取。将传感器获取的信息转化为有效数据，这些数据成为系统感知整个仓库各个环节的状态的依据。系统通过大数据、人工智能等模块生成决策指令，指导库内作业单元工作。

② 无人仓的四肢——机器人。

从货物入库、存储，到拣货、包装、分拣、装车等各个环节，都无须人力参与，形态各异的机器人成了无人仓的主角，机器人融入是无人仓的重要特色之一。图1-6所示为智能搬运机器人。

图1-6 智能搬运机器人

占据仓库核心位置的立体货架可以充分利用空间，让仓储从"平房"搬进"楼房"，有效利用空间。在狭窄货架间运转自如的料箱穿梭车（Shuttle）是实现料箱高密度存储、高吞吐量的关键。它在轨道上高速运行，将料箱精准地放入存储位或提取出来，送到传送带上，实现极快的出入库速度。

从立体货架取出的料箱会被传送到一个机器人下面进行拣选，这个机器人会迅速把商品置入相应的包装箱内。这种灵巧、迅捷的机器人是并联机器人，具备精度高、速度快、动态响应好、工作空间小等特点，保证了整个无人仓运作的高效率。

无人仓中的 AGV 可通过定位技术进行导航，并结合系统的调度，实现了整个仓库的合理生产。相较于传统输送线的搬运方案，通过 AGV 实现"货到机器人"的方式具有更高的灵活性。

六轴机器人可实现拆码垛，就是堆放和移动商品。在码垛算法的指导下，机器人对每种商品自动码垛，使其生成个性化的垛形。

③ 无人仓的大脑——人工智能算法。

除了丰富、及时的数据和高效执行的机器人，核心算法更是无人仓的"软实力"所在。例如，在上架环节，上架算法将根据上架商品的销售情况和物理属性，自动推荐最合适的存储货位；在补货环节，补货算法的设置让商品在拣选区和仓储区的库存量分布达到平衡；在出库环节，定位算法将决定最适合被拣选的货位和库存数量，调度算法将驱动最合适的机器人进行"货到人/机器人"的搬运，以及匹配最合适的工作站进行生产。

（6）无人仓主要应用领域及实践。

随着各类自动化物流设备的快速普及应用，机器代人的成本越来越低，各行各业对无人仓的需求越来越强烈。尤其是具备如下几个特征的行业，对无人仓的需求更加突出。

① 劳动密集型且生产波动比较明显的行业，如电商行业，对物流时效性的要求不断提高，受限于企业用工成本的上升，尤其是临时用工的难度加大，采用无人仓能够有效提高作业效率，降低企业整体成本。

② 劳动强度比较大或劳动环境较差的行业，如港口物流、化工行业，通过引入无人仓能够有效降低操作风险，提高作业安全性。

③ 物流用地成本相对较高的行业，如城市中心地带的快消品批发，采用无人仓能够有效提高土地利用率，降低仓储成本。

④ 作业流程标准化程度较高的行业，如烟草、汽配行业，标准化的产品更易于衔接标准化的仓储作业流程，实现自动化作业。

⑤ 对管理精细化要求比较高的行业，如医药、精密仪器行业，可以通过对"软件+硬件"的严格管控，实现更加精准的库存管理。

其中，电商行业是无人仓落地相对较多的行业。首先，电商行业对无人仓是刚性需求，这主要体现在随着电商物流的飞速发展，人工成本一直在所有成本中占据着最大比例，而成熟的无人仓技术可以有效降低人工成本；其次，电商行业对各类无人仓技术积极响应，电商领域是一个对创新思维相对开放的行业，一直不断地在进行着各类新设备的引进和先进技术的研发；第三，电商行业也是无人仓技术的最佳实验场景，各类数据表明，如果能够解决电商领域高流量、多品类的复杂场景，那么无人仓技术的全面推广就相对比较容易。

项目 1　认识智慧仓储

📝 案例

菜鸟、京东与苏宁的无人仓

菜鸟、京东、苏宁的无人仓计划，使无人仓逐渐走出实验室开始落地。菜鸟与快仓共同打造全自动化智能物流无人仓，形成了一条自动化流水线的全链路仓储自动化解决方案。京东的无人仓实现了全流程的智能机器人作业，还能根据人工智能和大数据对仓储布局进行优化指导。苏宁的超级云仓，在高密度存储、交叉分拣、电子拣选等环节上配备了自动化设备。

2. 智慧云仓

❓思考：

随着互联网和电商的快速发展，特别是在近几年流行的各种节日购物狂欢、店铺周年庆、"双 11""双 12"等大型电商活动中，快递包裹堆积成山。商家希望包裹能够精准、安全地被送到消费者手中，而消费者始终关心快递的速度。快递的前端是物流，那么如何在如此庞大的物流量下，实现快递的准确快速细分，并且高效地将其送到消费者手中？

（1）智慧云仓的概念及其与传统仓储的区别。

① 智慧云仓的概念。

智慧云仓是物流仓储的一种，但是不同于传统仓、电商仓。"云"的概念来源于云计算，是一种基于互联网的超级计算模式。在远程的数据中心中，成千上万台计算机和服务器连接成一片计算机云，对外提供算力服务。智慧云仓正是基于这种思路，在全国各区域中心建立分仓，由公司总部建立一体化的信息系统，用信息系统将全国各仓联网，实现配送网络的快速反应。所以智慧云仓是利用云计算及现代管理方式，依托仓储设施进行货物流通的全新物流仓储产品。

智慧云仓是一种全新的仓库模式，它主要依托科技信息平台，充分运用全社会的资源，做到迅速、快捷、经济地选择理想的仓储服务。在这一模式下，快件可直接由仓库被送到同城快递物流公司的公共分拨点实现就近配送，减少了配送时间，提升了客户体验，这就给那些对物流水平要求极高的企业带来了新的机遇。

② 智慧云仓与传统仓储的区别。

智慧云仓与传统仓、电商仓相比，主要区别在于仓内作业的高时效及精细化的管理，还有自动化装备和信息化系统的应用。先进的技术及管理理念的应用，导致智慧云仓的建设成本比较高，但是智慧云仓作业流程中的入库与出库的速度非常快。据悉，京东的智慧云仓出库作业，即从接到订单、拣货到出库，基本只需要 10 分钟，并且每一步都在后台系统有显示，为消费者提供了一个极佳的购物体验。同时，这个过程不仅速度快，而且准确率很高，可达 100%，因此备受青睐。

（2）智慧云仓的类型。

目前智慧云仓主要有电商平台云仓、快递云仓、互联网化第三方仓储云仓（简称第三方云仓）等类型，前两类直接为商家提供云仓服务，而互联网化第三方仓储云仓致力于为云仓供应链提供解决方案。

① 电商平台云仓。

电商平台云仓的成本比较高，目前只有电商巨头阿里巴巴、京东、亚马逊等着手布局。电商平台云仓通过协同多地仓储，实现资源整合优化，大大提升时效性和准确性，并且通过大数据分析，建立准确的预测机制，更好地实现快速反应，增强客户体验。

菜鸟云仓：菜鸟把自己定位为物流大数据平台，未来有可能组建全球最大的物流云仓共享平台。菜鸟以大数据为资源，以云计算为引擎，以仓储为节点，编织了一张智慧物流仓储设施大网，覆盖全国乃至全球，并将其共享给天猫和淘宝平台上的各商家。

京东云仓：京东自建的物流系统已经开始对社会开放，京东物流依托自己庞大的物流网络设施系统和京东电商平台，从供应链中部向前后端延伸，为京东平台商家开放云仓共享服务，提升京东平台商家的物流体验。此外，京东将京东云仓完善的管理系统跨界共享给金融机构，推出"互联网+电商物流金融"的服务，利用信息系统全覆盖，实现仓配一体化。

② 快递云仓。

快递云仓主要是指快递企业自建的云仓，建立快递云仓的主要目的是实现仓配一体化，让快递企业高效地配送。

例如，"百世云仓"是百世汇通建设的"云仓"。百世云仓依托在全国30个中心城市建设的众多云仓，从商品订单的接收开始，到订单分拣、验货包装、发运出库，避免了对货物的重复操作，将商品与消费者之间的距离缩到最短，最大化地提升了配送的效率。百世云仓在全国有100个分拨中心，站点延伸至乡镇各级服务网点，通过近1500条省际、省内班车路线，对超过5万人的速递团队进行全流程管理，构建了一个快速、安全的信息化物流供应链，已为国内外的上百家企业提供服务，而在这一过程中，传统物流产业升级也就实现了。

再如顺丰云仓，顺丰利用覆盖全国主要城市的仓储网络，加上具有差异化的产品体系和市场推广，让顺丰仓配一体化服务锋芒毕露。顺丰围绕高质量的直营仓配网，优化供应链服务能力，重点面向手机（3C）、运动鞋服行业、食品冷链和家电客户开放其云仓服务。

另外，国有快递企业EMS宣布，将实施云仓战略，为电子商务企业和商家提供全景供应链协同服务，减少电商大型活动期间的"爆仓"风险。

③ 第三方云仓。

第三方云仓的主要代表为发网、中联网仓等。在电商快速发展的同时，电商的竞争也越来越激烈，在大型电商活动背后将产生海量的需要在短时间内进行配送的快递。在这种情况下，部分快递企业常常会发生"爆仓"事件，或者货物迟迟无法发出，货物漏发、错发、破损等现象发生的频率也大幅增加，为后续工作的开展带来很大麻烦。

因此，第三方云仓应运而生，其自动化、信息化和可视化的物流服务为上述问题提供了有效解决方案。虽然第三方云仓在配送环节还相对较弱，但是目前通过与快递企业进行无缝对接，也能取得令人满意的效果。

（3）智慧云仓的实施。

智慧云仓实施的关键在于预测消费者的需求分布特征，只有把握了消费者的需求分布特征，才能确定最佳仓库规模，并进行合理的库存决策，从而有效降低物流成本，获得良好的利益，达到较高的服务水平。

① 实施条件。

技术的支撑。物流企业需要搭建一个能连接电商信息平台的云物流平台，当订单下达时，能够迅速汇总订单信息并传达到云物流平台，然后由各仓储中心处理客户的订单需求，经过信息的汇总再下达最终的配送指令直至抵达客户终端。

专业的仓储人员。物流企业在构建云物流平台的同时，就应着手培养或者招募专业的仓储人员。一旦云物流平台搭建完成，就可安排其到岗工作，使之各尽其责。

政府的大力扶持。有了政府的支持，物流企业再调动相关资源，进行推广宣传，这样就会有更多企业入驻云物流平台，极大地降低了成本，提高了资源利用率。

信息反馈和监督运行机制。信息反馈和监督运行机制主要监控云物流平台的运行、对突发问题进行处理，以及进行系统的改进。

② 实施思路。

智慧云仓的理念就是在全国区域中心建立分仓，形成公共仓储平台，可以使商家就近安排取货，从而实现就近配送，将信息流和物流重新结合。这种模式的实施思路如下。

建立实体分仓，实现就近配送。淘宝进军物流领域，它的设想就是在全国七大区域中心城市建立实体分仓。我国各种电商企业，可以由淘宝这样的企业牵头，建立社会化的公共分仓，实现货物的就近配送。比如，从上海发往西安的货物，如果客户拒收，可将质量没问题的货物暂时寄存到西安的中转站，但要通知上海的企业，寄存时间可以根据实物性质而定，如果在寄存期限内另有西安的客户要购买同样的商品，就将以上退货调拨出去，可以在短时间内再次配送，减少不必要的周转。

完善社会化信息系统，实现货物信息共享。上述提到的实体分仓是由电商企业联合打造的，建立了这样的分仓，下面便是资源整合的问题。电商企业把全国的区域城市通过物流信息系统串联起来，实现各种物流资源的完全共享，通过这样的公共信息平台和公共分仓，实现全社会的顺畅物流。

云仓的技术处理。云仓的基本问题和一般仓库体系是一样的，主要包括仓库选址、仓库数量及规模、库存决策这些问题。首先，通过云物流平台，掌握各个需求点之间的需求流量，确定各个需求点的需求量。其次，依据这些需求点建设一定数量的配送中心，建立新的仓储配送体系。最后，根据以往的交易信息和消费者的需求分布特征，确定仓库的最佳规模，并进行合理的库存决策，从而有效地降低物流成本，获得较好的利益，达到较高的服务水平。

（4）智慧云仓的发展趋势。

随着互联网和电商的发展，客户对物流的要求越来越高。通常，客户的要求主要为两点："快速"和"准确"。要做到以上两点，电商企业就需要在客户下单后，将货物快速、准确地从就近仓库出库，并按照最优的线路在最短的时间内将货物送到客户手中。为实现此目标，电商企业需要"大数据+云计算"的支持，实现仓配一体化、智能化。

未来，智慧云仓的发展会朝着分散集中化（仓库分散、数据集中）、智能化（自动分拣、预警预测、路径优化、信息反馈）、可视化（库存可视、状态可视、信息跟踪）等方向发展，以适应不断出现的物流市场新形式。

云仓模式将面临四个维度的裂变：核心城市云仓+城市云仓+社区云仓+跨境云仓，最终将形成"天下无仓"局面。未来的云仓模式如下。

① 多层级云仓平台运营需求。任何商品进入云仓平台，不论是在国内核心城市，还是在三四线城市，都面临着多层级云仓平台运营的需求。

② 社区云仓是O2O的必争之地。"最后一公里"的快速响应、动态的云仓库存支持、快

速满足末端订单的需求,这是未来的商业之争。

③ 城市云仓是渠道下沉的核心。京东、阿里现在高度重视三四线城市和农村市场的渠道下沉。据统计,中国三线以下城市及乡镇地区的消费人群规模高达9.34亿人,电商在这一市场具有72.8%的高渗透率,让其成为一个孕育了万亿规模商机的潜力市场。未来强大的购物需求在三四线城市和农村市场,所以城市云仓是必然的发展趋势。

④ 跨境云仓是跨境电商的触角。所有跨境电商都离不开云仓的支撑,如果谁能提前布局全球核心国家的跨境云仓,就可以给国外的亚马逊带来巨大的冲击。

案例

顺丰智慧云仓争做物流行业的领跑者

借助"互联网+"的时代背景,顺丰智慧云仓通过仓配一体化、路由调拨、高效服务、节约成本等,为客户提供云存储的服务体验和感受。顺丰已经在全国范围内大力推广"云仓即日"时效性服务,即针对消费者在当天上午11点之前下的有效订单,消费者在当天晚上8点前基本都可以收到所下单的商品。

2.2 智慧仓储软件系统

1. 仓库管理系统

仓库管理系统(WMS)是通过入库业务、出库业务、仓库调拨、库存调拨等业务,将批次管理、物料对应、库存盘点、质检管理、虚仓管理和即时库存管理等功能综合运用的信息化管理系统。仓库管理系统能有效控制并跟踪仓库业务的物流和成本管理全过程,实现完善的仓储信息管理。该系统既可以独立执行物流仓储库存操作,也可以实现物流企业运营、生产、采购、销售的智能化集成。

仓库管理系统使仓库管理模式发生了彻底的转变:从传统的"结果导向"转变成"过程导向";从"数据录入"转变成"数据采集",同时兼容原有的"数据录入"方式;从"人工找货"转变成"导向定位取货";引入了"监控平台",让管理更加高效、快捷。条码管理的本质是过程管理,过程精细可控,结果自然正确无误。

仓库管理系统将关注的焦点集中于对仓储执行的优化和有效管理,同时延伸到运输配送计划、电商企业和上下游供应商的信息交互,从而有效提高仓储企业、配送中心和生产企业的执行效率,降低成本,提升企业的核心竞争力。仓库管理系统具体有以下基本功能。

(1)货位管理。

仓库管理系统采用数据收集器读取产品条码,查询产品在货架上的具体位置(如某产品在A货区B通道C货位),实现产品的全方位管理。仓库管理系统通过终端或数据收集器实时地查看货位货量的存储情况、空间大小及产品的最大容量,管理货仓的区域、容量、体积和装备限度。

(2)产品质检。

在将产品包装完成并粘贴条码之后,需要将之运到仓库暂存区由质检部门进行检验。质检部门对检验不合格的产品扫描其包装条码,并在采集器上做出相应记录,在检验完毕后把采集器与计算机进行连接，把数据上传到系统中；对于合格产品，生成质检单，由仓库管理人员执行入库操作。

（3）产品入库。

从系统中下载入库任务到采集器中，入库时扫描其中一件产品包装上的条码，在采集器上输入相应数量，扫描货位条码（如果入库任务中指定了货位，则采集器自动进行货位核对），采集完毕后把数据上传到系统中，系统自动对数据进行处理。数据库中记录着此次入库的品种、数量、入库人员、质检人员、货位、产品生产日期、班组等所有必要信息，系统对相应货位的产品信息进行累加。

（4）物料配送。

根据不同货位生成的配料清单包含非常详尽的配料信息，包括配料时间、配料工位、配料明细、配料数量等。相关保管人员在拣货时可以根据这些配料信息自动形成预警，对错误的配料明细和数量信息都可以进行预警，极大地提高了仓库管理人员的工作效率。

（5）产品出库。

在产品出库时，仓库管理人员凭销售部门的提货单，根据先入先出的原则，从系统中找出相应产品的数据并下载到采集器中，制定出库任务，到指定的货位先扫描货位条码（如果货位错误则采集器进行报警），然后扫描其中一件产品的条码，如果满足出库任务条件则输入数量执行出库，并记录运输单位及车辆信息（以便以后进行产品跟踪及追溯），否则采集器就会报警提示。

（6）仓库退货。

根据实际退货情况，扫描退货产品的条码，将其导入系统生成退货单，确认后生成退货明细和账务的核算等。

（7）仓库盘点。

根据公司制度，在系统中根据要进行盘点的仓库、品种等条件制定盘点任务，把盘点信息下载到采集器中。仓库管理人员通过到指定区域扫描产品条码并输入数量的方式进行盘点，在采集完毕后把数据上传到系统中，生成盘点报表。

（8）库存预警。

根据企业实际情况为仓库总量、每个品种的库存数量设置上下警戒线，当库存数量接近或超出警戒线时，进行报警提示，及时地进行生产、销售等的调整，优化企业的生产和库存。

（9）质量追溯。

此环节的数据准确性与之前的各种操作有密切关系。可根据产品的各种属性，如生产日期、品种、生产班组、质检人员、批次等，对产品的流向进行每个信息点的跟踪；也可以根据相关产品属性、操作点信息对产品进行向上追溯。

信息查询与分析报表在此系统的基础上，可根据需要设置多个客户端，为不同的部门设定不同的权限。无论是生产部门、质检部门，还是销售部门、领导决策部门，都可以根据被赋予的权限在第一时间查询到相关的可靠信息，并进行数据分析，生成并打印规定格式的报表。

2．仓库控制系统

仓库控制系统（WCS）也被业内人士称为仓库设备调度系统。WCS 主要应用于自动化立体仓库之中，是自动化立体仓库的重要组成部分。它向上获取 WMS（仓储管理系统）的作业任务，向下对自动化设备下发详细操作指令。WCS 的主要功能及作用如下。

（1）与仓库内系统对接，实现仓库内信息交互。

对制造业而言，WCS 经常需要对接 WMS、MES、ERP 系统等主要企业管理软件。WCS 在整个企业信息流中属于底层的执行系统，它需要向上获取上层系统的指令，指导仓库作业。

（2）平稳地对接硬件设备。

WCS 不能直接同硬件设备进行对接，而是通过通信协议和硬件设备底层的 PLC（可编程逻辑控制器）进行对接的，进而控制设备的前进、后退等动作。WCS 曾对接过的硬件设备有堆垛机、四项车、AGV、料箱车、输送线、机械臂、贴标机、外形检测光幕、点数机、读码器等。

（3）仓库现场监控，反馈设备状态。

WCS 相当于仓库现场的监控器，它能直观、准确地获取立体仓库内所有硬件设备的状态、位置、预警状态，以及执行任务情况。一般而言，WCS 内置三维监控系统，此系统能够更直观地将仓库现场情况，利用可视化的形态展示在仓库管理人员面前。

（4）WCS 的安全功能。

对无人仓而言，最重要的关注点除了作业效率，就是安全保证。安全对自动化仓库而言是重中之重，WCS 必须在功能设计的各个方面注意保证设备安全、仓库内产品安全、设备防碰措施、路径规划等问题，全方面提高自动化立体仓库的安全水平。

知识拓展

智慧仓储的任务包括：提高货物出入库效率，实现非接触式货物出入库检验、问题货物的标签信息写入，以及检验信息与后台数据库联动；提高盘库效率，仓库管理人员持移动式阅读器完成非接触式货物盘库作业，缩短盘库周期，降低盘库人工成本，实现盘库信息与后台数据库联动，自动校验；提高货物移库效率，实现在调拨过程中对仓储货物进行全方位实时管理，准确、快速定位移库货物，提高移库工作的灵活性；通过对移库货物的分析，找出最佳的货物存放位置；实现仓储管理智能化，快速生成各类仓储单据、报表，对问题货物实时预警，在特定条件下进行自动提示，通过信息联网与智能管理，形成统一的信息数据库，为供应链整体运作提供可靠依据。

任务实施

研讨并分析仓库管理系统能为企业解决哪些问题。

解决的问题一：管理模式系统化

科学的货品类别管理是仓库管理的首要目的，在颇具规模的中小企业中，有很多都为此付出了不少的人力、财力。而中小企业仓库管理软件的使用，不但节约了这些人力和财力，而且提高了仓库管理的效率，使货品类别管理轻松实现。

解决的问题二：库存管理清晰化

WMS 的计算和记录功能可以使数量统计轻松实现，仓库管理人员只要在日常的进货过程中进行进货登记，在出货过程中进行出货登记，软件就可以自动记录和计算仓库中的货物在数量上的变化。

解决的问题三：仓库管理精细化

WMS 将仓储作业流程全部管控，对员工的操作要求、环节的对接，都提供了非常精细化的约束与指导。一般在由传统管理模式变成运用 WMS 进行管理后，仓库的作业效率可提升 30%以上。

解决的问题四：WMS 能规范包括出入库、盘点等的全流程作业

通过应用 WMS 对仓库进行管控，企业实现对流动作业的管控，让仓库包括出入库、盘点、退货等在内的全流程作业规范化。

解决的问题五：实时掌握库存状况，提高决策的准确性

WMS 通过对信息的有效记录，并将其与其他操作数据实时对接，能够准确地反映库存情况，为企业决策者提供有力的决策依据。

解决的问题六：自动进行报表统计，节约人力、物力

仓库管理人员通过系统设置各类报表，系统会自动进行所需数据的汇总，自动生成各类报表，方便企业人员及时查看。

解决的问题七：优化仓储物流过程

WMS 通过数据采集和提供解决方案来优化仓储物流过程。

解决的问题八：生产、仓储、物流可追溯

WMS 通过与条码/RFID（射频识别技术）结合，使每件产品都有据可查、可溯源。

解决的问题九：提高订单的处理效率

在订单被同步到 WMS 后，仓库管理人员可以利用手持终端机下载订单并同时进行发货，提高了订单的处理效率。

任务评价

根据以上研讨分析结果，结合实际填写仓库管理系统分析任务评价表（见表 1-2）。

表 1-2　仓库管理系统分析任务评价表

姓名：			班级：			学号：		
项目	序号	考核项目	考核内容	分值	学生自评(30%)	学生互评(30%)	教师评价(40%)	分数
技术考评(80 分)	1	技能操作	全面认识 WMS	10				
	2		掌握 WMS 的作用	10				
	3		问题聚焦准确	30				
	4		解决问题的方法	30				
非技术考评(20 分)	5	职业素养	态度端正	5				
	6		遵守纪律	5				
	7		团队合作	5				
	8		细心严谨	5				
总分：								

实战演练

扫一扫，检测你的学习效果

任务 3：智慧仓储的精细化管理

任务目标

1. 了解智慧仓储精细化管理的背景
2. 掌握智慧仓储精细化管理的措施
3. 掌握 WMS 精细化管理的内容

任务导入

在商业快速变化的同时，市场需求也在变化，作为服务端的仓储物流无疑正因此面临严峻的挑战：需求增加、要求更高。仓库是见证制造全流程的地方：原材料的领料意味着整个制造流程的开始，成品的入库意味着制造流程的完美收官。仓库的精细化管理细节有哪些？

任务分析

精细化管理是一种企业管理理念，它是社会分工的精细化和服务质量的精细化对现代管理的必然要求，是建立在常规管理的基础上，并将常规管理引向深入的基本思想和管理模式，是一种以最大限度地减少管理所占用的资源和降低管理成本为主要目标的管理方式。其有三个层次：第一个层次是规范化，第二个层次是精细化，第三个层次是个性化。

思政小课堂

精细化管理是精细化思想和作风贯穿于所有工作环节的一种全面管理模式，我们必须将这种模式引向管理工作的深处，引向工作态度、工作方式、职业素质、职业道德等深层次的方面。

知识准备

扫一扫,学习"智慧仓储精细化管理"微课

3.1 智慧仓储精细化管理的背景

1. 日新月异的信息化

人类社会经历了农业经济时代和工业经济时代,现在正进入信息化经济和知识经济时代(信息时代)。纵观人类发展历史,当依靠体力征服自然时,可用力气创造财富;当依靠机械化大生产为社会造福时,可利用资本创造财富;当信息时代到来时,专业知识、判断能力和有效信息将成为创造财富的主要因素。

信息化社会是人类社会发展的一个重要和高级的历史阶段。信息化是指社会各个领域的生产、服务、管理和生活的各个层次、不同方面,应用各种信息技术,开发利用各种不同形式的信息资源,以不断促进社会、经济、科学技术的发展,提高人民的生活质量。

管理信息系统是指以人为主导,利用计算机硬件、软件、网络通信设备及其他办公设备,进行信息的收集、传输、加工、储存、更新和维护,以战略优先、提高效能为目的,支持高层决策、中层管控、基层落实的集成化的人机系统。企业管理应更加注重精细化管理与信息化管理的有效融合,仅通过数据计算能力来管理已无力消除自身的弊端。管理者更应该注意管理的精细化、信息化,在运用数据和计算能力得出某些规律的同时,也要继续挖掘掩藏的宝藏。因此,能否充分利用各种层出不穷的信息技术设备,并将精细化管理与信息化管理进行融合对接,就成了现代组织能否占有竞争优势的关键所在。

2. 高速发展的网络化

人类文明开始迈进网络经济时代。与传统的社会经济模式相比,网络经济以互联网的普及和应用为基础,以知识的创新、传播、应用、增值为核心,实现社会财富和企业利益的高速增长。由于实现了网络化,我们可以突破时间和空间的限制,把整个世界连在一起。当前的网络就是一部通过通信线路,把遍布全世界大大小小的计算机连接起来的人类有史以来最大的机器。有意思的是,我们也成了这部机器的一部分。这样就构成了一个与物理空间相对应的信息空间。

互联网对经济和社会的影响是富有革命意义的,它不仅在宏观层面上对传统的经济运行模式和经济规则产生巨大而深远的影响,而且在微观层面上给企业的生存与发展提出严峻的挑战。对传统企业来讲,通过"鼠标+水泥"的方式实现网络与传统竞争方式的最佳结合,是其在网络经济时代生存的必然要求和获得成功的基本前提。

然而,仅仅实现简单的"鼠标+水泥"是不够的,只有当企业以信息网络技术为基础,以创新为核心,不断修正和优化传统竞争方式,进行不间断的组织制度和业务流程的再造与重构时,才能获得成功。这预示着在网络经济时代,网络信息技术将促使企业从组织结构、业务流程、行为方式、经营理念等方面全方位、深层次地进行或渐进式或突破式的变革。

3. 层出不穷的智慧化

精细化管理是一种理念,更是一种文化。在大数据、云计算、互联网等新技术的推动下,"仓配一体""仓配装一体""互联网+仓储""互联网+仓配一体""智能仓储"等创新模式层出不穷。当前，智能化、机械化、自动化的智慧仓储成为新的发展目标。对此，业内专家指出，智慧仓储的建设使用不仅应与企业的生产、经营深度融合，还将成为推动物流发展的新动力，为企业的降本增效、结构优化升级带来强劲的动力。

相较于传统仓储市场，互联网仓储带来了变革，在效率和成本方面有了很大提升。智慧仓储，尤其是云仓，大面积地利用云计算及现代管理方式，提高了仓内作业效率，实现了"精细化管理+互联网"的快速推进，使得物流大数据进入发展快车道。物流企业纷纷制定云计算发展战略，物流云成为仓储业热词，为智慧仓储的快速发展打下了坚实基础。

将仓储基础建设、基础服务串联，将大数据、物联网技术、智能管理技术等充分应用其中，使得智慧仓储拥有存储、移动、分配、数据优化等复杂功能，在减少企业仓储成本的同时，也让货物运输途中的服务变得可期，这是智慧仓储真正的魅力所在。

尽管我国仓储业正在逐步实现智慧化，以条形码、智能标签为核心的自动化识别技术、可视化跟踪系统、自动分拣等都已经能够完成，但是我国智慧仓储在发展中仍存在一些问题，如成本高、自动化技术普及率低等。智慧仓储在一定意义上只是对存量市场的表象改变，要进一步做到降本增效，还需要更多智能设备及体系化的解决方案，智慧仓储未来一定会有更多的新玩法。也许正因为如此，智慧仓储的市场前景令业界满怀期待，无论是其市场潜力还是新的发展。

在电子商务迅猛发展和物流业转型升级的背景之下，我国政府正在积极推动物流智慧化建设，作为物流业重要一环的仓储业的规范化、智慧化发展也相应地被提上日程。此外，越来越多的企业加大了在智慧仓储方面的研发与应用。对于智慧仓储未来的发展，有学者认为，随着行业前行的脚步加快，智慧仓储会越来越快地在全行业落地，将为物流业的降本增效提供更多的助力。

? 思考：

如何利用智慧化、信息化做好仓储的执行管理？

3.2 智慧仓储精细化管理的内容

1. 精细化管理的释义

自从精细化管理进入我国以来，诸多管理学者都对其进行了深入的研究和实践，并给予了不同的定义。

定义1：精细化管理就是将管理的对象逐一分解，量化为具体的数字、程序、责任，使每一项工作内容都能看得见、摸得着、说得准，使每一个问题都有专人负责，而不是"乱打仗"。

定义2：精细化管理是在摒弃粗放式经营方式、吸取传统管理理论的基础上，从管理的宏观层面到微观层面纵横交错地实施精细化，最大限度地降低企业成本，增加利润，从而获得竞争优势的一种管理方式。

定义3：精细化管理是一种管理理念和管理技术，通过规则的系统化和细化，运用程序化、标准化、量化和信息化的手段，使组织管理各单元精确、高效、协同和持续地运行。

定义4：精细化管理是一种理念、一种文化。它是源于发达国家（20世纪50年代的日本）的一种企业管理理念，它是社会分工的精细化和服务质量的精细化对现代管理的必然要求；

它是建立在常规管理的基础上，并将常规管理引向深入的基本思想和管理模式；它是一种以最大限度地减少管理所占用的资源和降低管理成本为主要目标的管理方式。

定义5：精细化管理的特征，可以用"精、准、细、严"四个字来概括。"精"是做精，精益求精，追求最好，不仅把产品做精，还把服务和管理工作做到极致，挑战极限。"准"是准确的信息与决策、准确的数据与计量，以及准确的时间衔接和正确的工作方法。"细"是工作细化、管理细化，特别是执行细化。"严"是严格控制偏差，严格执行标准和制度。

定义6：精细化管理是管理者用来调整产品、服务和运营过程的技术方法。它以专业化为前提，以系统化为保证，以数据化为标准，以信息化为手段，把服务者的重点聚集到满足被服务者的需求上，以获得更高的效率、更多的效益和更强的竞争力。

定义7：精细化管理就是落实管理责任，将管理责任具体化、明确化，它要求每一个管理者都要到位、尽职，第一次就把工作做到位，工作要日清日结，每天都要对当天的情况进行检查，发现问题要及时纠正、及时处理等。

定义8：精细化管理是根据管理的无形、不可分、易变及不可存储等特性，运用有形化、技巧化、可分化、关系化、标准化、差异化、可调化、效率化等多种服务工具，对企业管理的目标、承诺、展示、现场行为、语言、过程、结果等关键时刻的管理要素进行控制，达到服务有形性、关注性、可靠性、反应性、保证性等令客户满意的效果。

综合来讲，精细化管理是以组织发展战略为导向，以运营管理为基础，以执行落地为目的的管理提升体系，通过实战管理的系统化和细化，使组织管理的各职能模块间精准匹配和高效运行，最终完成组织的发展目标。

精细化管理最基本的特征是重细节、重过程、重基础、重具体、重落实、重质量、重效果，讲究专注地做好每一件事，在每一个细节上精益求精、力争最佳。从管理的角度来讲，精细化管理会使企业的管理问题程序化、简单化、明确化，并提升企业的整体管理效能。

我们不能单从字面上来理解精细化管理，其包含了以下四个方面的意思。

（1）精是做精、求精，追求最佳、最优。

（2）准是准确、准时。

（3）细是做细，具体是指把工作做细，把管理做细，把流程管细。

（4）严是执行，主要体现对管理制度和流程的执行与控制。

案例

中粮可口可乐饮料有限公司（简称中可饮料），由中粮集团和可口可乐公司两家世界500强企业于2000年合资组建，是中国唯一一家中方控股的可口可乐装瓶公司，也是可口可乐全球第五大装瓶合作伙伴。2019年，中可饮料总部的物流部引入FLUX WMS解决方案，其精细化管理包括生产成品、委外加工成品及周转容器（料箱、托盘等）等物料的存储、轮转、收发，覆盖范围以北京厂为中心，辐射济南、青岛等配销中心的仓库和外埠的临时外租仓库、工厂。

2. 精细化管理的保障工具

（1）信息化的平台。

精细化管理与企业的信息化系统具有天然的契合性，精细化管理要求企业管理的各个环节尽可能量化，也就是数据化，而信息化系统处理的就是各种数据，所以精细化管理与信息化系统都是科学管理工具——力图使每一个管理环节数据化。精细化管理最终要落实到流程化，而流程化是信息化的基础。精细化管理是一个不断地循环上升的改变过程，而信息化系统也是需要动态改进的。

精细化管理的各种决策需要数据的支持，而信息化系统可以为精细化管理提供强大的数据支持和决策辅助。把精细化管理建立在信息化系统的基础上，可以充分发挥信息化系统的作用，提高精细化管理的水平。精细化管理的目的之一就是降低管理成本、提高管理效率。企业采用信息化系统，可以提高信息传递的及时性，促进管理效率的提高，而信息化系统本身就可以降低企业的办公成本，进而降低企业的管理成本。所以，精细化管理的目的与信息化系统的目的是相同的。

信息化系统也是保障精细化管理落地的重要支撑和促进因素。精细化管理强调流程顺畅，这与信息化系统的要求是一致的。企业在建立信息化系统的时候，要对企业的岗位职责和流程、表单等进行系统的梳理，而这些工作可以与企业的精细化管理有机地整合在一起，也就是说，精细化管理与信息化系统建设是可以同时进行的。进一步，精细化管理是内涵，信息化系统是外在的实现形式。

（2）培训平台。

企业实施精细化管理，需要高素质的管理人员和操作人员，这些人员从哪里来？最主要的途径就是通过培训，为企业打造高素质的员工队伍。所以，企业培训体系是精细化管理实施的最有力的保障平台。

企业培训体系是指企业实施培训的组织机构、职责、方法、程序、过程和资源等诸多要素构成的整体，包括企业内部培训和外部培训。培训体系的作用就是通过教授有针对性的课程和方法、工具等知识，不断提升员工的能力和水平，进而提升企业的技术水平，最终提升企业的核心竞争力，使企业在竞争中立于不败之地。

员工培训的重要性体现在以下几个方面。

① 提高员工的文化和技术素质，增强企业对环境的适应能力。员工培训是人力资源管理与开发的重要组成部分和关键职能，是人力资源资产增值的重要途径，也是企业组织效益提高的重要途径。通过培训，企业可以培育和形成员工的共同价值观，增强凝聚力，提升员工的技术水平，使员工更加适应所在岗位的工作。

同时，培训也是一种有效的、低成本的、可以带来更大收益的员工激励，是建立学习型组织的最佳手段。企业培训工作要根据企业的战略目标和精细化管理的要求规划来实施，为企业提高各类人员的素质和可持续发展服务。企业培训工作是生产经营活动的重要环节，在建立培训体系的过程中，要从企业发展战略的角度去思考问题，以企业发展计划为蓝本，避免产生"为培训而培训"的现象。

② 有助于提高服务和产品的质量，提升企业在市场竞争中的竞争力。员工培训要以岗位培训和继续教育为主，其中岗位规范、专业知识和专业能力是岗位培训的重要内容。岗位人员在上岗后也需要不断地进步、提高，参加更高层次的技术升级和职位晋升等方面的培训，使自己的专业知识、技术能力达到岗位规范的高一层标准，以适应未来岗位的需要。员工培训工作显得尤为重要，实践证明它是达到预期目标的一条有效途径。员工培训要与继承企业优秀知识成果、借鉴外部有益经验和管理技术创新相结合。

③ 满足员工自身发展的需要，是对员工的一种有效激励。

员工培训是一项重要的人力资源投资，同时也是一种有效的激励方式。只有调动各方面的人员积极参与这项工作，使其发挥各自的优势，才能保证培训体系建设的全面性和有效性。

④ 提高企业凝聚力，增强员工的归属感，激发员工的自主工作热情，提高企业效益。

随着科学技术日新月异的进步，企业管理和经营对人的要求越来越高，人与事的结合常常处于动态的矛盾之中。一个企业要想在现代社会的竞争中立于不败之地，就必须重视对员工的培训。通过培训，企业向员工传递企业的价值观，使员工遵守良好的行为规范，能够自觉地按规范和制度的要求进行工作，从而形成良好、融洽的工作氛围。通过培训，可以增强员工对组织的认同感，增强员工与员工、员工与管理人员之间的凝聚力。

3. 智慧仓储精细化管理的措施

（1）与其他部门良好对接。

因为仓储部门在整个生产链条中扮演的角色依旧是保障和服务部门，仓储部门的工作依旧要围绕生产展开，所以和生产各部门的对接就成了仓储部门精细化管理的重要工作内容，要确保一切顺畅，要做到沟通无缝对接、制度无缝对接、流程无缝对接、信息无缝对接。

无论是系统还是流程，都是人在使用和操作，人是最关键的因素，做好对接工作就要做好人与其他部门的沟通。这样才能保障业务信息在各部门间得到良好的传递，仓储部门能更好地为企业进行服务。

（2）落实检查。

管理是一门笨功夫，没有捷径，常常盯着往往就是好办法，管理效果就好。制定一套规则、流程、制度是容易的，但能够落实才是管理的关键，那么要管理好仓库，要落实各项制度，只有常检查、不偷懒。担心安全，你要常检查；担心物料储备不足，你要常检查；担心账物不符，你要常检查；担心各套仓库设施是否正常运作，你要常检查。常检查是落实管理制度的不二法门，也是管理好仓库的重要手段。

（3）做好数据处理，确保库存准确。

实现账物相符是每一个仓库管理人员最核心的业务要求，但在现实里这是不容易实现的。人们所能做的就是尽量减少人为操作方面所带来的失误，完善操作，制定合理的流程。

智能化技术的引入，通过与信息化系统的结合，将流程的误差率降到最低。

（4）合理的布局和通道设计。

合理的布局和通道设计最能够体现出管理者的水平，良好的规划可以根据物料的性质和规格，有计划地预留储存空间，不至于给量多的物料预留的空间小，给量少的物料预留的空间大，造成储存效率低下。

中小型物流企业大多没有对货物的布局进行合理规划，仓库货位没有明显分区，采取的是"见缝插针"型的储存模式。仓库类似简单的堆场，管理比较混乱。有的分拣区与储存区混杂，拣货时货物被随意地堆放在仓库的分拣区里，出货时仓库管理人员不容易找到货物。

特别是在每年的货运高峰期，由于货物种类多且货物量大，仓库货物之间的通道狭窄，叉车作业不方便，很难快速完成分拣，存在找不着货物的情况或者找货时间较长的现象，影响了货物的先进先出和发货的及时性，进而加大了货物滞压和过期的风险，降低了客户满意度。

保持进出物料通道的顺畅是仓库实现高效管理的必经之路。通道在仓库规划中就应该有预留，而且必须划线管理，通道上不允许堆放任何物品，阻碍进出。

(5) 分类清晰的库位规划。

能否迅速地找到所需要的物料，是决定整个仓库管理效率高低的关键性因素。比如，在制造业，物料往往品种多、数量多，物料也很相似，大多只存在一点点差异，只要有一点点不小心就会弄错，继而给后面的加工造成困扰。

在这种情况下，严格分类存放是避免错误发生的好方法。将不同类型的物料分区域存放，根据材质、大小、不同产品使用等标准进行分类，并且进行明显标识，这样就可以随时找到想要的物料，对提高生产效率有非常积极的意义。

根据精益原则维护和控制库存管理是仓储发展的主要趋势。在仓库和配送中心的各个领域，这些做法对降低仓储成本起着至关重要的作用。

通过不断改进和致力于精益仓储，可以实现仓储成本的显著下降。这些下降主要是通过运用有效的库存管理方法和精益原则的最佳优势来实现的。

3.3 智慧仓储精细化管理的典型案例

1. 仓库管理系统实现精细化管理

首先，在作业方面：一是 WMS 全程使用 RFID 扫描作业，系统自动采集和更新数据，无须纸质记录和数据录入，实现无纸化管理，规范了仓库的作业流程；二是系统在 PDA 上显示上架、下架的库位，减少员工找库位、找货的时间，以及其对经验的依赖，不仅提升了作业效率，而且对员工的要求也降低了。

其次，在管理方面：一是整个仓库内部实施可视化的管理，可以更好地便于作业；二是企业管理者可以利用 WMS 对产品进行分类编码管理，对产品的各项信息进行系统化管理，这样不仅能够实现对库存的实时监控，还能提高库存周转率。WMS 通过条码技术或 RFID 对每个货区的库位进行条码/标签标识，通过扫描确认产品上下架，可以保障每笔出入库业务的准确性，从而实现精细的库存管理。

再次，在货位管理方面，企业要实现智能化、自动化的仓库管理，就需要利用仓库管理软件进行合理的货位规划。WMS 可以为企业规划合理的排架模式，并建立相应的数据库。此外，它还可以根据企业仓库的具体情况规划合理的工作流程，确保工作更加高效和顺畅。

最后，在数据信息方面，仓库信息数据的实时共享和更新，体现了货物进出仓库的实时记录和动态监控，提高了库存管理的透明度。

WMS 通过自身的能力实现了仓库的精细化管理。WMS 对仓库资源的整合，不仅减少了库存积压和操作失误，而且大大提高了仓储效率，改善了物流和供应链管理。企业借助 WMS 可以应对未来发展中遇到的挑战，在未来的发展道路上越来越好。

2. 数据可视化实现物流精细化管理

（1）行业背景。

随着互联网行业的快速发展，网络购物的次数、网上支付的金额、移动电子商户的数量急剧增加，商品爆仓成为困扰物流企业的一大难题。加强物流仓储管理的智能化、自动化升级，成为提高现代企业物流运转效率的重要手段。一个高效、智能的仓储管理平台可以帮助企业提高生产效率，降低运营成本。

智慧仓储数据可视化平台通过二维组态、三维仿真形态的方式展现出仓储中心整条流水线的全场景作业情况，方便管理人员对大批量货物进行集中储存、管理。

（2）可视化操作。

智慧仓储数据可视化平台自主研发的"物流控制塔"，实现了数据的实时图形可视化、场景化及实时交互，确保了仓库各管理环节数据输入的准确性和快速性，保证客户能及时、准确地掌握库存的真实数据，合理保持和控制客户库存，并通过科学编码对库存货物的批次、保质期等进行管理。

智慧仓储数据可视化平台运用两级视频监控机制、看板透明化管理、作业量预警等方案，对现场作业区域进行监控视频全覆盖，并通过与总部信息中心的大屏幕端口对接，实时反映运营现场的情况。智能看板系统可实时记录、查询异常运行情况，并根据扫描结果分析射频扫描数据，对人员、库存进行预警。此外，智能看板系统对货品和库位分别生成相应的二维码，通过应用射频扫描技术，对出入库作业进行严格的监控，对实物库存的异常变化（移库、残损等）进行及时反馈和更新，始终确保实物库存与系统显示一致，提高工作的效率和准确率。

（3）实现效果。

① 智能化管理，提高生产效率。

智慧仓储的数据可视化，整合了传统的仓库管理系统和仓库控制系统，打造三维仿真仓储物流中心，实现了物流精细化管理。

企业通过可视化系统可快速获取设备的运行情况，对货物出入库、物料库存量等也能做到实时查询与监控，减少不必要的时间损耗，从而提高生产效率。

② 资源整合，降低企业成本。

随着科学技术的发展及应用，仓储管理由人工作业到半自动化、自动化，直至如今的智能化，突破了人工管理的局限性。同时，高效率的仓储管理也减少了传统物流仓储对纸质作业的使用，大大降低了企业的运营成本。通过整合现有资源，优化资源配置，企业可以提高资源利用率，减少资源浪费与企业成本。

③ 数据联动，让管理更高效。

在传统仓储管理中，单一的数据只能满足企业的基础需求。如今依托计算机技术、通信技术、机电一体化技术、语音识别技术和可视化技术等的应用，数据可视化可对数据进行深度挖掘与分析，让管理人员对当前的仓储作业能力进行及时评估，并为一系列可能存在的实际问题找到解决方案，实现仓库数据共通与联动，提高管理效率、仓储效益等。

知识拓展

古语云："窥一斑而知全豹。"现在管理上极力提出"放大抓小"的原则，其本质就是从细节上显示管理的真功夫，更好地提高效益。在企业复杂的管理过程中，无处不体现着这样的原则——管理关注细节。小的细节能够反映出企业的综合管理水平，体现出企业能否将一件看似简单的工作做到"高水准"，使其具有超越其表面现象的价值。我们每个人努力追求工作上的完美，认真做好每一件"小事"，对企业的生存和发展而言，都具有十分现实和重要的意义，这也是创造卓越的根本点和立足点。

做好"小事"需要高度的责任感、敬业精神和严谨求实的态度，它要求你必须付出数倍于别人的努力，并胆大心细，才有可能取得超越他人的成绩。我们所做的各种工作是由无数的工作细节组成的，每一个工作细节都十分重要。我们必须坚持高标准、严要求，把每一项细小的工作落到实处，不断提高工作质量，才能够减少工作失误，提高工作效率，实现既定的奋斗目标。

任务实施

为了进一步落实综合物流解决方案，逐步实现智慧物流的战略布局，顺丰敦豪供应链中国（简称顺丰 DHL）积极探索智慧仓储精细化管理之路。请针对顺丰 DHL 智慧物流的具体情况展开调研，形成调研报告，用于指导后期的实际操作。

步骤一：顺丰 DHL 智慧物流项目的基本概况（举例如下）

项目名称：料箱到人项目；

仓库面积：约 2000m²；

库宝机器人数量：9 台；

项目亮点：料箱到人项目实现入库效率提升 20 倍、出库效率提升 3.5 倍、存储密度提升 80%等。

步骤二：分析项目背景

顺丰 DHL 作为卓越的供应链服务商，通过运用复杂的科技、系统、标准，以及长期积累的经验，为零售、汽车、电子、消费类电子、半导体等行业提供高水准的作业服务。为了进一步提升综合物流解决方案的能力，逐步实现智慧物流的战略布局，顺丰 DHL 积极探索科技之路，找寻提升存储效率的科技设备，为未来布局。

顺丰 DHL 上海仓库负责一个轻奢服装品牌的全国 2B 和 2C 库存的管理和发运，实现了对样品、常规货物、退回货物的一体化管理。原人工仓库拣选难度大、人工操作效率低，为了提升整体操作效率，实现仓库智能化、可视化管理，顺丰 DHL 上海仓库于 2019 年 5 月引入海柔创新库宝系统进行自动化改造。该项目是顺丰 DHL 与海柔创新战略合作的示范项目，也是继顺丰 DHL 香港备件仓后的又一个料箱到人项目。

步骤三：智慧物流技术详细介绍（举例）

在该项目中，海柔创新根据仓库情况，配置了集库宝机器人、软件系统 HAIQ、操作台、货架及充电桩于一体的库宝系统解决方案。库宝系统作为新一代箱式仓储机器人系统，为仓库提供自动化管理技术，实现智能搬运、拣选、分拣，将传统的"人找货"模式变为"料箱到人"模式。

库宝机器人：库宝机器人采用多个传感器融合定位，控制精度达 3mm 左右，具有高稳定性和高精度作业的特点；库宝机器人根据订单，一次性可搬运、存储 5~8 个料箱，每个料箱可承重 30kg，平均运行速度为 1.5m/s，提升人工效率 3~4 倍。4.2m 高的库宝机器人可支持仓库使用 4m 高的货架，提升 80%的储存密度。

软件系统 HAIQ：HAIQ 是海柔创新智能仓储系统的智慧大脑，可实现与外部管理系统的对接，处理相关业务需求，进行数据分析及可视化管理。此外，它还保证多台机器人及各类设备的同时调度，实现系统健康状况预测与监控，并基于强化学习和深度学习进行系统优化。

料箱到人模式：HAIQ 对接仓库管理系统，对订单优化系统进行处理，规划最优路径，将任务下达给库宝机器人，库宝机器人一次可拣选 5~8 个指定料箱，交至操作台，提升订单命中率。操作员根据系统的语音和界面提示实现灯光拣选和灯光播种，有效解放人力，将工作效率提升 3~4 倍。

步骤四：项目方案介绍（举例）

1. 项目痛点：人工拣选效率低，易出错；货架低，货位少，储存密度低；产品混箱放，拣选难度大；货值高，货物安全和防盗要求高；电商节日订单量大，人工作业任务繁重等。

2. 项目配置：仓库面积：约 2000m^2；货架面积：约 1500m^2；储存货位：18456 个；货架高度：4m；库宝机器人数量：9 台；操作台数量：3 个。

3. 应用效果：入库效率提升 20 倍，出库效率提升 3.5 倍，储存密度提升 80%，一周内完成部署，一个月内联调上线等。

步骤五：项目价值归纳

1. 智能高效的料箱到人模式：库宝系统的引入，将仓库以往的"人找货"模式改为"料箱到人"模式，提高了订单拣选命中率，使仓库储存密度提升 80%，入库效率提升 20 倍，出库效率提升 3.5 倍，大幅提升了仓库作业的效率及准确性，满足了 2B、2C 业务的需求。同时，库宝系统通过用机器替代人工进行搬运作业，有效减少人员的走动距离，降低了人工劳动的强度。

2. 信息化管理：库宝系统提供智能数字化管理，由原来的纸质订单操作升级为数字化订单操作，通过友好的界面和语音交互，提升操作正确率至 99.99%。

3. 快速部署：该项目于一周内完成自动化部署，在一个月内上线，满足了客户项目紧急交付的需求。

任务评价

根据以上调研报告，结合实际填写顺丰 DHL 智慧物流项目的任务评价表（见表 1-3）。

表 1-3 顺丰 DHL 智慧物流项目的任务评价表

姓名：			班级：			学号：			
项目	序号	考核项目	考核内容	分值	学生自评(30%)	学生互评(30%)	教师评价(40%)	分数
技术考评(80分)	1	技能操作	调研目标明确	5				
	2		调研内容翔实	10				
	3		调研分析合理	10				
	4		调研报告完整	15				
	5		调研报告真实	20				
	6		调研报告有效	20				
非技术考评(20分)	7	职业素养	态度端正	5				
	8		遵守纪律	5				
	9		团队合作	5				
	10		细心严谨	5				
总分：								

实战演练

扫一扫，检测你的学习效果

学习心得

学习回顾

通过对本项目内容的学习，我有哪些收获？

1. _____
2. _____
3. _____
4. _____
5. _____

自我反思

我还有哪些不足？

1. _____
2. _____
3. _____
4. _____
5. _____

行动计划

我要从以下几个方面做好智慧仓储发展的调研工作。

1. _____
2. _____
3. _____
4. _____
5. _____

项目 2
了解智慧仓储企业

任务 1：智慧仓储企业的组织结构

任务目标

1. 了解仓储企业组织结构建立的原则
2. 掌握仓储企业组织结构设计的步骤
3. 掌握仓储企业典型的组织结构形式

任务导入

近两年顺丰在全国发展迅速，其仓储业务的年收入节节攀升，但问题也不少，各区域过于强调自己的利益，有时很难协调工作。比如，公司总部分配资金给各业务区购车，华北区经理就和华东区经理为此闹得很不愉快，都认为自己业务量大，运输部的车子需要大量增加，很少从公司的整体战略考虑问题。再如，江西省内有一批货物急需运往广西，由于这两地分别由华东区和华南区管辖，在货物衔接时出了问题，客户非常不满意。

华中区经理说："虽然各业务区的具体事务公司不便干预，但各业务区在机构设置和用人上应该考虑成本。比如，西北区目前业务量相对比较少，没有必要与其他区一样，也设置人力资源部、财务部、后勤部、市场部、信息部、客户部、业务部、技术部等那么多部门，可以将一些部门合并，裁减一些人员。"

公司总经理助理小王接下来要思考几个问题。

1. 目前公司的组织结构属于哪一种？它有什么优缺点？
2. 针对上述问题，应该如何解决？

任务分析

顺丰为了更好地提供仓储服务,首先应该明确公司现有组织结构属于哪一种,以及其优缺点是什么;其次应结合公司发展情况判断现在的组织结构是否适合公司;最后根据公司现在的业务特点重新规划适合的组织结构。这就需要同学们学习仓储企业组织结构建立的原则、设计的步骤,以及各种组织结构的特点等相关知识。

思政小课堂

企业的组织结构关系到企业的发展,新的组织结构至少要能支撑企业未来三年的发展目标,并且定位清晰、职责明确。因此,在设计组织结构的过程中,一定要结合企业实际开展业务的状况,做到严谨细致。同学们在学习过程中要锻炼并逐步具备全局思考、严谨细致、求真务实的职业态度。

知识准备

1.1 组织结构建立的原则

组织所处的环境、采用的技术、制定的战略、发展的规模不同,所需的职务和部门及其相互关系也不同。但任何组织在建立组织结构时,都需要遵守一些共同的原则。组织结构的建立应当遵循的原则,可归纳为以下七点。

1. 任务目标原则

仓储企业的组织结构建立的出发点是仓储管理任务和经营目标。每个部门或岗位都是企业组织结构的一部分,都与特定的目标有关,否则就没有存在的价值。企业设置部门、岗位要以事为中心,事与人要高度配合。

2. 精简原则

作为仓储企业,在完成仓储任务的前提下,应当力求组织结构的紧凑、精干,机构越简单、人员越少越好,这就要求仓储企业加强人员培训,提高人员素质。仓储企业要实现组织结构的精简、高效,需要考虑管理层次和管理幅度两个问题。管理层次是指企业自上而下或自下而上的管理阶梯。企业负责人和基层员工之间的层次过多,一般都会造成信息失真,严重的还会造成信息歪曲或过时,因此管理层次越少越好。管理幅度是指部门负责人能够直接有效指挥下属的数目。高层管理人员的管理幅度为 4 至 5 人,如果企业的基层工作、监督工作不复杂,高层管理人员则可领导若干下属。实现什么样的管理层次与管理幅度,企业应根据实际状况因地制宜,而不应"一刀切"。

3. 专业分工与协作原则

以专业分工为原则划分组织职能,即一个部门承担的职能应当是比较集中、比较少的,如果职能跨度太大，则很难找到能够胜任的人员来完成部门的工作。除专业分工原则外，建立组织结构还应当体现协作原则，即部门边界的确定应当便于业务活动的上下游衔接，关键流程的接口应当清晰。组织结构的分工要适当，责任要明确，既要进行协作，又要避免相互矛盾。

4. 指挥统一原则

组织结构的建立要保证行政命令和生产指挥的集中统一，应该做到从上到下垂直领导，一级管一级，避免多头领导。仓储企业一般形成三级仓储管理层次，即决策层、执行监督层和仓库作业层。

> **思考：**
> 仓储企业每一个管理层次的具体工作任务都是什么？

5. 责权利相结合原则

责任是岗位必须履行的义务，权力是岗位应该行使的权力。在任何工作中，责任与权力必须大致相等，否则就无法完成工作。权责不对应对管理组织的效能损害极大，有权无责（或权大责小）就会产生瞎指挥、滥用权力的官僚主义；有责无权（或责大权小）会严重挫伤工作人员的积极性。责权利相结合，能够使每一个职位或岗位上的职责、职权、经济利益统一起来，形成责权利相一致的关系。

6. 有效管理幅度原则

管理幅度直接关系到仓储企业设置几个管理层次，不同层级的管理者能够有效管理的下属的数量，需要根据企业的管理工作难度等情况来确定。在互联网技术被越来越多地应用于业务沟通的背景下，管理者的有效管理幅度也在扩大。同等规模的组织，管理者的管理幅度越大，设置的管理层次越少，管理幅度与管理层次成反比。

7. 稳定性和适应性相结合原则

组织结构应有一定的稳定性，便于各环节、各岗位、各类人员的相互配合，保证组织正常运行。

1.2 组织结构设计的步骤

组织结构设计要能简洁而明确地指出各部门和岗位的工作内容、职责与权力，以及与组织中其他部门和岗位的关系，要明确各岗位上的工作者所必须具备的基本素养、技术学问、工作经验、处理问题的能力等条件。组织结构设计一般可以分为六步。

1. 确定组织目标

仓储企业的组织目标是紧紧围绕企业面临的内外部环境，结合企业自身的资源，合理确定的总体目标。

2. 确定业务流程

确定业务流程就是明确仓储企业的具体工作内容和主导业务流程，并对流程中各节点的工作内容进行分工。

3. 确定组织结构

根据仓储企业的特点及组织环境等因素，确定采取何种组织结构，以及应设置哪些部门，将性质相同或相近的工作内容进行优化组合。

4. 进行职能分解

仓储企业在确立总体结构框架后，要确定各部门的职能并对各部门进行职能分解，明确每个部门的具体职能和岗位设置，明确对各岗位人员的素质要求。

5. 确定岗位职责权限

确定各岗位的权利、责任和义务，同时明确各部门之间、上下级之间和同级之间的职权关系，以及相互之间的沟通原则。

6. 配备岗位人员

根据仓储企业各部门的工作性质和对岗位人员的素质要求，为各个部门配备人员，明确其职务和职称。

扫一扫，查看"智慧仓储企业组织结构"微课

1.3 仓储企业的组织结构形式

仓储企业可依据自身类型、规模、经营范围和管理体制等的不同而选择不同的组织结构形式，设置不同的管理层次、职能工作组，安排不同的岗位人员。

1. 仓储企业组织结构的可选类型

（1）按照职能不同设计组织结构，即将仓储企业的主导业务分解成多个环节，由相应的职能小组负责执行，具体组织结构示例如图 2-1 所示。

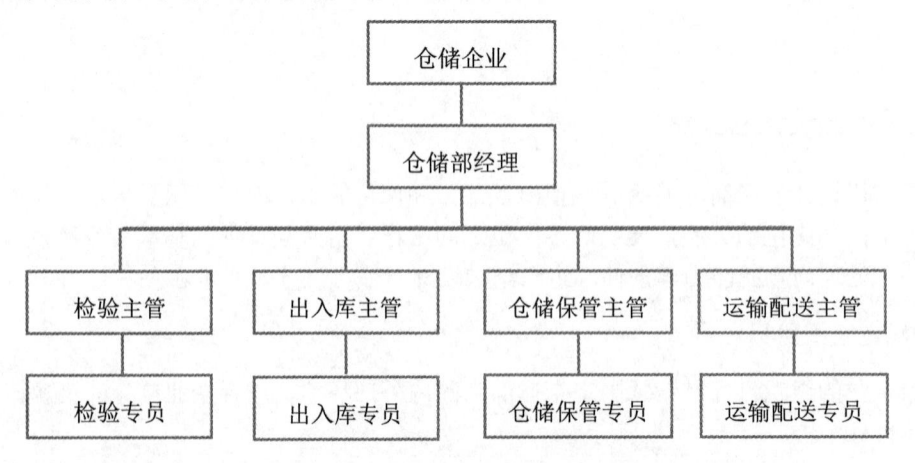

图 2-1 按照职能不同设计的组织结构

（2）按照储存对象不同设计不同的组织结构，即根据企业生产、经营的需要，先将不同的物资分别存放在不同的仓库，然后相应地设置职能工作组和配备人员，如图 2-2 所示。

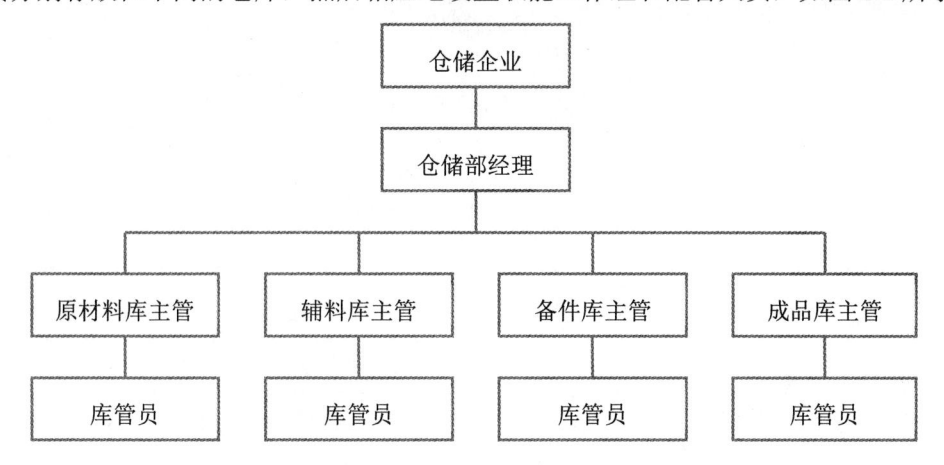

图 2-2　按储存对象不同设计的组织结构

（3）按仓库规模设计仓储企业的组织结构。
① 小型仓储企业的组织结构示例如图 2-3 所示。

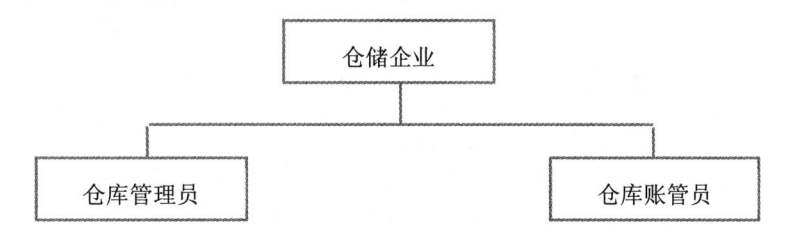

图 2-3　小型仓储企业的组织结构示例

② 中型仓储企业的组织结构示例如图 2-4 所示。

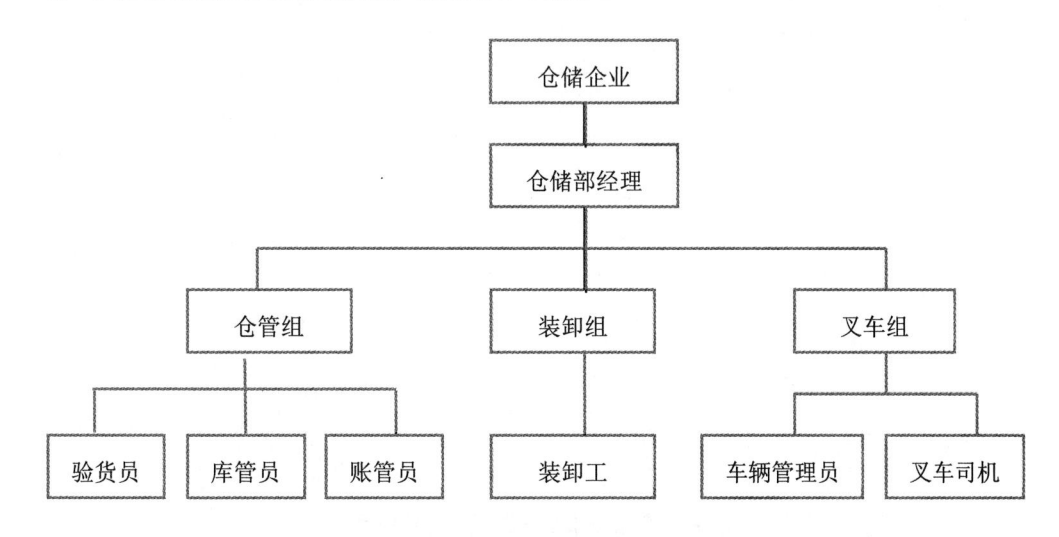

图 2-4　中型仓储企业的组织结构示例

③ 大型仓储企业按不同职能设计的组织结构示例如图 2-5 所示。

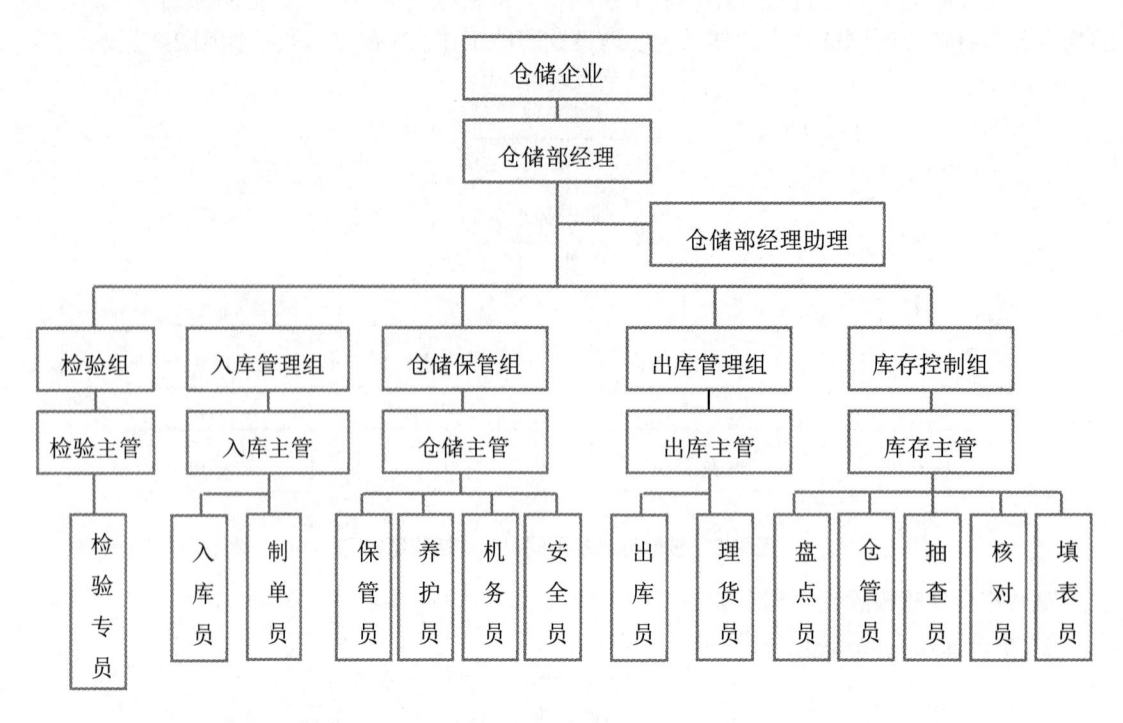

图 2-5　大型仓储企业按不同职能设计的组织结构示例

（4）按不同企业类型设计仓储部的组织结构。

① 对零售超市而言，其仓储部主要负责各类商品的出入库管理、在库商品保管、理货配货及安全管理等。零售超市仓储部的组织结构示例如图 2-6 所示。

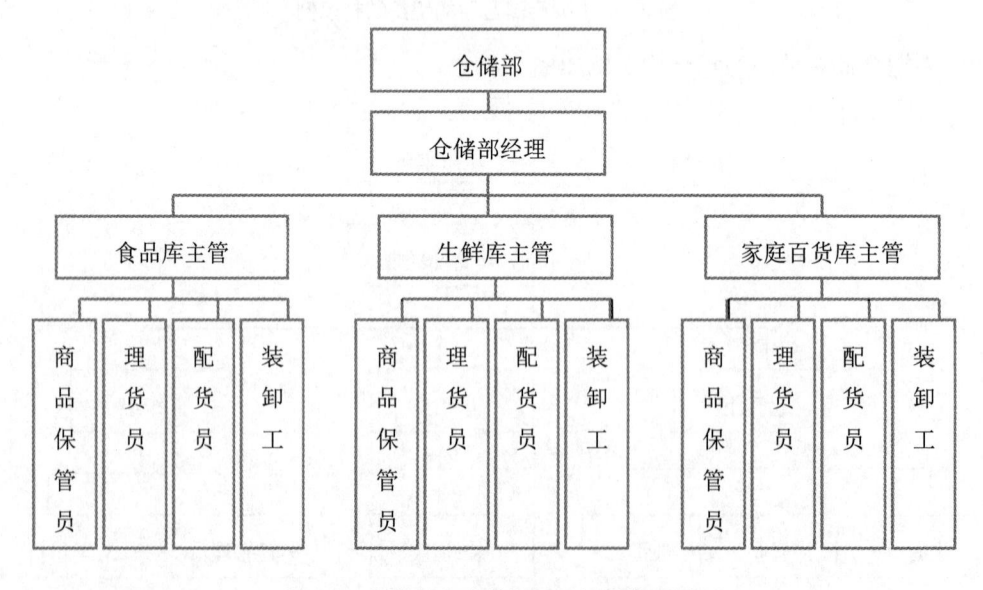

图 2-6　零售超市仓储部的组织结构示例

② 对物流企业而言，其仓储部的主要职能是按照客户的需求提供物资仓储服务。物流企业仓储部的组织结构示例如图 2-7 所示。

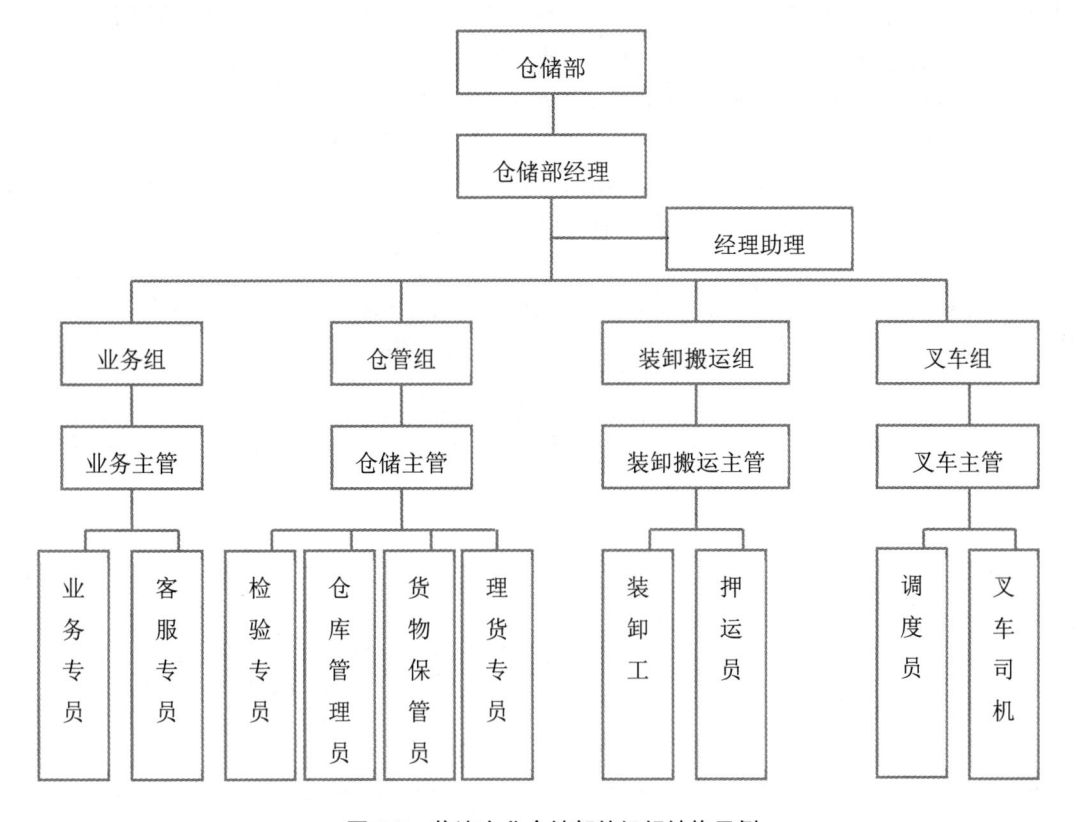

图 2-7　物流企业仓储部的组织结构示例

2. 仓储企业典型的组织结构形式

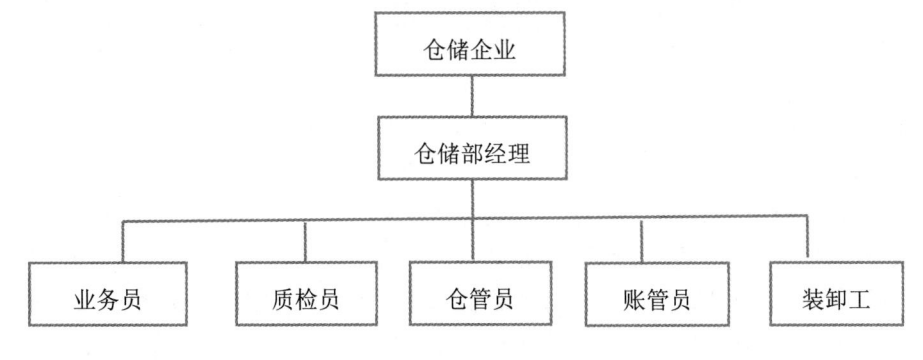

（1）直线制组织结构形式。

直线制组织结构形式是由一个上级部门直接管理多个下级部门的一种组织结构形式，如图 2-8 所示。它的特点是企业各级组织从上到下实行垂直领导，下级部门只接受一个上级部门的指令，各级主管负责人对所属部门的一切问题负责。

图 2-8　直线制组织结构形式

直线制组织结构形式的优点是从上到下垂直领导，不设行政部门，组织精简，指令传达迅速，责任权限明确，仓储企业管理者的管理意图得到充分执行。缺点是管理中的各种决策易受管理者自身能力的限制，对管理者的要求较全面，在业务量大、业务复杂的情况下，仓储企业管理者会感到压力太大，力不从心。

因此，直线制组织结构形式只适用于规模较小、人员不多、业务简单的小型仓储企业。

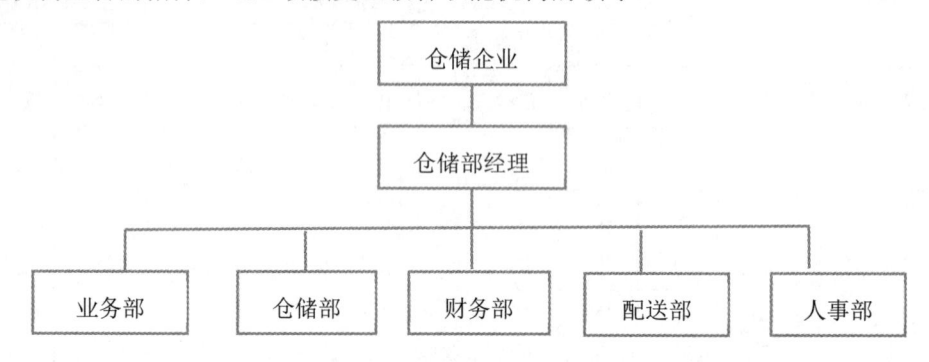

（2）职能制组织结构形式。

职能制组织结构形式是指各级职能部门除设置主管负责人外，还相应地设立一些职能机构，如图 2-9 所示。比如，在总经理下面设立职能机构和人员，协助总经理从事职能管理工作。这种结构要求各部门主管把相应的管理职责和权力交给相关的职能机构，各职能机构就有权在自己业务范围内向下级职能机构发号施令。因此，下级职能机构的负责人除了接受上级职能机构主管的指挥，还必须接受上级各职能机构的领导。

图 2-9　职能制组织结构形式

职能制组织结构形式的优点是比较适合外界环境稳定、技术相对标准、不同职能部门间的协调相对简单的情况，能充分发挥职能部门的专业管理作用，减轻直线领导人员的工作负担。但其缺点也很明显：它妨碍了必要的集中领导和统一指挥，形成了多头领导；当上级部门领导和职能机构的指导、命令发生矛盾时，下级职能机构就无所适从，影响工作的正常进行，容易造成纪律松弛、生产管理秩序混乱。由于这种组织结构形式有明显的缺陷，现代仓储企业一般都不采用它。

思考：

为什么现代仓储企业不愿意采用职能制组织结构形式？它的缺点有哪些？

（3）直线职能制组织结构形式。

直线职能制组织结构形式是在直线制组织结构形成的基础上加上职能部门，这些职能部门分管不同专业，是某种职能的组合体，如图 2-10 所示。目前，绝大多数仓储企业都采用这种组织结构形式。这种组织结构形式把企业管理机构和人员分为两类：一类是直线领导机构和人员，按命令统一原则对各级组织行使指挥权；另一类是职能机构和人员，按专业化原则从事组织的各项职能管理工作。直线领导机构和人员在自己的职责范围内有一定的决定权和对所属下级的指挥权，并对自己部门的工作负全部责任。

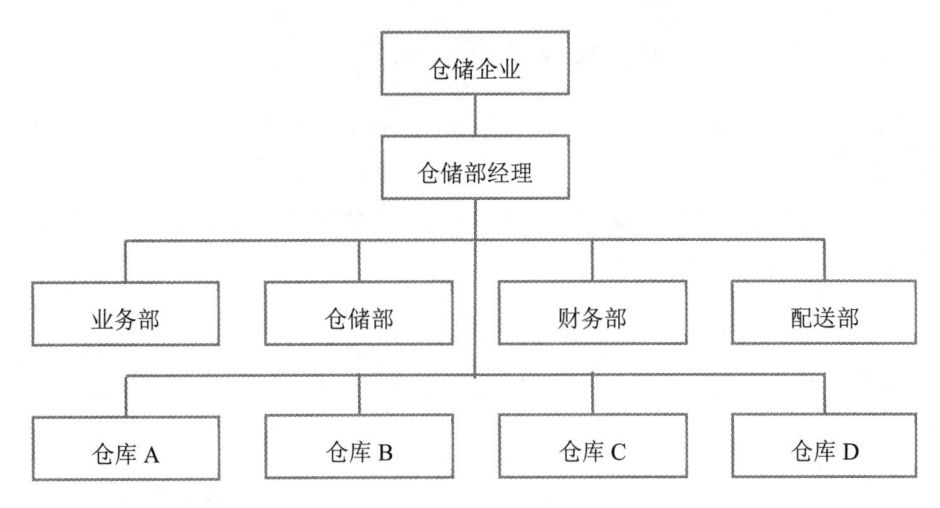

```
                    ┌──────────┐
                    │ 仓储企业 │
                    └────┬─────┘
                    ┌────┴──────┐
                    │仓储部经理 │
                    └────┬──────┘
      ┌──────────┬──────┴──────┬──────────┐
   ┌──┴──┐    ┌──┴──┐       ┌──┴──┐    ┌──┴──┐
   │业务部│    │仓储部│       │财务部│    │配送部│
   └──┬──┘    └──┬──┘       └──┬──┘    └──┬──┘
   ┌──┴──┐    ┌──┴──┐       ┌──┴──┐    ┌──┴──┐
   │仓库A │    │仓库B │       │仓库C │    │仓库D │
   └─────┘    └─────┘       └─────┘    └─────┘
```

图 2-10　直线职能制组织结构形式

直线职能制组织结构形式的优点是克服了直线制组织结构形式中管理者的精力和工作时间有限的缺点，缺点是各职能部门之间有时会产生矛盾，因此需要密切配合。

目前直线职能制组织结构形式被大中型仓储企业普遍采用。

（4）事业部制组织结构形式。

事业部制组织结构形式是一种较为复杂的仓储企业组织结构形式，它是在总公司领导下，以某项职能为事业部，实行统一管理、分散经营的管理方式，如图 2-11 所示。

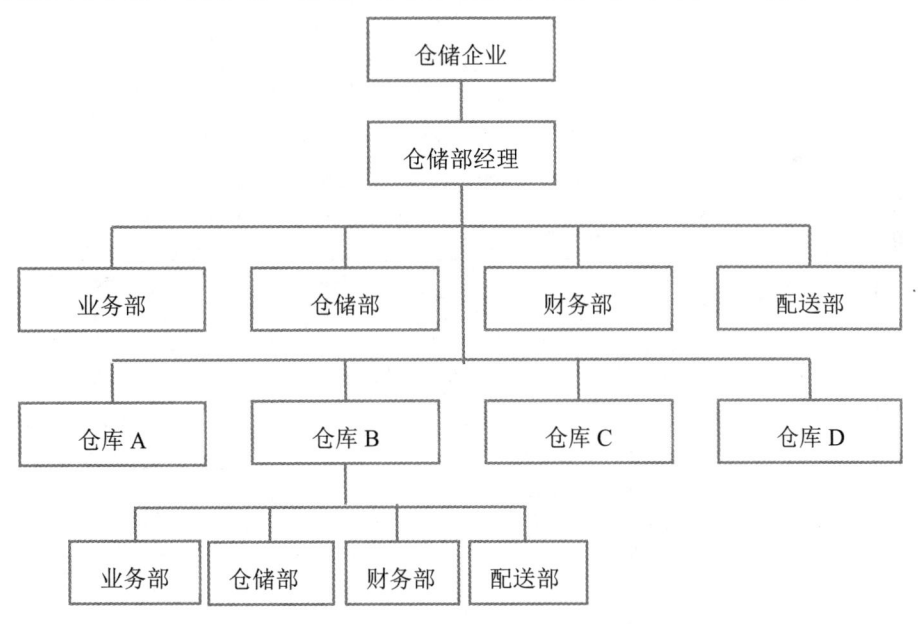

```
                    ┌──────────┐
                    │ 仓储企业 │
                    └────┬─────┘
                    ┌────┴──────┐
                    │仓储部经理 │
                    └────┬──────┘
      ┌──────────┬──────┴──────┬──────────┐
   ┌──┴──┐    ┌──┴──┐       ┌──┴──┐    ┌──┴──┐
   │业务部│    │仓储部│       │财务部│    │配送部│
   └─────┘    └─────┘       └─────┘    └─────┘
   ┌─────┐    ┌─────┐       ┌─────┐    ┌─────┐
   │仓库A │    │仓库B │       │仓库C │    │仓库D │
   └─────┘    └──┬──┘       └─────┘    └─────┘
       ┌──────┬──┴───┬──────┐
    ┌──┴─┐ ┌─┴──┐ ┌─┴──┐ ┌─┴──┐
    │业务部││仓储部││财务部││配送部│
    └────┘ └────┘ └────┘ └────┘
```

图 2-11　事业部制组织结构形式

事业部制组织结构形式的优点在于管理决策程序完善，运行效率高，各事业部内部的管理权力相对集中，各事业部有独立经营管理能力。缺点是增加了管理层次，造成机构的重叠，管理人员的管理费用增加；并且由于各事业部独立经营，各事业部之间人员互换困难，互相支援较差。

该组织结构形式适用于大型仓储企业。

任务实施

小王作为公司总经理助理，为了让公司的业务发展更顺利，首先要解决公司目前存在的各种问题，并理顺公司的组织结构。

步骤一：明确公司现有组织结构

公司现在的发展规模逐渐扩大，公司所有管理决策都由总经理一个人负责，总经理明显感到管理困难，并且不同区域的经理间只顾自己的利益，相互协作很差。根据这些特点，小王判断目前公司的组织结构属于直线型组织结构。

步骤二：判断现有组织结构是否适合公司当前发展

直线型组织结构的优点是结构比较简单、责任与职权明确，比较适合规模小且外部环境单一的企业。从目前公司的业务发展状况看，直线型组织结构已无法满足公司的发展需求。

步骤三：规划适合公司当前发展的组织结构

针对总经理管理困难，且各区域间协作差的特点，结合目前顺丰的业务发展规模，小王建议公司采用直线职能制组织结构，其优点是克服了直线制组织结构中管理者的精力和工作时间有限的缺点，各职能部门之间只要密切配合，就能很好地解决协调问题。

任务评价

根据以上对企业组织结构的认识，结合实际填写企业组织结构设计任务评价表（见表 2-1）。

表 2-1　企业组织结构设计任务评价表

姓名：			班级：		学号：			
项目	序号	考核项目	考核内容	分值	学生自评（30%）	学生互评（30%）	教师评价（40%）	分数
技术考评（80分）	1	技能操作	组织结构建立原则	10				
	2		组织结构设计步骤	10				
	3		组织结构类型认知	20				
	4		组织结构设计合理	30				
	5		完成时间	10				
非技术考评（20分）	6	职业素养	态度端正	5				
	7		全局意识	5				
	8		团队合作	5				
	9		细心严谨	5				
总分：								

实战演练

扫一扫，检测你的学习效果

任务2　智慧仓储的岗位细分

任务目标

1. 了解仓储部门的职能
2. 掌握仓储部门的权责
3. 掌握仓储各岗位的职责

任务导入

红星仓储有限公司是一家拥有2000余名员工的中型物流企业。公司下设运输、仓储、销售、行政四个部门，公司经理的工作特别繁重和琐碎，以下是陈经理一天的重要工作。

早上8点，陈经理翻阅秘书送来的报告和报表，发现连续两个月客户投诉率都在上升，他准备在第二天的例会上重点解决这个问题。

看完报告和报表，陈经理到车队查看，发现实习生小张在记录车辆调度信息时不够清晰，当即给予了纠正，并鼓励大家加把劲，在冬天运输注意安全。

上午11点，陈经理在回办公室的路上平息了一起突发事件：销售部小马正在闹离职，陈经理上前了解情况，原来小马因为不满公司的奖金分配制度而与销售部经理理论，陈经理告诉小马明年公司将进一步完善目标管理活动，"大锅饭"的现象很快会被克服，事实上计划已经开始制订，只是还需要在年终会上商讨细节。

下午2点，陈经理主持了公司领导和各部门主管参加的年终总结会。

散会后，陈经理同一个生产企业签下了一份金额颇大、让两位副总忐忑不安的订单，这需要考验公司的短期运营能力，而陈经理早已有了应对方案。

你认为陈经理在具体工作中承担了什么管理职能？这与他的岗位职责是否符合？说明你的理由。

任务分析

作为公司总经理的陈经理，在一天中扮演了不同的角色，因此在工作过程中事必躬亲，看似忙碌，但他浪费了很多时间去处理本应该由其他管理层处理的问题，因此一天的工作效率偏低。为了更好地帮助陈经理提高管理效率，同学们需要学习仓储部门的职能、仓储部门的权责、仓储各岗位的职责等相关知识。

思政小课堂

仓储岗位很多，不同岗位的职能也不相同，无论是管理岗位上的人员，还是一线工作岗位上的人员，都应该遵守岗位职责，具备爱岗敬业、吃苦耐劳的劳动精神。陈经理作为管理岗位上的人员，在管理上应具备敬业、精益、专注的工匠精神，还需要合理规划时间，寻找合适的工作路径，提高效率，提升自己作为管理者的创新理念与创新能力。

知识准备

2.1 仓储部门的职能

仓储部门主要负责管理企业各类原材料、辅料、产成品、零部件、设备等物资的入库、保管、库存控制、出库、配送等活动，为企业的生产经营活动提供保障，为企业的发展提供服务。其具体职能包括以下六大项。

1. 物资检验

（1）对企业所采购的各类物资、产成品进行入库前的数量清点、单据核对。
（2）检查企业所购物资的包装情况，做好记录。
（3）将入库前物资检验的结果及时反馈给采购部门，以便采购部门及时做出相应处理。

2. 物资出入库管理

（1）对出入库前的各类物资进行点数或过磅。
（2）办理各类物资的出入库手续，检查单据是否填制齐全，单据不全者拒绝出入库。
（3）严把出入库物资的质量关：具有质量检验合格报告书的物资才可入库；对出库物资也要进行品质检验，杜绝不合格品被投入使用或流入市场。
（4）优化出入库流程，保证出入库工作的准确性。

3. 物资存储保管

（1）仓库规划，包括规划存放区域，设计各类物资的摆放规则、位置，合理利用仓容及各类资源。
（2）各类物资的分类存放、整理和保管。
（3）各类库存物资，尤其是设备、备件等的保养。

（4）货区的公共卫生管理（防止各类物资受潮、变质等）。
（5）仓库的安全、消防管理（做好防火、防盗工作）。

4．物资定期盘点

（1）统计每日出入库物资的数量，编制统计日报表，为采购、生产等部门提供准确的库存数据。
（2）定期对库存物资进行盘点，记录在库物资的各项数据，定期向财务部门提交库存盘点数据。
（3）处理盘盈、盘亏、损失等情况。

5．库存控制

（1）核定和掌握各种物资的储备定额，并严格控制，保证库存合理。
（2）对各类物资进行动态管理，及时提出采购需求。
（3）对仓库内产生的呆料、废料予以及时处理。

6．物资装卸、搬运及配送管理

（1）做好各类物资的装卸、搬运、出入库及库内搬移作业。
（2）做好各类物资的分拣、拆包，以及产成品的包装、打包。
（3）做好库内物资的理货、配货工作，并及时将物资送达生产现场或指定地点。
（4）做好叉车、运输车辆的调度、养护，以及对驾驶员的管理工作等。

2.2 仓储部门的权责

1．仓储部门的职责

（1）仓储部门各类管理制度的制定与贯彻实施。
（2）仓储部门各项工作流程、操作标准的制定与监督执行。
（3）企业所购各类物资入库前的验收，产品或物资出库前的质量检查，对验收不合格的物资拒绝出入库。
（4）各类物资的出入库管理。
（5）仓储规划，合理利用仓容及各种资源，将各类物资摆放得当。
（6）各类物资的合理存储和保管，控制库存，尽量减少库存损失。
（7）盘点管理各类物资的库存，为采购、生产等运营部门提供准确的库存数据。
（8）合理处理呆料、废料。
（9）各类物资的装卸、搬运及配送管理。
（10）各类在库物资的分拣、拆包、理货、配货、包装及打包工作。
（11）仓库消防、治安管理，避免出现安全事故。
（12）仓库叉车、吊车等装卸、搬运工具的管理。

2．仓储部门的权利

（1）有权参与企业相关制度、政策的制定，并提出相应建议。

（2）有权对企业的库存管理、采购工作提出意见和建议。
（3）有权拒绝办理手续不全、质量不合格的物资的出入库作业。
（4）有对不合格品、变质品、废品进行处理的建议权。
（5）有对仓储部门内部组织机构建立，以及员工聘任、考核、解聘的建议权。
（6）有对仓储部门内部员工违规行为及影响仓储管理工作的人员提请处罚的权利。
（7）有提交改进仓储管理制度、工作流程的建议并获得答复的权利。
（8）其他相关权利。

扫一扫，查看"智慧仓储部门岗位细分"微课

2.3 常见仓储岗位的具体职责

1. 仓储经理的岗位职责

仓储经理主要负责仓库日常工作的组织和管理，保证物资及时供应，优化库存结构，降低库存成本。其具体职责如表2-2所示。

表2-2 仓储经理的岗位职责

序号	具体职责
1	根据企业年度经营计划及战略发展规划，制订仓储部门的工作计划及业务发展规划
2	根据企业经营管理整体要求，制定库房管理、出入库管理等各项制度并贯彻实施
3	根据企业仓储工作特点，编制各项工作流程及操作标准并监督执行
4	贯彻执行企业下达的仓储工作任务，并将各项任务落实到人
5	核定和掌握仓库各种物资的储备定额并严格控制，保证合理库存、合理使用
6	掌握各类物资的收发动态，审查统计报表，定期撰写仓储工作分析报告，并上报有关领导
7	定期组织盘点，对盘盈、盘亏、丢失、损坏等情况查明原因和责任人，提出处理意见
8	参与制定企业全面质量管理制度体系，参与建设服务标准体系，监督仓储质量体系的实施情况
9	负责废旧物资的管理，对呆滞料、废料、不合格品等提出处理意见，并协助实施
10	做好仓储部门的团队建设，协助人力资源部做好员工的选拔、配备、培训和绩效考核工作
11	合理调配下属员工，指导他们开展工作，监督他们执行计划，努力提高他们的积极性和服务意识
12	负责仓储部门与其他职能部门的沟通、协调事宜
13	完成上级领导交办的其他工作

2. 仓储经理助理的岗位职责

仓储经理助理主要协助仓储经理进行仓库的日常管理、文件发送和人员调拨等，其具体职责如表2-3所示。

表2-3 仓储经理助理的岗位职责

序号	具体职责
1	协助仓储经理制定、修订仓储管理、出入库管理等各项规章制度
2	协助仓储经理制定、完善仓储部门的各项工作流程、操作规范
3	协助仓储经理进行仓储部门的日常管理，提出改进工作的合理化建议
4	负责仓储部门各类文件的草拟、成文及发放
5	负责仓储部门工作会议的组织，做好会议记录

续表

序号	具体职责
6	协助仓储经理做好部门内员工的工作安排、调拨等
7	负责收集各类存储物资库存情况报表、出入库情况报表，汇总后上报
8	协助仓储经理对本部门人员的业务、劳动纪律、现场管理等进行检查与督导
9	协助仓储经理完成与其他职能部门的联络工作
10	完成仓储经理交办的其他各项工作

3．入库验收专员的岗位职责

入库验收专员的主要职责是执行所有物资的入库验收工作，其具体职责如表2-4所示。

表2-4　入库验收专员的岗位职责

序号	具体职责
1	协助验收主管制定物资入库验收作业规范，并严格参照执行
2	负责所有物资的入库验收工作，并如实填写相应的入库验收单
3	识别和记录物资的质量问题，对供应商的包装、运输及其他方面提出改进建议
4	拒绝不合格材料、货物的入库
5	做好物资验收记录，对物资的验收情况进行统计、分析并及时上报
6	妥善处理因存在异常问题而不得入库的物资
7	协助采购部门做好不合格材料、货物的退换工作
8	协助主管完成供应商、协作厂商的绩效评审工作
9	负责核对成品或物料的入库凭证，并核查相关入库手续、单证
10	完成上级领导交办的其他临时任务

4．保管养护员的岗位职责

保管养护员主要负责所管辖区域内物资的保管养护工作，其具体职责如表2-5所示。

表2-5　保管养护员的岗位职责

序号	具体职责
1	负责管辖区内的物资保管养护工作
2	对管辖区内的物资及时登记
3	定期清扫管辖区，保证管辖区内清洁卫生，无虫害、鼠害
4	定期检查保管物资的品种、数量、质量状况
5	负责物资的安全管理工作，协助安全管理员进行仓库消防安全管理
6	严格执行仓库8S管理
7	对仓库进行温度、湿度管理，组织物资防腐、防霉、防锈管理和病虫害防治工作
8	妥善处理因存在异常问题而不得入库的物资
9	协助采购部门做好不合格材料、货物的退换工作

5．盘点员的岗位职责

盘点员主要负责仓储盘点工作，其具体职责如表2-6所示。

表 2-6　盘点员的岗位职责

序号	具体职责
1	根据盘点计划对库存物资进行现场盘点
2	根据物资库存状况，定期或不定期编制物资库存报表，并及时上报
3	掌握物资库存变动情况，及时提供和反馈物资的库存信息
4	协助人力资源部门对参与盘点的人员进行针对性的盘点培训
5	盘点中遇到库存物资信息不符，在盘点表中注明，寻找原因，并上报相关领导
6	记录盘点结果，汇总盘点报告
7	完成领导交办的其他工作

6．库存控制专员的岗位职责

库存控制专员在库存控制主管的领导下，具体执行各项库存管理制度和流程，采集、跟踪库存状况，协助库存控制主管处理库存异常情况。其具体职责如表 2-7 所示。

表 2-7　库存控制专员的岗位职责

序号	具体职责
1	分析跟踪每日库存状态、储位管理，并根据分析、跟踪结果采取相应的处置措施
2	在实际调查、理论分析、掌握数据的基础上编制合理的库存计划，最大限度地降低库存成本
3	根据现有库存量、采购提前期等数据确定各类物资的经济订购批量和订购时点
4	协助库存控制主管不断优化库存控制系统，降低库存控制成本
5	协同生产、物控、质检等部门分析物料损耗，并提出相关处理意见
6	分析和改进库存控制系统，协助库存控制主管降低库存和增加库存周转次数
7	负责库存数据录入和库存报表公示工作
8	记录盘点结果，汇总盘点报告
9	完成领导交办的其他工作

7．出库专员的岗位职责

出库专员的主要职责是在出库主管的带领下，完成各类存储物资的出库检验、手续办理、数据统计等，保证出库工作及时、准确，其具体职责如表 2-8 所示。

表 2-8　出库专员的岗位职责

序号	具体职责
1	协助出库主管制定仓储部门的出库管理制度，并根据实际工作需要提出合理化建议
2	负责检验待出库物资的质量、包装情况，清点数量或过磅
3	协助审核物资出库手续、凭证等的完整性，确保出库工作准确无误
4	严格按照出库凭证发放物料，做到账、卡、物相符
5	负责物料出库过程中人员的安排，指导物资的搬运操作，防止发生意外
6	负责出库单的收集、汇总、统计及保管
7	负责登记物资出库台账，做好出库物资数量统计，将数据提交出库主管
8	完成领导交付的其他工作

8. 运输调度专员的岗位职责

运输调度专员主要负责运输规章制度的草拟、车辆的调度、运输费用处理等工作事项，保障货物的及时运送和在装车过程中的完好，其具体职责如表2-9所示。

表2-9 运输调度专员的岗位职责

序号	具体职责
1	协助运输配送主管制定运输规章制度和安全管理制度，组织执行并监督
2	制订月度运输计划，报运输配送主管审核后监督执行
3	合理进行车辆调度，确保运输效率
4	审核运输、保险费用，在相关单证上签字
5	审核发运要求，选择最佳发运路线和方式
6	优化物料配送作业流程，不断提高配送工作效率
7	组织实施专项运输方案，负责项目的组织协调、跟踪工作
8	完成领导交付的其他工作

知识拓展

不同规模的仓储企业设置的岗位有所不同，因此岗位职责也有一些差异。以下是重庆一家中型仓储企业的部分岗位的职责说明书，如表2-10、表2-11、表2-12所示。

表2-10 仓储部主管的职责说明书

一、岗位基本信息			
岗位名称	仓储部主管	岗位职等	
所属部门	仓储部	所辖人数	
直接上级	仓储部经理	直接下级	
管理职务	班组长、员工	管理职等	
可晋升职务	仓储部科长、经理		
二、工作目标			
组织管理仓储部正常出入库及各项质量目标的达成，实现物流顺畅的目标。负责当班时部门工作正常运行，确保各项规章制度及流程得到有效的落实			
三、主要工作内容			

序号	主要工作内容	权限		
		经办	审核	批准	督导
1	控制仓储成本以符合公司目标	√	√		√
2	向业务部反馈各类作业中的异常；协助业务部处理各中心厂商所反馈的异常；协助业务部完成客户提出的各项增值服务	√	√		√
3	负责货物的入库、出库及储存管理，保证日常操作顺畅有效	√	√		√
4	确保货物进出及时、准确、安全；确保在库货物账物相符，符合客户的储存要求	√	√		√

49

续表

5	确保区域层面上的最优组合	√	√		√
6	负责监督各岗位完成培训考核	√	√		√
7	保持实际库存100%精确	√	√		√
8	组织并调动整个团队充分执行工作任务	√	√		√
9	负责完善岗位流程，提高工作效率	√	√		√
10	负责完善标签系统，提高标签准确率	√	√		√
11	负责检查各岗位的工作现场，改进工作环境	√	√		√
12	负责监督各岗位的工作现场，规范员工作业	√	√		√
13	完成公司领导临时交代的任务	√	√		√

四、关键绩效指标		
1	理货准确率	
2	发货准确率	
3	配送及时率	
4	标签准确率	
5	货物完好率	
6	单证处理及时率	
7	单证处理准确率	
8	信息反馈准确性	
9	员工治理	

五、工作关系	
序号	内容
1	向谁报告：仓储部经理
2	监督：本部门
3	指导：本部门
4	合作者：各部门
5	外部关系：供应商

六、主要任职资格	
教育水平	专科及以上学历
专业要求	管理类或其他相关专业
年龄要求	25周岁以上
工作经验要求	5年以上相关工作经验，3年以上部门管理工作经验
知识、技能要求	1. 熟悉物流管理业务流程，拥有丰富的流程管理技能； 2. 熟练使用计算机及办公软件； 3. 英语说写良好

续表

个性特征	1. 具有良好的沟通能力； 2. 具有一定的计划、组织、协调能力和团队协作精神； 3. 具有积极的工作态度，愿意在飞速发展的产业中工作，愿意承受高强度的压力
其他	具备良好的敬业精神和职业道德操守，有感召力和凝聚力，责任心、事业心强
使用工具设备	电脑
工作环境	办公室及仓库，舒适
工作时间	8小时

表 2-11　仓储部理货员的职责说明书

一、岗位基本信息			
岗位名称	仓储部理货员	岗位职等	
所属部门	仓储部	所辖人数	
直接上级	仓储部班长	直接下级	
管理职务		管理职等	
可晋升职务	班长、主管、科长、经理		

二、工作目标
保质、保量完成出入库作业，按计划完成货物盘点工作，确保货区环境达到 8S 管理的要求

三、主要工作内容					
序号	主要工作内容	权限			
^	^	经办	审核	批准	督导
1	依据载货单收货，认真检查货物是否异常并做记录	√			
2	依据入库单按要求做好货物的清点确认、定仓定位、整理等工作	√			
3	依据出库单按要求处理每票出库的货物	√			
4	按要求处理每票入库的贵重料件	√			
5	按要求将出入库货物分类集中摆放	√			
6	及时处理工作中的异常情况，如无法处理应反馈给班长	√			
7	做好在库货物的盘点及 8S 管理	√			
8	认真执行与落实班长交办的每项工作任务	√			
9	完成公司领导临时交代的任务	√			

四、关键绩效指标	
1	出入库理货准确率与及时率
2	异常处理的准确性与及时率
3	货区 8S 管理的落实情况
4	执行力

五、工作关系	
序号	内容
1	向谁报告：部门班长
2	监督：
3	指导：
4	合作者：各部门
5	外部关系：

六、主要任职资格	
教育水平	高中及以上学历

续表

专业要求	专业不限
年龄要求	18周岁以上
工作经验要求	工作经验不限
知识、技能要求	1. 熟悉所在产业、行业的生产过程； 2. 熟悉仓储管理、运输流程； 3. 熟练操作办公机具
个性特征	1. 认真负责，积极性高，作风踏实严谨； 2. 有较强的自我约束力； 3. 能在较大的压力下保持良好工作状态
其他	具备良好的敬业精神和职业道德操守，有责任心，能吃苦耐劳
使用工具设备	电脑、手动/电动托盘车、堆高车、叉车
工作环境	仓库
工作时间	8小时

表 2-12　仓储部发货员的职责说明书

一、岗位基本信息			
岗位名称	仓储部发货员	岗位职等	
所属部门	仓储部	所辖人数	
直接上级	仓储部发货组长	直接下级	
管理职务		管理职等	
可晋升职务	组长、主管、科长、经理		

二、工作目标
按客户要求准确、准时地发送各中心厂商的货物

三、主要工作内容

序号	主要工作内容	权限			
		经办	审核	批准	督导
1	按客户要求准确、准时地发送中心厂商的货物	√			
2	按要求合理安排送货、外包自提和区外自提货物出库	√			
3	准时接收、发送二线货物，如有异常应反馈给组长	√			
4	及时反馈各类出库异常，若无法处理应反馈给组长	√			
5	根据工作要求协助组长完成工作	√			
6	统计各项出库报表和出库车辆登记	√			
7	货区 8S 管理	√			
8	完成公司领导临时交代的任务	√			

四、关键绩效指标

1	发货准确率
2	货物发送的及时性
3	信息反馈及时性
4	货区 8S 管理的落实情况
5	员工的配合及执行力

五、工作关系

序号	内容
1	向谁报告：仓储部发货组长
2	监督：
3	指导：
4	合作者：各部门
5	外部关系：

六、主要任职资格

教育水平	高中及以上学历

续表

专业要求	专业不限
年龄要求	18 周岁以上
工作经验要求	工作经验不限
知识、技能要求	1. 熟悉所在产业、行业的生产过程； 2. 熟悉仓储管理、运输流程； 3. 熟练操作办公机具
个性特征	1. 认真负责，积极性高，作风踏实、严谨； 2. 有较强的自我约束力； 3. 能在较大的压力下保持良好工作状态
其他	具备良好的敬业精神和职业道德操守，有责任心，能吃苦耐劳
使用工具设备	电脑、手动/电动托盘车、堆高车、叉车
工作环境	仓库
工作时间	8 小时

任务实施

一个企业成功与否，关键在于企业高层管理者的思想、意识和发展眼光。现在讲的企业竞争，是指战略上的竞争，涉及企业文化、优秀的团队等方面。企业高层管理者的管理水平会直接影响企业的稳定发展。陈经理作为公司总经理，为了保障公司的业务发展更顺利，要从顶层做好管理，提高管理效率。

步骤一：明确高层管理者的基本素养

1. 远见。企业要想有长远的发展，首先企业的高层管理者要站得高、有远见。在企业里，基层员工主要提高技术、技能方面的能力；对高层管理者来讲，意识、理念方面的要求就比较多。

2. 敬业。敬业不仅仅表现在工作当中的忙忙碌碌、早来晚走，还应该是一个事业心的问题。高层管理者不仅要将工作当作"早九晚五"的事情来做，还要当作个人的追求，在这个过程当中要有一些牺牲精神，因为只有付出才有可能取得好的回报。

3. 创新。高层管理者要从现有的工作角度出发，不断地学习，提高个人素质，从全局的角度来把握企业未来的发展，结合企业自身情况，创造性地完成各项工作。

4. 合作。高层管理者要通过沟通和协同来影响和带动周边的员工，从而带好自己的团队；通过对自身的严要求，影响企业的其他员工，在理念和思想上带动全体成员共同为企业发展做贡献。

5. 行动。高层管理者不仅要做好领导和指挥工作，有的时候还要身先士卒，对一些重大的事情要亲力亲为，将工作落实到位，一抓到底。企业的阶段性发展是与企业各项工作的完成一起实现的，所以在战略目标确定后，需要的是务实的行动和坚定的执行力。

步骤二：分析陈经理一天的工作权责归属

1. 陈经理发现实习生小张在记录车辆调度信息时不够清晰，当即给予了纠正，这是运输配送主管的工作。

2. 陈经理在回办公室的路上平息了销售部小马闹离职的事件，这是人事部主管的工作。

3. 陈经理签下了一份让两位副总忐忑不安的订单，这需要各个职能部门根据公司情况集中讨论后决定。

步骤三：帮助陈经理厘清工作思路

1. 陈经理应该明白，自己作为高层管理者，在工作上要注意以下三个方面。

（1）自己是组织的中坚力量，是公司重要决策的制定者和执行者。

（2）自己是信息上传下达的通道，往往需要将上级领导的意见及时传递给下属并做好反馈。

（3）自己应以从事脑力和心力劳动为主，前期参与制定决策和后期安排下属执行具体的工作，往往要耗费很多心力和脑力。

2. 将属于下级职能部门管理的事情交代给下属主管去完成，但需要跟踪事情的进度和结果，并对事情处理情况及时予以确认。

任务评价

根据以上岗位细分任务，结合实际填写岗位细分任务评价表（见表2-13）。

表2-13 岗位细分任务评价表

姓名：			班级：		学号：			
项目	序号	考核项目	考核内容	分值	学生自评（30%）	学生互评（30%）	教师评价（40%）	分数
技术考评（80分）	1	技能操作	仓储部门职能认知	15				
	2		仓储部门权责认知	15				
	3		仓储岗位细分认知	15				
	4		仓储岗位职责认知	30				
	5		完成时间	5				
非技术考评（20分）	6	职业素养	态度端正	5				
	7		吃苦耐劳	5				
	8		团队合作	5				
	9		细心严谨	5				
总分：								

实战演练

扫一扫，检测你的学习效果

学习心得

学习回顾

通过对本项目内容的学习,我有哪些收获?

1. _____
2. _____
3. _____
4. _____
5. _____

自我反思

我还有哪些不足?

1. _____
2. _____
3. _____
4. _____
5. _____

行动计划

我要从以下几个方面做好仓储岗位调研工作。

1. _____
2. _____
3. _____
4. _____
5. _____

项目 3

探索智能仓储规划

任务 1：智慧仓库的平面布局

任务目标

1. 理解仓库平面布局的要求
2. 知道仓库的总体构成
3. 能区分仓库功能区域布局方式
4. 掌握货区的平面和空间布置方式

任务导入

重庆某仓储中心每年储存的主要货物有服装、日用百货和家用电器等，并拥有货场和仓库，请为该企业规划设计货区。该仓储中心每种货物每周的存取次数如表 3-1 所示，应该如何布置不同货物的货区，使总搬运量最小呢？

表 3-1　每种货物每周的存取次数

序号	库存货物名称	搬运次数（次/周）	所占货区/个
1	服装	200	2
2	洗衣粉	540	3
3	卫生纸	520	2
4	塑料桶	80	1
5	电视机	840	4
6	收音机	60	1
7	厨房电器	150	1
8	其他	100	2

任务分析

要进行货区的布置，需要同学们学习仓库平面布局的要求、仓库的总体构成及仓库的功能分区等知识。

思政小课堂

仓库的平面布局直接影响仓库的容量大小，以及后续的出入库和在库作业的操作效率。所以要重视仓库的平面布局是否合理，同学们需要具有节约仓库容量的意识，通过合理的布局来实现存储及作业操作的效率化。同时在布置货区时，同学们需要具备严谨、细致的工作态度，为每种货物分配合理的货区，实现管理的效率化。

知识准备

仓库布局规划是指根据仓库生产和管理的需要，对整个仓库的所有设施进行用途规划，确定生产作业区、辅助生产区、行政生活区等场所，确定货区、作业区、道路、门卫等的分布，并对各类设施和建筑进行区别，如对仓库货场编号、给道路命名、对行政办公区进行标识等，以使仓库总体布局合理。对仓库进行合理规划，有利于提高仓库利用率、作业效率和货物保管质量。

1.1 仓库平面布局规划

扫一扫，查看"智慧仓库平面布局"微课

1. 仓库平面布局的要求

（1）要适应仓储企业的生产流程，有利于仓储企业生产的正常进行。

① 单一的物流方向。仓库内货物的卸车、验收、存放地点之间的安排，必须适应仓储生产流程，按一个方向流动。

② 最短的运距。应尽量减少迂回运输，专用线应布置在货区中部，并根据作业方式、仓储物品品种、地理条件等，使库房、专用线与主干道相对应。

③ 最少的装卸环节。减少在库货物的装卸搬运次数和环节，货物的卸车、验收、堆码作业最好一次完成。

④ 最大的储存空间。仓库平面布局是立体设计，应有利于货物的合理储存和充分利用仓库容量。

（2）要有利于提高仓储企业的经济效益。

① 要因地制宜。充分考虑地形、地质条件，满足货物运输和存放的要求，并保证仓库被充分利用。

② 应与竖向布置相适应。所谓竖向布置，是指仓库场地平面布局中的每个因素，如库房、货场、转运线、道路、排水设施、供电设施、站台等，在地面标高线上的位置与布局。

③ 应充分、合理地使用机械化设备。我国目前普遍使用门式、桥式起重机等固定设备，合理安排这类设备的数量和位置，并注意其与其他设备的配套，便于开展机械化作业。

(3) 要有利于保证安全生产和文明生产。

① 库内各区域间、各建筑间应根据《建筑设计防火规范》的有关规定，留有一定的防火间距，并配有防火、防盗等安全设施。

② 应符合卫生和环境的要求，既要满足库房的通风、日照等条件，又要考虑环境绿化、文明生产，有利于职工的身体健康。

2. 仓库的总体构成

一个仓库通常由生产作业区、辅助生产区和行政生活区三大部分组成。

（1）生产作业区。

生产作业区是仓库的主体部分，是货物储运活动的场所，主要包括储货区，铁路专用线、道路、装卸站台等。

① 储货区，是储存保管的场所，具体分为库房、货棚和货场。其中，货场不仅可存放货物，还起着周转和调剂货位的作用。

② 铁路专用线、道路，是库内外的货物运输通道，货物的进出库、库内货物的搬运，都是通过这些运输线路完成的。铁路专用线应与库内道路相通，保证畅通。

③ 装卸站台，是供货车或汽车装卸货物的平台，分为单独站台和库边站台两种。其高度和宽度应根据运输工具和作业方式而定。

（2）辅助生产区。

辅助生产区是为货物储运保管工作服务的辅助车间或服务站，包括车库、变电室、油库、维修车间等。

（3）行政生活区。

行政生活区是仓库行政管理机构所在的区域，一般设在仓库入库口附近，便于业务接洽和管理。行政生活区与生产作业区应分开，并保持一定距离，以保证仓库的安全和行政生活区的安静。某物流企业的仓储设施平面布局如图3-1所示。

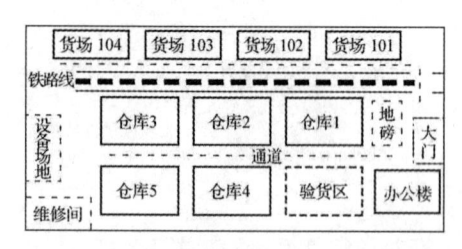

图3-1 某物流企业的仓储设施平面布局

1.2 仓库建筑设计要考虑的因素

1. 仓库建筑的一般要求

仓库建筑是仓库储存货物的主要设施，包括货场、货棚、库房和其他建筑物、构筑物等。对仓库建筑的一般要求如下。

（1）应有利于货物的保管和养护。

（2）符合仓库业务需要和有利于组织仓储作业。

（3）应便于安装和使用机械设备。

（4）应保证仓库安全，应有安全设施。

（5）应有利于充分利用仓库空间等。

2. 仓库的建筑形式和建筑构造的一般要求

（1）仓库的建筑形式。仓库的建筑形式多种多样，一般按库房的建筑结构和使用的建筑材料来划分。其中，按照建筑结构可分为单层仓库、多层仓库和立体仓库；按照建筑材料可分为木结构仓库、砖结构仓库、钢结构仓库、钢筋混凝土结构仓库等。

（2）仓库的建筑构造。仓库一般由地坪、墙体、屋顶和门窗几部分组成，其他的建筑物也有特定的构造。由于仓库的类型和规模不同，以及储存货物的保管要求、安装的设备、使用的建筑材料、投资的情况等也不尽相同，为了保证仓库的建筑质量，保证储存货物的作业操作安全，必须针对具体情况和条件，严格按仓库建筑的各项技术准则进行施工。对仓库建筑构造的一般要求如下。

① 地坪。地坪的作用主要是承受货物、货架，以及人和机械设备等的载荷，因此，地坪必须有足够的强度以保证安全。地坪根据使用的建筑材料可分为三合土地坪、沥青地坪、砖石地坪、混凝土地坪及土质地坪等。对地坪的基本要求是平坦坚实、耐摩擦和冲击、表面光洁且不起灰尘。地坪的承载能力应视堆放货物的性质、当地的地质条件和使用的建筑材料而定，一般载荷量为 $5\sim10t/m^2$。

② 墙体。墙体是仓库建筑的主要组成部分，起着承重、围护和分隔等作用。墙体一般可分为内墙和外墙；按承重与否可分为承重墙和非承重墙。对于起不同作用的墙体，可以根据不同的要求，选择不同的结构和材料。由于外墙接触外界，受气温变化、风吹、雨淋、日晒等外力侵蚀的影响，因此，承重外墙除具有承重能力外，还需要具有保温、隔热、防潮等功能，以减少外部环境对库存货物的影响。

③ 屋顶。屋顶的作用是抵御雨雪、日晒等自然因素的影响。它由承载部分和覆盖部分构成。承载部分除承担自身重量外，还要承担雨雪的载荷；覆盖部分的主要作用是抵御雨雪、风沙的侵袭，同时也起保温、隔热、防潮的作用。对屋顶的一般要求是防水、保温、隔热，并具有一定的防火性能，重量轻，坚固耐用。

④ 门窗。门窗是仓库围护结构的组成部分，具有防水、保温、防火、防盗等性能。仓库窗户的主要作用是通风和采光，因此，窗户的形状、尺寸、位置和数量不仅要保证库内采光和通风的需要，而且要求开闭方便，关闭严密。库门主要供人员和搬运车辆通行，同时在作业完毕后要关闭，以保持库内正常的温度、湿度，保证货物存放安全。因此，对库门的要求是关启方便、关闭严密。库门数量、尺寸的确定应考虑仓库的大小、吞吐量的多少、运输工具的类型、储存货物的形状等因素。

至于一些特殊的仓库，如立体仓库、冷藏仓库、有害货物仓库、地下仓库、洞库等，应按照其相应技术要求进行建造，确保库房安全，以适应特殊货物储存保管的需要。

1.3 仓库内部的平面布置

1. 功能区域布置

（1）仓库功能区的划分。

根据作业需要，仓库通常划分为多个功能区，最常见的有收货区、储存区、拣货区、出库区、退换货处理区等。

① 收货区。

收货区用于对入库货物进行清点核对（数量检验）、外观检验（质量检验）、入库交接、入库暂存等操作。

② 储存区。

储存区用于在库货物的储存和保管。根据需要，有些仓库又将储存区划分为平面储存区（地面堆码存放）和货架储存区（使用货架存放）。

③ 拣货区。

拣货区用于出库拣货操作。有些仓库采用存拣合一的模式，即直接从储存区拣货。有些仓库另设拣货区，先将待拣货物从储存区移动到拣货区，再在拣货区按单拣货，这种方式可以减少拣货人员的行走距离，提高工作效率，适用于拣货品种较少的场合。在存拣合一的仓库中，储存区也为拣货区；在存拣分离的仓库中，在储存区外另设拣货区。

④ 出库区。

出库区用于出库货物的暂存、扫描复核、包装、称重、贴标签等操作。

⑤ 退换货处理区。

退换货处理区用于退换货的登记、质检、包装，退货上架前和次品退仓前的暂存操作。

除了上述功能区，有些仓库还设有拆零区、流通加工区、分货区、集货区、包装区等。

（2）仓库的功能区域布局。

在布置仓库的功能区域时，需要分析各区域业务流程的关联度，根据关联度确定哪个功能区和哪个功能区相邻，形成合理的平面布局。下面是几种常见的仓库动线布局。

① I型动线布局。

I型动线布局如图3-2所示。根据作业顺序，货物自入仓到出仓的流动路线为I型。

图3-2 I型动线布局

I型动线布局的特点：可以应对进出货高峰同时发生的情况，适用于收发货频率高、储存时间短、使用不同类型的车辆来出货和发货的配送中心。

② U型动线布局。

U型动线布局如图3-3所示。根据作业顺序，货物自入仓到出仓的流动路线为U型。

图3-3 U型动线布局

U型动线布局适用于货物流动具有明显的ABC（分类库存控制法）特征，即少量的SKU

（Stock Keeping Unit，库存量单位）高频率地出入库的仓库，可以应对进出货高峰同时发生的情况。

③ L 型动线布局。

L 型动线布局如图 3-4 所示。根据作业顺序，货物自入仓到出仓的流动路线为 L 型。该布局适用于进货数量、出货数量相当庞大的物流中心，适合越库作业，便于装卸货月台的利用。

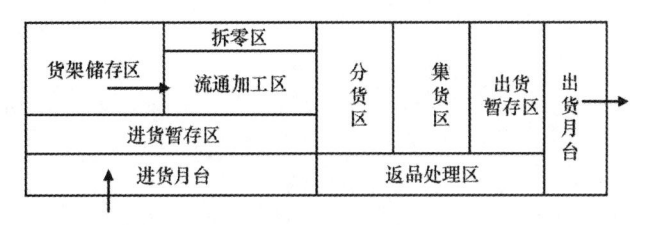

图 3-4 L 型动线布局

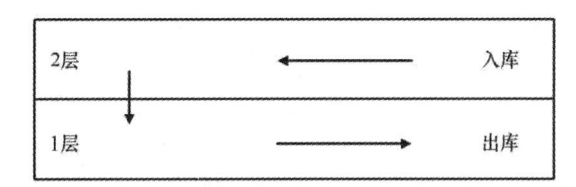

（4）上下 U 型动线布局。

上下 U 型动线布局如图 3-5 所示。根据作业顺序，货物自入仓到出仓的流动路线为上下 U 型。该布局适用于两层以上的物流中心，在规划上着重于进货、出货区域的分离，同时考虑进货、验收、储存、流通加工、拣货、分货、集货、退货等功能的设计。

图 3-5 上下 U 型动线布局

> **思考：**
>
> 请结合几种动线布局的特点，思考选择动线布局的原则是什么。

2．仓库货区的平面布置

布置货区的目的，一方面是提高仓库平面和空间的利用率，另一方面是提高货物的保管质量，方便进出库作业，从而降低货物的仓储成本。

（1）布置货区的基本思路。

① 根据货物的特性分区分类储存，将特性相近的货物集中存放；

② 将单位体积大、单位质量大的货物存放在货架底层，并且靠近出库区和通道；

③ 将周转率高的货物存放在进出库、装卸、搬运最便捷的位置；

④ 将同一供应商或者同一客户的货物集中存放，便于进行分拣配货作业。

（2）布置货区的形式。

布置货区的形式分为平面布置和空间布置。

① 平面布置。

平面布置是指对货区内的货垛、通道、垛间距、收发货区等进行合理的规划，并确定它们的相对位置。平面布置的形式可以概括为垂直式布局和倾斜式布局。

a. 垂直式布局。

垂直式布局是指货垛或货架的排列与仓库的侧墙互相垂直或平行，具体包括横列式布局、纵列式布局和纵横式布局。

（a）横列式布局。

横列式布局是指货垛或货架的长度方向与仓库的侧墙互相垂直。这种布局的主要优点是主通道长且宽，副通道短，整齐美观，便于存取查点，还有利于通风和采光，如图3-6所示。

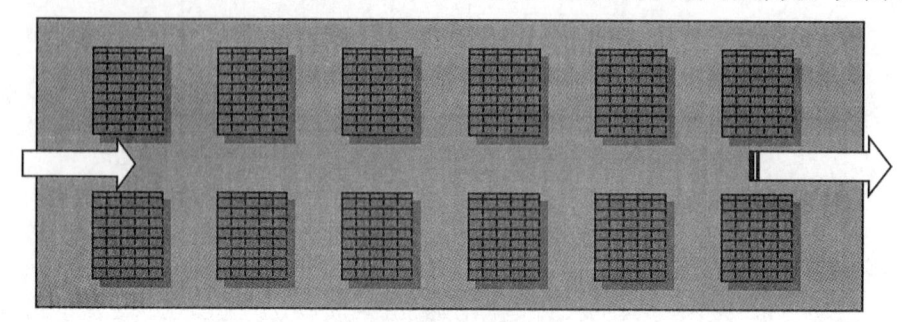

图3-6 横列式布局

（b）纵列式布局。

纵列式布局是指货垛或货架的长度方向与仓库侧墙平行。这种布局的优点主要是可以根据库存货物在库时间的不同和进出的频繁程度安排货位：在库时间短、进出频繁的货物放置在主通道两侧；在库时间长、进出不频繁的货物放置在里侧。纵列式布局如图3-7所示。

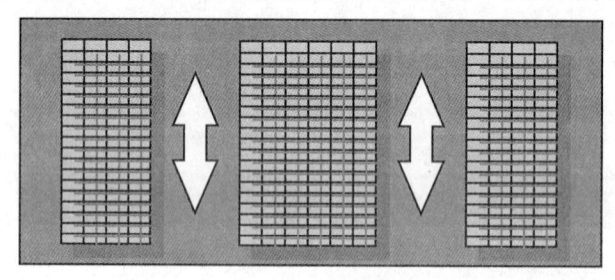

图3-7 纵列式布局

（c）纵横式布局。

纵横式布局是指在同一保管场所内，横列式布局和纵列式布局兼而有之，可以综合利用这两种布局的优点，如图3-8所示。

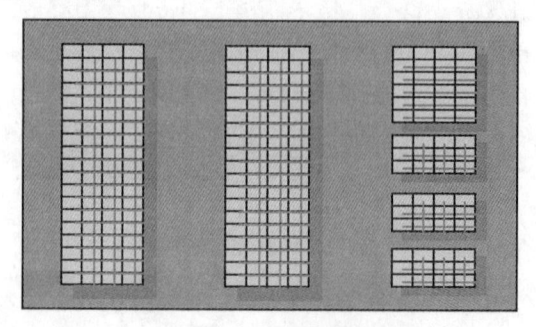

图3-8 纵横式布局

b．倾斜式布局。

倾斜式布局是指货垛或货架与仓库侧墙或主通道成60°、45°或30°的夹角。倾斜式布局具体包括货垛倾斜式布局和通道倾斜式布局。

（a）货垛倾斜式布局。

货垛倾斜式布局是横列式布局的变形，它是为了便于叉车作业、缩小叉车的回转角度、提高作业效率而采用的布局方式，如图3-9所示。

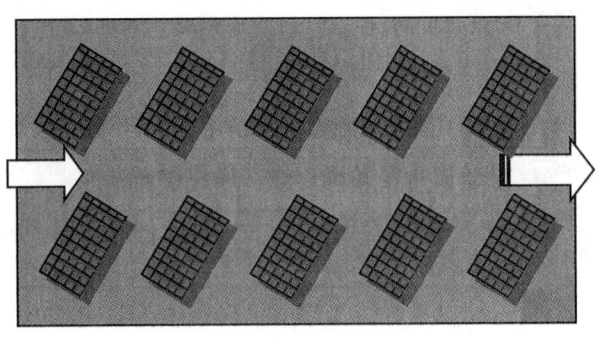

图3-9　货垛倾斜式布局

（b）通道倾斜式布局。

通道倾斜式布局是指仓库的通道斜穿保管区，把仓库划分为具有不同作业特点的区域，如大量存储和少量存储的保管区等，以便进行综合利用，如图3-10所示。采用这种布局形式的仓库内布局复杂，货位和进出库的路径较多。

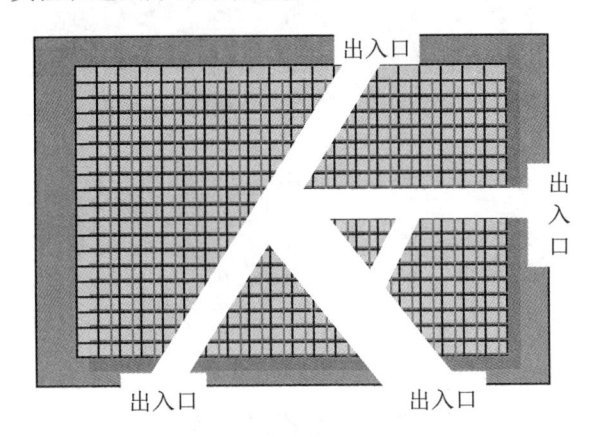

图3-10　通道倾斜式布局

② 空间布置。

空间布置也称为仓库内部竖向布局，是指库存货物在仓库立体空间上的布局，其目的在于充分、有效地利用仓库空间。空间布置的形式主要有就地堆码、货架存放、架上平台、空中悬挂等。

a．就地堆码。

就地堆码是大批量货物的垂直放置方式，具体是指将货物包装后直接堆码在托盘或地坪上，层层堆码到一定高度，如图3-11所示。

图 3-11　就地堆码

b. 货架存放。

将货物进行纵向布置的主要手段是利用各种货架。有些货物可以将原包装直接存入货架，也可以将其装入货箱或码到托盘上再存入货架。这样可充分利用仓储空间，并有利于迅速发货。货架存放如图 3-12 所示。

图 3-12　货架存放

c. 架上平台。

在仓库净空比较高和货架比较矮的情况下，可采用架上平台的方式充分利用有效空间，即在货架的顶部铺设一层承压板构成二层平台，这样可在平台上直接堆放货物，也可排布货架，如图 3-13 所示。

图 3-13　架上平台

d. 空中悬挂。

空中悬挂采用旋转式货架。货架设有电力驱动装置，由开关或小型电子计算机操纵，沿着环形轨道运行。在存取货物时，把货物所在货格的编号输入控制盘，该货格则以最近的距离自动旋转至拣货点，如图3-14所示。

图3-14 空中悬挂

知识拓展

选择动线的原则为不迂回和不交叉。不迂回是指防止无效搬运；不交叉是指避免动线冲突，造成搬运的不安全。

任务实施

步骤一：根据储存货物的特性和数量，各小组讨论并确定仓库的布局形式；
步骤二：各小组讨论并确定储存区货架或货区的布局形式；
步骤三：根据任务单中的货物库存量、相关性等确定货物的最佳储存位置；
步骤四：分组制作PPT，在课堂上汇报交流；
步骤五：各小组汇报任务成果，其他同学对本组的任务成果进行分析评价；
步骤六：教师对任务实施过程进行总结评价。

任务评价

根据以上货区布置工作，结合实际填写货区布置作业任务评价表（见表3-2）。

表3-2 货区布置作业任务评价表

姓名：			班级：		学号：			
项目	序号	考核项目	考核内容	分值	学生自评（30%）	学生互评（30%）	教师评价（40%）	分数
技术考评（80分）	1	技能操作	能搜集、筛选信息	10				
	2		仓库分区合理	20				
	3		货物分类合理	20				
	4		货架布局形式设计合理	20				
	5		PPT制作及汇报	10				
非技术考评（20分）	6	职业素养	态度端正	5				
	7		遵守纪律	5				
	8		团队合作	5				
	9		细心严谨	5				
总分：								

实战演练

扫一扫，检测你的学习效果

任务2：智慧仓库货位规划与编码

任务目标

1. 掌握仓库分区分类的方法
2. 知道地址编码法
3. 掌握货位编码的标识
4. 理解货位编码的应用

任务导入

重庆某仓储中心内某化妆品的储存区有12组货架，图3-15所示为货架布置平面，图3-16所示为货架正视图，请为图中的货位编码，给出编码表。

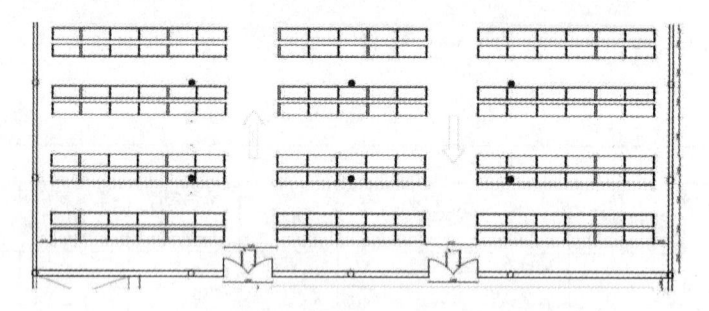

图3-15 货架布置平面

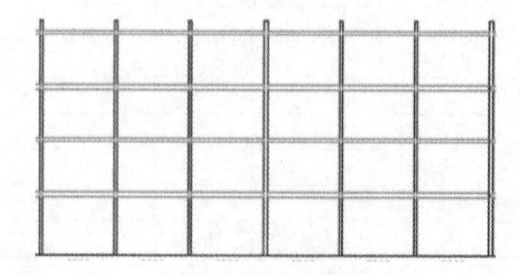

图3-16 货架正视图

任务分析

货位编码是货位使用的基础，货位编码合理与否会影响仓储管理效率的高低，所以仓库管理人员必须掌握货位编码的方法，理解货位编码的作用和意义。

思政小课堂

仓库的分区分类及货位编码需要同学们具备全局思维、大局意识，统筹考虑每种货物的特性及出入库作业的操作效率，在对每种货物进行分区分类及货位编码时要有耐心和细致的工作态度，同时结合货物的周转率灵活地安排货位。

知识准备

扫一扫，查看"智慧仓储储位规划"微课

2.1 仓库的分区分类

在确定货物的存放地点时，应注意将危险品和一般货物，有毒货物和食品，性能抵触、互相串味的货物，养护方法不同的货物分开存放，确保货物存储安全。同时，在存放货物时还应考虑便于检查、养护和取货等因素。为此，仓库应对货物进行分区分类存放，并对货位进行编码，统一进行管理。这里的分区是名词，是指存放性质相似货物的一组仓库建筑物和设备。

1. 分区分类的含义

分区分类是指根据货物性质、保管要求、消防方法及设备条件，将库房、货棚、货场划分为若干保管货物的区域，进行分类储存的方法。分区分类可以使储存条件和环境符合货物储存、保管的需要；同时，根据货物的自然属性、保管要求及其在消费上的连带性把货物划分为若干类别，以便分类集中保管。因此，分区分类有利于货物安全保管；有利于合理使用仓容；有利于缩短货物收、发作业时间；有利于保管员掌握货物进出库的活动规律，熟悉货物性能，提高保管水平；有利于业务管理。分区分类可以有计划地使用货位，便于配备各项设备用具，合理组织劳动力，加强货物养护，为贯彻责任制和实行其他科学管理方法创造条件。

2. 分区分类的实施

（1）收集分区分类所需要的资料。

在规划分区分类之前，要调查研究购销业务部门需要入库储存的货物情况，主要包括：经营的品种、数量与进出库的批量；货物性能、包装状况及其所需的保管条件、消防要求；货物收发、装卸、搬运等所需的机器设备和工作量的大小；仓储货物收发方式、大致流向和周转期；有无特殊的保管、验收和理货要求等。

通过对货物情况的调查与分析，分清在性能、养护和消防方法上一致的货物，并分别计算其所需仓容，考虑其对储存、吞吐条件的要求，结合仓库的具体设备条件，即可进行分区分类。

（2）分区分类的方法选择。

① 按货物的种类和性质分区分类。按货物的自然属性归类，并集中存放在适当场所。

② 按不同货主分区分类。当仓库为几个大货主服务时，为了方便与货主进行工作的衔接，防止货物混淆，往往采用这种方法。

③ 按货物流向分区分类。这种方法多适用于短期中转存储的货物，如在各种交通场站、码头等中转的货物。

④ 按货物的危险性质分区分类。这种方法主要适用于对危险化学品的存放。这里应注意不同性质的危险品之间相互引发危险的可能。

（3）分区分类的注意事项。

① 凡一个单位的货物，只要性质相近，并且有消费连带关系，要尽量安排在一起储存。

② 应按货物的性质和仓库设备条件安排储存。比如，怕热的货物要存放在保温库、地下室、半地下室和温度较低的库房内；怕冻的货物要存放在保温库或暖库中；对于怕潮、易溶、易锈的货物，要安排在楼仓的上层或比较干燥的库房内储存。

③ 互相影响、不宜混存的货物，一定要隔离存放。危险化学品与一般货物不能混存一库；相互串味、影响质量的货物不得混存一库；有毒物品与食品要严格分存；含水量不同的货物不能混存一库。

④ 按作业的安全、方便分区分类。对于出入库频繁的货物，要安排在靠近库门处；对于笨重、体积大的货物，不宜放在库房深处；避免将易碎货物与笨重货物存放在一起，以免在搬运时影响易碎货物的安全。

2.2 货位编码

1. 货位编码的概念

货位编码是指将库房、料棚、货场、货架、货垛、货位按某种规则统一编码。货位编码的方法有地址编码法、按区段编码法、按品种编码法等。

2. 地址编码法

地址编码法就是将保管区中建筑物的栋、区段、排、行、层、格等作为参考，按相关顺序编号，如同通信地址按省、市、道路、门牌号编码一样。地址编码法通常分为"三号定位法"和"四号定位法"。

（1）三号定位法。

三号定位法是用三组数字依次表示仓库号、楼层号、仓间号。

例如，编号"01-02-03"，表示1号库、第2层、3号仓间，如图3-17所示。三号定位法主要用于对多层仓库的楼层、仓间编号。

01	02	03
仓库号	楼层号	仓间号

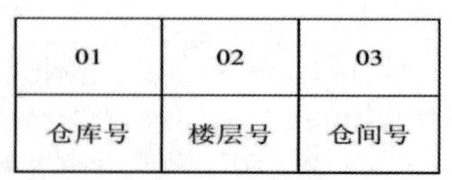

图3-17 三号定位法

（2）四号定位法。

四号定位法采用四组数字依次表示仓库（货场）号、货架（货区）号、货架层（排次）、货架列（垛位号）。

例如，编号"01-02-03-05"是指 1 号仓库（1 号货场）、2 号货架（2 号货区）、第 3 层（第 3 排）、5 号货位（5 号垛位），如图 3-18 所示。

01	02	03	05
仓库号	货架号	货架层	货架列

图 3-18　四号定位法

在为货位编码时，为防止出现错误，可在第一组数字后加上英文字母"K""C"或"P"，分别代表库房、货场或货棚。例如，编号"01K-02-03-05"代表 1 号仓库、2 号货架、第 3 层、5 号货位。

在实际应用三号定位法或四号定位法编码时，具体编码顺序可根据仓库具体情况设定，一般需要综合考虑拣货行走路线、仓库管理要求等。下面给出几种编码实例。

① 仓库编码。

仓库编码是指对货场、货棚和库房的编码。

一种方法是以进入仓库正门的方向为参考，按照左单右双的顺序依次编码，如图 3-19 所示。

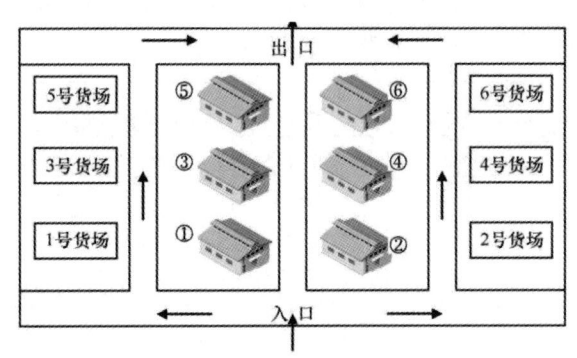

图 3-19　左单右双编码

另一种方法是以进入仓库正门的方向为参考，按照建筑物或货场的远近，从左到右依次编码，如图 3-20 所示。

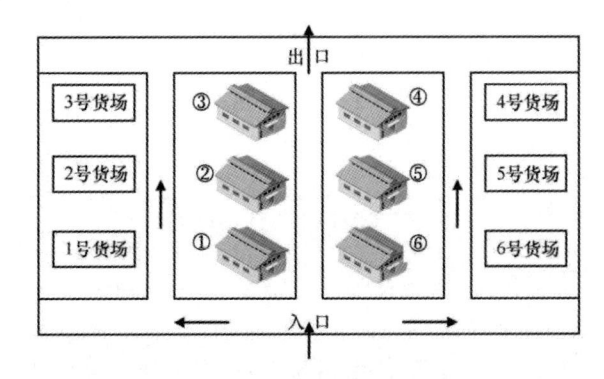

图 3-20　从左到右依次编码

> 🔖 **思考：**
>
> 某仓储中心的平面图如图 3-21 所示。该仓储中心拥有：货棚 4 个，用于存放农用生产资料；货场 2 个，用于存放建筑材料；4 层楼房仓库 1 栋，每层 10 个仓间，主要用于存放服装、箱包和化妆品。请用不同的方法为该仓储中心的货棚、货场、仓间编码，并画出草图。

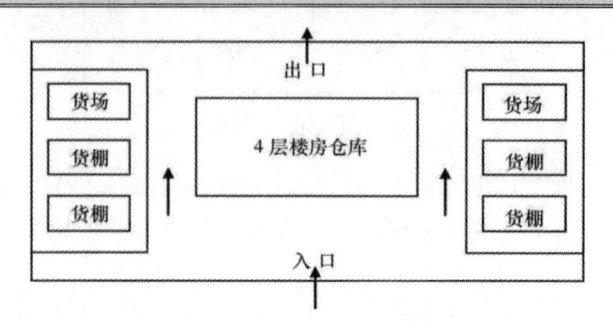

图 3-21　某仓储中心的平面图

② 库内货架货位编码方法。

a．以排为单位的货架货位编码。

在通道内，面向货架从左至右依次对货架编码，如图 3-22 所示。对每排货架的层次进行编码，方法为从货架下层向上层依次编码，在此基础上，对货架货位所在列次进行编码，方法为面对货架从左侧起横向依次编码，如图 3-23 所示。

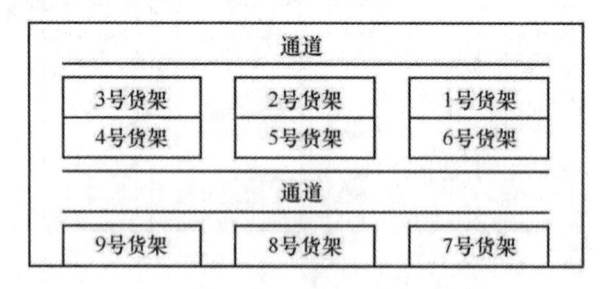

图 3-22　以排为单位的货架编码

货架货位编码				
03—01	03—02	03—03	03—04	03—05
02—01	02—02	02—03	02—04	02—05
01—01	01—02	01—03	01—04	01—05

图 3-23　货架列编码

📋 **案例**

2 号库 3 号货架第 3 层第 4 列用"2K-03-03-04"表示。
A 库房 8 号货架第 2 层第 5 列用"AK-08-02-05"表示。

b．以通道为单位的货架货位编码。

面向同一通道的两排货架为一组，使用相同的编码。在为货架编码时，站在主通道，面向副通道，自左向右依次按顺序为货架编码，如图 3-24 所示。

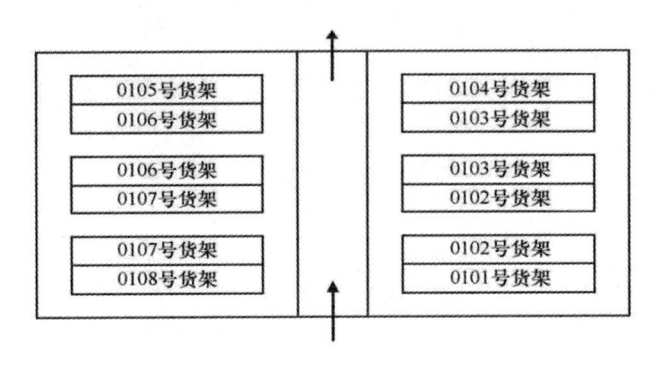

```
┌─────────────────┐   ↑   ┌─────────────────┐
│  0105号货架      │       │  0104号货架      │
│  0106号货架      │       │  0103号货架      │
│                 │       │                 │
│  0106号货架      │       │  0103号货架      │
│  0107号货架      │       │  0102号货架      │
│                 │       │                 │
│  0107号货架      │       │  0102号货架      │
│  0108号货架      │       │  0101号货架      │
└─────────────────┘   ↑   └─────────────────┘
```

图 3-24　以通道为单位进行货架编码

站在副通道内，面向货架，自下而上依次为货架层编码，自右向左依次为货架列编码，如图 3-25 所示，假设每排货架为 4 层 4 列。

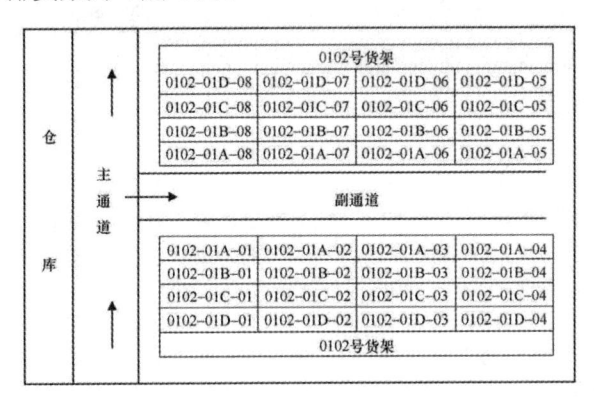

```
                      0102号货架
         ↑   0102-01D-08 0102-01D-07 0102-01D-06 0102-01D-05
             0102-01C-08 0102-01C-07 0102-01C-06 0102-01C-05
仓           0102-01B-08 0102-01B-07 0102-01B-06 0102-01B-05
   主        0102-01A-08 0102-01A-07 0102-01A-06 0102-01A-05
库 通  →              副通道
   道        0102-01A-01 0102-01A-02 0102-01A-03 0102-01A-04
             0102-01B-01 0102-01B-02 0102-01B-03 0102-01B-04
         ↑   0102-01C-01 0102-01C-02 0102-01C-03 0102-01C-04
             0102-01D-01 0102-01D-02 0102-01D-03 0102-01D-04
                      0102号货架
```

图 3-25　货架列编码

c．以品种为单位的货架货位编码。

以品种为单位的货架货位编码是先把具有相关性的物品进行集合，划分为几个品项群，再对每个品项群进行编码。这种编码方法适用于按类别保管的物品和品牌差距大的物品，如服饰、日杂、食品等，如图 3-26 所示。

```
┌──────────────────────────────────────────────────┐
│   ┌─────────┐      ┌─────────┐      ┌─────────┐  │
│   │  服饰区  │      │  日杂区  │      │  食品区  │  │
│   └─────────┘      └─────────┘      └─────────┘  │
└──────────────────────────────────────────────────┘
```

图 3-26　按品种编码

d．以货物编码代替货架货位编码。

这种编码方法适用于进出频繁的零星散装货物，在编码时要注意货架格眼的大小、多少与货物的数量、体积的适应性。

📋 案例

某类货物的编号为从 10101 号到 10109 号，储存货架的一个格眼可放 10 个编号的货物，则在货架格眼上制作 10101-10 编号，并以此类推。

③ 货场、货棚内的货位编码方法。

货场、货棚内的货位编码方法与库房内的货架货位编码方法类似。四号定位法中的 4 组数字依次表示货场（货棚）、货区、排次、垛位号。在编码时，为防止出现错误，可在第一组数字后加上英文字母"C"或"P"，代表货场或货棚。

> **案例**
>
> 按照四号定位法的顺序，编码"01P-02-03-05"代表 1 号货棚、2 号货区、第 3 排、5 号垛位。
>
> | 货棚号 | 货区号 | 排号 | 垛位号 |

3．按区段编码法

该方法是指先把存储区分成几个区段，再对每个区段进行编码。这种方法以区段为单位，每个号码代表的存储区较大。按区段编码法适用于单位化、量大且保管期短的货物。区域大小根据货物量的大小确定。

4．按品种编码法

按品种编码法是指先把具有相关性的货物集合起来，划分为几个品项群，再对每个品项群进行编码。这种编码方法适用于容易按货物类别保管的场合和品牌差距大的货物，如服饰、日杂、食品等。

2.3 货位编码的标识

货位编码就好比货物在仓库中的地址，必须遵循"标识明显易找，编排循规有序"的原则。

1．标识设置要适宜

货位编码的标识设置要因地制宜，要选择适当的地方、采用适当的方法。比如，在无货架的库房内，走道、支道、区段的标识一般都设置在水泥或木板地坪上；在有货架的库房内，货位标识一般标识在货架上。

2．标识制作要规范

货位编码的标识要规范，否则容易造成单据串库、货物错收或错发等事故。统一使用阿拉伯数字制作标识，就可以避免以上错误。为了将库房及其走道、支道、区段等加以区别，可在数字大小、颜色上进行区分，也可在数字外加上括号、圆圈等符号加以区分。

3．编码顺序要一致

整个仓库范围内的库房和货场内的走道、支道、区段的编码，一般都以进门的方向左单右双或自左向右（自右向左）的规则进行。

4．区段间隔要恰当

区段间隔的宽窄，应取决于货物品种及批量的多少。同时应注意的是，走道、支道不宜经常变更位置和编码，因为这样不仅会打乱原来的货位编码，而且会使保管员不能迅速收发货。

2.4 货位编码的应用

货位编码的应用要注意以下几点。

1．及时记录货位信息

在货物入库后，应将货物所在货位的编码及时登记在保管账、卡的"货位号"栏中，采用计算机管理的要输入计算机。货位编码输入准确与否，直接决定出库货物的准确性，应认真操作，避免差错。

2．及时更新货位信息

当货物所在的货位变动时，账、卡中的货位号应同时调整，做到"见账知物"和"见物知账"。

3．明显标识货位信息

为提高货位利用率，一般同一货位可以存放不同规格的货物，但必须采用具有明显区别的标识，以免造成差错。

4．走道、支道不宜经常变动

走道、支道不宜经常变动，否则不仅会打乱原来的货位编码，而且要调整库房照明设备。

知识拓展

该仓储中心拥有货棚4个、货场2个、4层楼房仓库1栋，仓库每层有10个仓间。为了更好地区别货棚、货场和仓库，可以在它们的编码后面分别加上相应的英文字母。货棚从左往右依次是01P、02P、03P、04P。货场从左往右依次是01C、02C。仓库及仓间可编号为"01K-01-01"，代表1号仓库第1层1号仓间，其余仓间依次类推。

任务实施

步骤一：学习相关知识；
步骤二：结合图3-15、图3-16所示的内容，进行小组讨论，完成任务导入，运用不同的方法进行货位编码；
步骤三：画出货位编码示意图。

任务评价

根据以上货位编码的工作，结合实际填写货位编码作业任务评价表（见表3-3）。

表 3-3　货位编码作业任务评价表

姓名：			班级：			学号：			
项目	序号	考核项目	考核内容	分值	学生自评（30%）	学生互评（30%）	教师评价（40%）	分数
技术考评（80分）	1	技能操作	货位编码方法选择合理	20				
	2		货位编码准确合理	30				
	3		货位编码方法可行性强	20				
	4		货位编码示意图绘制清晰、美观	10				
非技术考评（20分）	5	职业素养	态度端正	5				
	6		遵守纪律	5				
	7		团队合作	5				
	8		细心严谨	5				
总分：								

实战演练

扫一扫，检测你的学习效果

任务 3：智能仓储设备及技术

任务目标

1. 理解智能仓储设备选择的原则
2. 知道智能仓储技术的类型
3. 掌握不同类型货架的特点
4. 掌握不同分拣设备的特点

任务导入

某仓储中心的化妆品库既有面向店铺的 B2B 配送，也有面向个人的 B2C 配送。B2B 配送为托盘拣货，经出库复核后直接装车运输。B2C 配送为整箱或散件拣货，散件出库需要二次包装，在出库区经扫描复核、包装、称重、粘贴配送标签后由出库流水线输送至环形快递分拣线，环形快递分拣线根据配送标签上的条码按路向进行分拣，然后将散件摆放在指定区域等待快递配送。请完成以下任务：

1. 为化妆品库选择储存货架；

2. 为化妆品库选择拣货设备；

3. 为出库区选择相应设备；

4. 为快递分拣区选择分拣系统；

5. 列出设备清单，注明类型。

任务分析

要想为仓储中心的货物选择合理的储存货架、拣选设备及分拣系统，首先需要知道仓储设备选择的原则，其次需要知道智能仓储中心的储存、搬运、分拣等作业的相关设备的构成及其特点，通过了解和对比不同设备的特点选择合适的仓储设备。

思政小课堂

仓储设备及技术的选择涉及的资金投入较大，有一定的投资回报期，在选择时一定要结合货物的具体特点，包括货物的包装形式、周转频率、存储单元等实际情况。效率优先是遵循的第一原则，同时要兼顾经济性的考虑。仓储机械水平的自动化是目前的主流选择，但是要结合企业的实际情况，因地制宜，选择最合适的仓储设备及技术。

知识准备

扫一扫，查看"智慧仓储设备"微课

3.1 智能仓储设备的选择

在选择仓储机械设备时，应对仓储机械设备的技术经济指标进行综合评价。

1. 仓储机械设备的型号应与仓库的作业量、出入库作业频率相适应

仓储机械设备的型号和数量应与仓库的日吞吐量相对应，仓库的日吞吐量与仓储机械设备的额定起重量、水平运行速度、起升和下降速度及设备的数量有关，应根据具体的情况进行选择。同时，仓储机械设备的型号应与仓库的出入库频率相适应。对于综合性仓库，其吞吐量不大，但是其收发作业频繁，作业量和作业时间很不均衡，应该考虑选用起重载荷相对较小、工作繁忙程度较高的机械设备；对于专用性仓库，其吞吐量大，但是其收发作业并不频繁，作业量和作业时间均衡，应该考虑选用起重载荷相对较大、工作繁忙程度较低的机械设备。

2. 选用自动化程度高的机械设备

要提高仓库的作业效率，应从货物和机械设备两个方面着手。从货物的角度来考虑，要

选择合适的货架和托盘。托盘的运用大大提高了出入库作业的效率，选择合适的货架同样能使出入库作业的效率提高。从机械设备的角度来考虑，应提高机械设备的自动化程度，以提高仓储作业的效率。

3. 注意仓储机械设备的经济性

在选择仓储机械设备时，应该根据仓库作业的特点，运用系统的思想，在坚持技术先进、经济合理、操作方便的原则下，企业应根据自身的条件和特点，对机械设备进行经济性评估，选择合适的机械设备。

3.2 智能仓储技术

1. 自动化立体仓库（AS/RS）

自动化立体仓库利用自动化存储设备同计算机管理系统的协作来实现高层合理化、存取自动化，以及操作简便化。自动化立体仓库主要由货架系统、巷道式堆垛起重机（堆垛机）、入（出）库工作站台、调度控制系统及计算机管理系统组成。

货架一般为钢结构或钢筋混凝土结构的结构体，货架内部空间为货物存放的位置。堆垛机穿行于货架之间的巷道中，可从入库工作站台取货并根据调度任务将货物存储到指定货位，或到指定货位取出货物并送至出库工作站台。

自动化立体仓库的计算机管理系统可以与工厂的信息管理系统（如 ERP 系统）及生产线进行实时通信和数据交换，这样自动化立体仓库成为 CIMS（计算机/现代集成制造系统）及 FMS（Flexible Manufacture System，柔性制造系统）必不可少的关键环节。结合不同类型的仓库管理软件、图形监控及调度软件、条形码识别跟踪系统、搬运机器人、AGV、货物分拣系统、堆垛机认址系统、堆垛机控制系统、货位探测器等，可实现立体仓库内的单机手动、单机自动、联机控制、联网控制等多种立体仓库运行模式，以及仓库货物的立体存放、自动存取、标准化管理，可大大降低储运成本，减轻劳动强度，提高仓库空间的利用率。

AS/RS 货架系统的自动化及信息化程度高，叉车通道窄，堆高机由计算机终端自动控制运作，配合全自动堆垛机，将托盘存库及出库。配合仓库管理软件，仓库内基本不需要人工操作。AS/RS 的货架系统采用集成化物流管理计算机控制系统，并应用激光定位技术、红外通信、现场总线控制技术、条形码扫描、RF 系统等先进技术，功能齐全，性能可靠，在各行各业的仓库和配送中心发挥着越来越重要的作用。自动化立体仓库如图 3-27 所示。

图 3-27　自动化立体仓库

案例

蒙牛乳业的自动化立体仓库

蒙牛乳业的自动化立体仓库（六期项目）包括原辅料的自动化输送系统和成品的自动化输送及储存系统，集成了自动化仓库系统、空中悬挂输送系统、码垛机器人、环行穿梭车、直线穿梭车、自动导引运输车、自动整形机、自动薄膜缠绕机、液压升降台、货架穿梭板、连续提升机，以及多种类型的输送机等众多自动化物流设备。该自动化立体仓库作为国内自动化水平最高的物流项目，被评为"机电一体化示范工程"。

2. 仓储机器人

在智慧仓储作业中，各种类型、不同功能的机器人将取代人工成为主角，如自动搬运机器人、码垛机器人、拣选机器人、包装机器人等。就连自动化立体仓库中的穿梭车也可以被看作搬运机器人的一种。

这些机器人以最高的效率、昼夜不歇地在仓库内作业，完成货物搬运、拣选、包装等作业。近两年备受关注的 KIVA 机器人（一种外观看起来像冰壶的搬运机器人），因其自动化程度高、实施周期短、灵活性强等特点成为越来越多的无人仓自动化仓储解决方案的选择。

KIVA 机器人系统由成百上千个搬运货架单元的机器小车组成。货物在开箱后被放置在货架单元上，通过货架单元底部的条码与货架单元实现信息绑定。仓库地面布置了条码网格，机器小车应用两台摄像机分别读取地面条码和货架单元底部的条码，在编码器、加速计和陀螺仪等传感器的配合下完成货物搬运导航。该系统的核心是控制机器小车的集中式多智能体调度算法。KIVA 机器人如图 3-28 所示。

图 3-28 KIVA 机器人

3. 多层穿梭车系统

多层穿梭车系统采用立体料箱式货架，实现了货物在仓库内立体空间的存储。入库前，货物经开箱后被存入料箱，货架巷道前端的提升机将料箱送至某一层，然后由该层内的穿梭小车将货物存放至指定的货格内。货物出库由穿梭小车与提升机的配合完成。该系统的核心在于通过货位分配优化算法和小车调度算法的设计，均衡各巷道之间及单个巷道内各层之间的任务量，延长设备的并行工作时间，发挥设备的最大工作效率。多层穿梭车系统如图 3-29 所示。

图 3-29 多层穿梭车系统

4. 细胞单元系统

KIVA 机器人系统中的机器小车进行地面上的搬运,多层穿梭车系统中的穿梭小车进行货架轨道上的搬运,细胞单元小车则是以上两者技术的融合。

当细胞单元小车在货架或提升机上时,按照穿梭小车的工作方式在轨道上运动;当其离开货架到达地面时,便切换至机器小车的工作方式在地面上运行。细胞单元系统在地面上的导航方式不同于 KIVA 机器人系统,采用的是基于无线传感网测距、激光测距仪测量和推测航行法的传感器融合技术,无线传感网测距实现信息通信及全局定位,激光测距仪测量和推测航行法实现位置跟踪和定位精度校正。这种传感器融合技术比 KIVA 机器人系统的地面标签配合惯性导航的方式更加灵活。该系统将立体货架存储空间与地面平面存储空间无缝连接在一起,代表了可扩展、高柔性化的小车群体技术未来的发展方向。

5. 自动输送系统

自动输送系统如同整个智慧仓储系统的血管,连通着机器人、自动化立体仓库等物流设施,实现货物的高效自动搬运。较自动化立体仓库和机器人而言,自动输送系统的技术更趋成熟。只不过在智慧仓储系统中,自动输送系统需要跟拣选机器人、码垛机器人等进行有效的配合。同时为了保证作业的准确性,输送线也需要配备更多的自动检测技术、识别技术、感知技术。例如,在京东无人仓中,输送线的末端、拣货机器人的前端增加了视觉检测工作站,通过对信息的快速扫描和读取,为拣货机器人提供拣货指令。

除此之外,还有输送线两侧的开箱机器人、打包机器人等,这些新增加的智能设备都需要与自动输送系统进行有效衔接和配合。

6. 人工智能算法与自动感知技术

人工智能算法与自动感知技术就是智慧仓储系统的大脑与神经系统。机器人之间、机器人与整个物流系统之间、机器人与人工之间的紧密配合、协同作业,必须依靠功能强大的软件系统的操纵与指挥。其中,人工智能算法和自动感知技术可谓重中之重。因为在智慧仓储模式下,数据将是所有动作产生的依据,自动感知技术如同机器的"眼睛",将所有商品、设备等的信息进行采集和识别,并迅速将这些信息转化为准确有效的数据上传至系统,系统再通过人工智能算法、机器学习等生成决策和指令,指导各种设备自动完成物流作业。基于数据的人工智能算法需要在货物的入库、上架、拣选、补货、出库等各个环节发挥作用,同时还要随着业务量及业务模式的变化不断优化作业。因此可以说人工智能算法是智慧仓储技术的核心与灵魂所在。

3.3 智能仓储设备

1. 货架设备

货架在零售业务量大的仓库中起着很大的作用,既能够有效保护货物,方便货物的存取与进出,又能够提高仓库空间的利用率,是仓储面积的扩大和延伸。随着仓库机械化和自动化程度的不断提高,货架技术也在不断发展。尽管出现了许多新型货架,传统的层架、悬臂式货架、托盘货架等依然发挥着重要作用。

(1) 层架。

层架由立柱、横梁和层板构成,层间用于存放货物。层架结构简单,适用范围非常广泛,还可以根据需要制作成层格架、抽屉式和橱柜式等形式,便于存放规格复杂多样的小件货物,以及较贵重、怕尘土、怕潮湿的小件货物。层架如图 3-30 所示。

图 3-30 层架

(2) 悬臂式货架。

悬臂式货架由 3~4 个塔形悬臂和纵梁相连而成,悬臂的尺寸根据所存放货物的外形确定。它在储存长形货物的仓库中被广泛应用。悬臂式货架如图 3-31 所示。

图 3-31 悬臂式货架

(3) 托盘货架。

托盘货架是以托盘单元的方式来保存货物的货架,又称工业货架,是机械化、自动化仓库的主要组成部分。托盘货架在国内的各种仓储货架中较为常见,广泛应用于制造业、第三方物流和配送中心等领域。托盘货架如图 3-32 所示。

图 3-32　托盘货架

（4）移动式货架。

移动式货架的底部装有滚轮，开启控制装置，滚轮就可以沿轨道滑动。移动式货架平时可以密集地相连排列，在存取货物时通过手动或电动的控制装置沿轨道滑动，形成通道，从而大幅度减少通道面积，使仓库的面积利用率达到 80%。由于成本较高，移动式货架主要在档案等重要物品的保管中使用。移动式货架如图 3-33 所示。

图 3-33　移动式货架

（5）驶入/驶出式货架。

在一般的自动化仓库中，有轨或无轨堆垛机的作业通道是专用的，作业通道上不能储存货物。安装有驶入/驶出式货架的仓库的特点是货物的储存货位与叉车的作业通道是合一的、共同的，这就大大提高了仓库的面积利用率。驶入/驶出式货架可供叉车从中通过，非常便于作业。驶入/驶出式货架如图 3-34 所示。

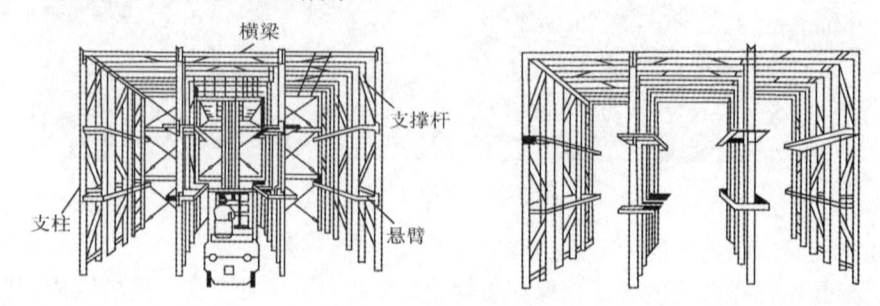

图 3-34　驶入/驶出式货架

（6）重力式货架。

重力式货架又叫自重力货架，属于重型货架，是由托盘货架演变而来的，适用于品种少、大批量货物的存储，空间利用率极高。重力式货架的深度及层数可按需要而定。重力式货架能实现货物先进先出的保管方式，货物由高的一端存入，滑至低端，从低端取出。利用重力式货架储存货物是以托盘为载体的储存作业，货物堆栈整齐，为大件重物的储存提供了较好的解决方案，其仓储空间利用率在75%以上，而且只需要一个进出货通道。但是，一般重力式货架的成本约是普通托盘货架成本的5~7倍，投资成本高；其对托盘及货架的加工技术要求高，否则容易造成滑道阻塞，对货架日常维护保养的要求也高。重力式货架如图3-35所示。

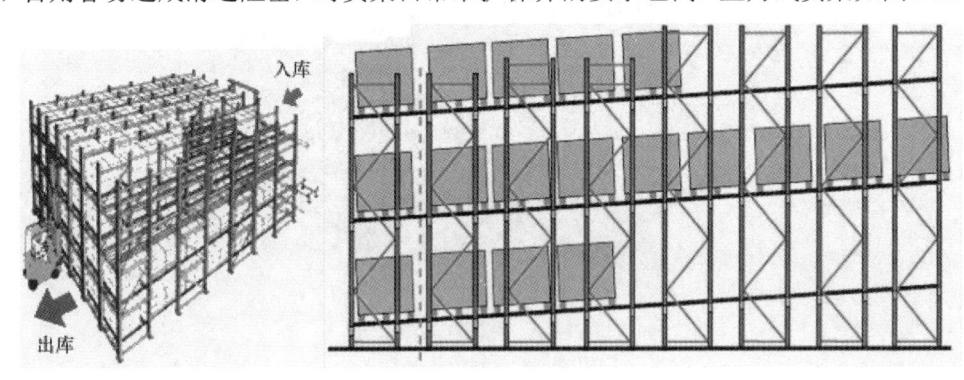

图3-35 重力式货架

（7）流利式货架。

流利式货架又称滑移式货架，主要利用货物台架的自重，从一边通道存货，在另一边通道取货，实现先进先出，以及一次补货、多次取货，储存方便。流利式货架的储存效率高，适合大量货物的短期存放和拣选。流利式货架还配有电子标签，可实现货物的轻松管理，常用的滑动容器有周转箱、零件盒及纸箱。其被广泛应用于配送中心、装配车间，以及出货频率较高的仓库。流利式货架如图3-36所示。

图3-36 流利式货架

（8）后推式货架。

后推式货架是一种高密度托盘储存系统，它将装有货物的托盘存入2倍、3倍或4倍深度又稍微向上倾斜、可伸缩的轨道货架上。托盘的存放和取出是在同一通道上进行的，存入时叉车将托盘逐个推入货架深处，取出时托盘借重力逐个前移，因而最先放入的托盘是在最后取出的。后推式货架既能达到驶入/驶出式货架的仓容量，又能达到重力式货架的取出能力。后推式货架的优点是当某货物的托盘数量较多而又不要求"先进先出"时，能简化工作程序，效益极为显著，也可以缩短拣取时间，不需要特殊的搬运设备。同时，由于后推式货架的储存面积较大，通道较少，故空间利用率和生产率都很高，能避免高密度储存货架在装卸作业中经常产生的货损。后推式货架如图 3-37 所示。

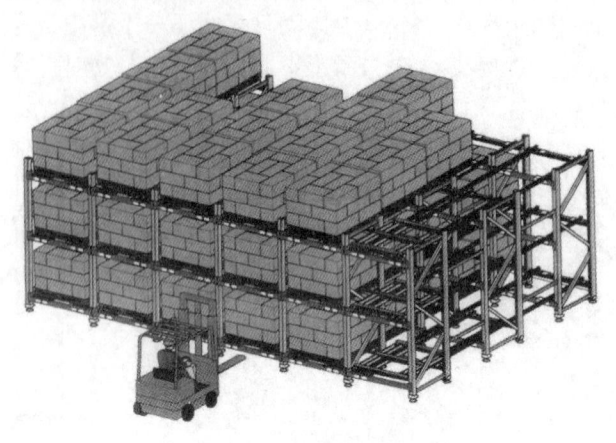

图 3-37 后推式货架

（9）阁楼式货架。

阁楼式货架将储存区域分成两层或多层，通常将中型搁板式货架或重型搁板式货架作为主体支撑。阁楼式货架可以有效提高空间使用率，通常上层适合存放轻量货物，不适合重型搬运设备行走，上层货物的搬运需配装垂直输送设备。底层货架不但是保管物料的场所，而且是上层建筑承重梁的支撑，使承重梁的跨距大大减小，大大降低了建筑成本。阁楼式货架也适用于对现有旧仓库进行技术改造，从而提高仓库的空间利用率。阁楼式货架如图 3-38 所示。

图 3-38 阁楼式货架

（10）旋转式货架。

旋转式货架设有电力驱动装置。货架沿着由两个直线段和两个曲线段组成的环形轨道运行，由人工或计算机操纵。在存取货物时，把货物所在货格的编号输入控制盘，该货格则以最近的距离自动旋转至拣货点。旋转式货架通过货架旋转改变货物的位置，代替拣选人员在仓库内的移动，能够大幅度降低拣选作业的劳动强度，而且货架旋转选择了最短路径，所以，采用旋转式货架可以大大提高拣货效率。旋转式货架如图 3-39 所示。

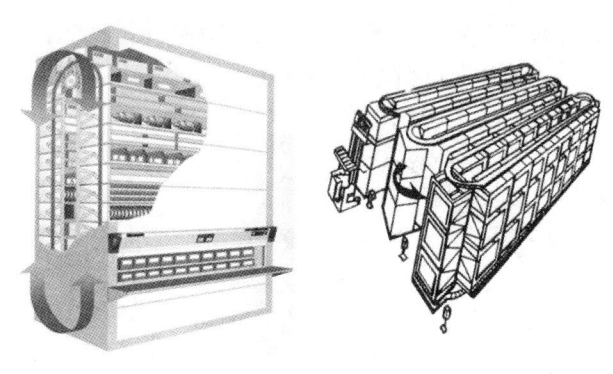

图 3-39 旋转式货架

?思考:
请结合以上货架的特点，思考选择货架的影响因素有哪些。

2．装卸搬运设备

（1）有轨导引小车。

RGV 是 Rail Guided Vehicle 的缩写，翻译成中文为有轨导引小车，如图 3-40 所示。RGV 可用于各种高密度储存仓库。推车通道可以设计为任意长，以增加整个仓库的储存容量。在 RGV 的操作过程中，无须叉车驶入巷道，因此更加安全。使用叉车而不进入巷道，轿厢在巷道中快速行驶的优势提高了仓库的运营效率。

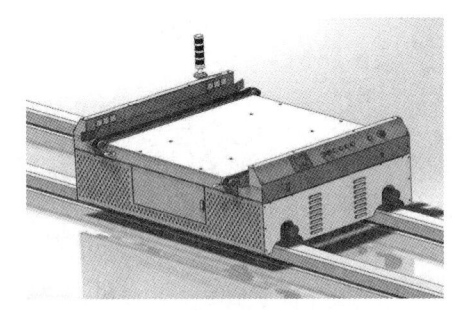

图 3-40 有轨导引小车

RGV 有固定在车身上的驱动装置，该驱动装置包含驱动轮、驱动支架和动力装置，驱动轮固定在动力装置上，驱动支架固定在 RGV 的主体上。驱动轮与导轨平台接触，在动力装置的驱动下旋转，驱动 RGV 在导轨平台上移动。

RGV 是有轨自动运行小车，其主体结构由机体、电气控制箱、输送机构、轨道、滑线等组成。在系统的调配下，RGV 可以自动搬运货物单元，将货物从一个地点运送到另外一个地点，可以实现一口对多口、多口对多口的物料调拨。

RGV 的产品特征是：

① RGV 是有轨小车，需要在轨道上行驶，轨道可以是单轨、双轨或弯轨；
② 运行速度快并可调速，其运行速度可以达到 180m/min 以上；
③ 可以与多种设备结合，可以安装链条线、滚筒线、机械手等，能适应不同的工况；
④ RGV 有单工位、双工位，能应对不同的工作场合。

RGV在物流系统和工位制生产线上都有广泛的应用，如出/入库站台、各种缓冲站、输送机、升降机和线边工位等。RGV按照计划和指令进行物料的输送，可以显著降低运输成本，提高运输效率。

（2）自动导引小车。

自动导引小车的英文为Automated Guided Vehicle，可缩写为AGV。其是指具有磁条、轨道或者激光等自动导引设备，沿规划好的路径行驶，以电池为动力，并且装备安全保护及各种辅助机构的无人驾驶的自动化车辆（见图3-41）。通常多台AGV与控制计算机（控制台）、导航设备、充电设备及周边附属设备组成AGV系统，其主要的工作原理表现为在控制计算机的监控及任务调度下，AGV可以准确地按照规定的路径行走，在到达指定位置后，完成一系列的作业任务。控制计算机可根据AGV自身的电量决定是否让其到充电区进行自动充电。

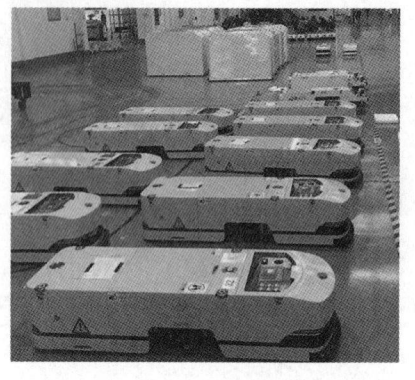

图3-41　自动导引小车

AGV已经形成系列化产品，该产品的主要特点为：

① 自动化程度高，系统运行稳定可靠；
② 运行灵活，可更改路径；
③ 具有高速无线通信及高精度导航系统；
④ 具有完善的自诊断系统；
⑤ 具有快速自动充电系统；
⑥ 可以与上级信息管理系统衔接。

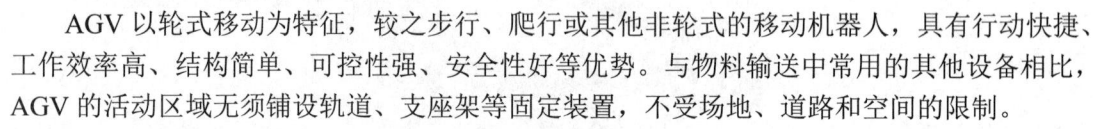

AGV以轮式移动为特征，较之步行、爬行或其他非轮式的移动机器人，具有行动快捷、工作效率高、结构简单、可控性强、安全性好等优势。与物料输送中常用的其他设备相比，AGV的活动区域无须铺设轨道、支座架等固定装置，不受场地、道路和空间的限制。

（3）智慧型导引车。

智慧型导引车的全称为智慧型导引运输车，英文为Intelligent Guided Vehicle，可缩写为IGV，如图3-42所示。和传统的AGV相比较，IGV的柔性化程度更高，无须借助任何固定标记物就可行驶，并且路径灵活多变，可根据实际需求灵活调度。

作为AGV技术不断革新和发展的成果，IGV主要在精度、安全性、柔性、环境适应性等方面实现了进一步提升。

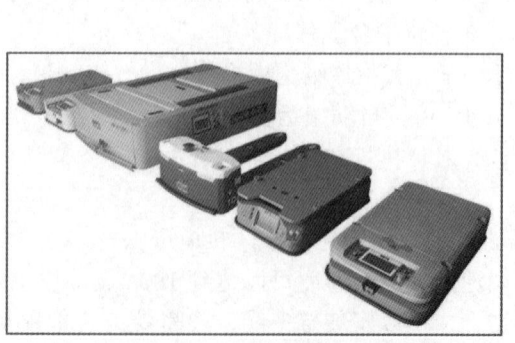

图3-42　智慧型导引车

在柔性导引方面，传统的 AGV 仍然需要借助二维码、反射板等标记物，而 IGV 采用新的导航方式，依靠实时场景地图，无须其他固定标记物，路径更改简单、灵活。

IGV 适用于对柔性化要求更高的场合，其在具备常规搬运功能的基础上，还可以根据客户的工艺流程，选择搭载不同的功能模块，满足一车多用的需求。

案例

京东"小黄人"

京东东莞麻涌智能分拣中心：在占地 1200m² 的工作台上，300 余个代号为"小黄人"的分拣机器人正在进行取货、扫码、运输、投货，整个过程井然有序。依靠惯性导航和二维码技术，这些"小黄人"不仅能自动识别快递面单信息，自动完成包裹的扫描及称重，以最优线路完成货品的分拣和投递，还能自动排队、充电，即使出现故障，维修时间也仅仅需要 20s 左右。

（4）搬运机械臂。

搬运机械臂也称为搬运机械手、搬运机器人，是用于物流搬运领域的工业机器人，如图 3-43 所示。搬运机械臂具有和人类手臂相似的构造，与人类手臂具有许多相似的能力，可以按给定程序、轨迹和要求实现自动抓取、搬运等操作。

搬运机械臂广泛适用于电子、食品、烟酒等行业纸箱包装产品和热收缩膜产品的码垛、堆垛作业。特别是在高温、高压、多粉尘、易燃、易爆、放射性等恶劣环境中，以及在笨重、单调、频繁的操作中，搬运机械臂代替人作业，能够使人从繁重的工作中解放出来，提升工作效率。

图 3-43 搬运机械臂

3. 智能分拣设备

智能分拣设备能够充分发挥速度快、目的地多、效率高、差错率低和基本实现智能化、无人化作业的优势，目前已在国内外大多数的配送中心得到应用。

配送中心每天接收来自不同供应商的数以万计的商品，并按商品品类等信息进行准确、快速的分类，然后将其储存至指定地点。当配送中心接到订单发货指示时，智能分拣设备要在最短的时间内从上述指定地点精准、迅速地找到所需商品，并从不同货位上取出商品，按配送信息的不同运送到不同的区域或站台集中打包，以便装车发运。

其中，智能分拣设备的运行效率、准确率、可用度等，是决定配送中心物流系统的作业效率、作业成本、作业质量和客户满意度的重要因素。

（1）使用智能分拣设备的必要性。

在配送中心的搬运成本中，分拣作业搬运成本约占 80%。在劳动密集型配送中心中，与分拣作业直接相关的人力占 50%，分拣作业时间约占整个配送中心作业时间的 30%～40%。所以合理规划与管理分拣作业，对配送中心提高作业效率和降低作业成本具有事半功倍的效果。

（2）智能分拣设备的特点。

智能分拣设备通常具有分拣效率高、分拣差错率低和分拣作业基本实现无人化的特点。

① 分拣效率高。

智能分拣设备不受气候、时间、人的体力等因素限制，可以连续运行 24 小时以上，每小时可分拣 1 万件、2 万件甚至 5 万件以上的物品。如果用纯人工，则每小时只能分拣几百件，需要大量的人员同时作业，而且分拣人员也不能在这种劳动强度下连续工作 8 小时以上。

② 分拣差错率低。

③ 分拣作业基本实现无人化。

采用智能分拣设备的目的之一，就是减少作业人员的数量，减轻作业人员的劳动强度，提高作业人员的使用效率，因此智能分拣设备能最大限度地减少作业人员的使用，基本做到无人化。

（3）智能分拣设备的分类。

分拣设备是一种集成多学科、综合技术的系统装备，需要一定的技术环境和应用环境的支持，因而造成了在不同行业、不同工况下，对智能分拣设备功能需求的多样性。

分拣机的种类非常多，常见的分拣机有翻板式、交叉带式、落袋式、滑块式、直线窄带式、导轮式、模组带式、窄带式、AGV 式等多种类型，如图 3-44 所示。

机型	图片	参数特性	分拣物件	适用行业
翻板式		环形布局 可设置分拣格口多 物件规格适应性较差 速度2～3m/s 效率约10000～20000件/小时 单件最大60kg	箱、盒、袋等	邮政、快递、机场等
交叉带式		环形布局/直线形布局 可设置分拣格口多 物件规格适应性强 速度2～3m/s 效率约15000～30000件/小时 单件最大50kg	箱、盒、袋、信函、扁平件、软包等	邮政、快递、电商、机场、服装、商超、医药等
落袋式		环形布局 可设置分拣格口很多 物件规格适应性一般 速度1.3m/s 效率约12500～25000件/小时 单件最大10kg	服装、箱盒类、软包、扁平件、圆形件、无包装的、形状不固定的、不可输送的	邮政、快递、电商、服装、珠宝、医药、零售等
滑块式		直线形布局 可设置分拣格口一般 物件规格适应性一般 速度2～3m/s 效率约8000～12000件/小时 单件最大50kg	箱、盒类、袋等底部较平整的物件	商超、服装、医药、快递等

图 3-44　各种分拣机

直线窄带式		直线形布局 可设置分拣格口一般 物件规格适应性强 速度1.5~2m/s 效率约7000件/小时 单件最大50kg	箱、盒、袋、软包、异形件等	邮政、快递、电商等
导轮式		嵌入式的直线形布局 可设置分拣格口一般 物件规格适应性一般 速度1.5~2.5m/s 效率约5000~8000件/小时 单件30kg/50kg	箱、盒、袋等	邮政、快递、电商、商超、医药等
模组带式		直线形布局 可设置分拣格口一般 物件规格适应性较强 效率约7000件/小时 单件最大25kg	箱、盒、软包、扁平件、信函	邮政、快递、电商、服装、医药等
窄带式		直线形布局 可设置分拣格口较多 物件规格适应性差 效率约4000件/小时 单件最大30kg	箱、盒类等	邮政、快递、电商、服装、商超等
AGV式		柔性布局 可设置分拣格口多 物件规格适应性一般 效率约12000件/小时 单件最大5kg（常规）	箱、盒类、软包等	邮政、快递、电商等

图 3-44 各种分拣机（续）

4．智能包装设备

智能包装设备主要包括智能包装机器人，以及由智能包装机器人、自动包装机械组成的智能包装作业线。

（1）智能包装机器人。

智能包装机器人是应用于包装行业的工业机器人。和普通的包装机械相比，智能包装机器人主要有以下两个特点。

第一个特点是灵活性强，能实现产品的快速转换。

如今消费需求已向多规格、多样化发展，而传统的机械设备只能生产单一尺寸或形状的产品。包装机器人为了执行不同的任务，可改变、可编程，大大提高了灵活性，实现产品的迅速转换。例如，同一台设备，只需简单地改变其终端取件方式和程序设置，就可以处理不同尺寸和形状的产品。不仅如此，机器人的不同功能模块还能灵活组合，配置出多种功能的机器人生产流水线。正是智能包装机器人高度的集成性和柔性，使其在工业领域得到广泛的应用。

第二个特点是生产精准度高，产品质量有保障。

在包装设备中添加的检测装置、传感器装置等，构成系统的信息反馈回路，使智能包装机器人拥有更高的精准性。比如，具有视觉技术的智能包装机器人可以测量物体的位置，识别物体的颜色或形状，大大减少了高强度劳动力的使用，也减少了人为可能造成的失误，降低了次品率。

根据工作性质进行分类，智能包装机器人主要可以分为装箱机器人、码垛机器人、贴标机器人等。

① 装箱机器人。

装箱机器人在包装行业较为常见，如图 3-45 所示。装箱机器人通过末端执行器对待装箱产品采用抓取或吸取方式，将产品送到指定的包装箱或托盘中。结构形式及自由度是设计机器人时需要考虑的主要因素，将直接关系到机器人的灵活性。用户可以根据使用环境的具体情况选择不同的结构形式及自由度的机器人来满足不同的功能需求。

图 3-45　装箱机器人

装箱机器人的作业优势主要体现在以下几个方面。

装箱机器人使用并联机器人作为执行机构，能够实现柔性自动化生产过程。

装箱机器人拥有集成视觉系统，自动完成货物的识别、定位和编号。

装箱机器人可以用于食品、医药、化工等多个领域的后端工序的生产加工包装。

装箱机器人可以代替人工，在提升生产效率的同时还能降低企业人工成本。装箱机器人能够准确识别并同步跟踪传输线上高速运动的产品，将其整齐地摆放在包装箱内，一台装箱机器人可替代 4~6 名工人。

② 码垛机器人。

码垛机器人是机械与计算机程序有机结合的产物，为现代生产提供了更高的生产效率。码垛机器人在码垛行业有着相当广泛的应用，大大节省了劳动力和空间。码垛机器人运作灵活精准、快速高效、稳定性高，如图 3-46 所示。

图 3-46　码垛机器人

码垛机器人是智能高效的码垛机器，因具有灵巧、轻便的机械结构及灵活的作业动作等，明显胜过框架机械式的码垛机，成为越来越多工厂的明智选择。

码垛机器人主要是针对包装应用设计的，其关节式手臂结构精巧，占地面积小，能便捷地集成于包装环节。同时，码垛机器人通过手臂的摆动实现物品搬运，使前道来料和后道码垛柔和地衔接，大幅缩短了包装时间，提高了生产效率。

码垛机器人具有极高的精度，抓放物品精准，并且动作响应速度极快。机器人码放动作及驱动通过专用伺服及控制系统实现，可通过示教器或者离线编程方式重复编程，针对不同批次的产品实现不同码垛模式的快速切换，并可实现一台机器人对多条生产线的码垛作业。

③ 贴标机器人。

在产品包装过程中，对产品粘贴商标、二维码等标签的环节是非常关键的，应该得到重视。在将标签粘贴在产品上的过程中，必须准确检测出产品的位置，同时提高标签粘贴的位置精度。利用机器视觉技术可以更加高效、准确地进行标签的粘贴，获取产品的准确位置，通过图像处理获取所需要的信息，由机器人完成粘贴标签的过程，这种技术可以代替人工操作，提高生产效率。

贴标机器人运用机器视觉技术，在追踪、定位搬送线上产品位置的同时，还为产品自动、精准地粘贴标签。其集打印、定位、贴标、传送于一体，占位空间小，如图3-47所示。

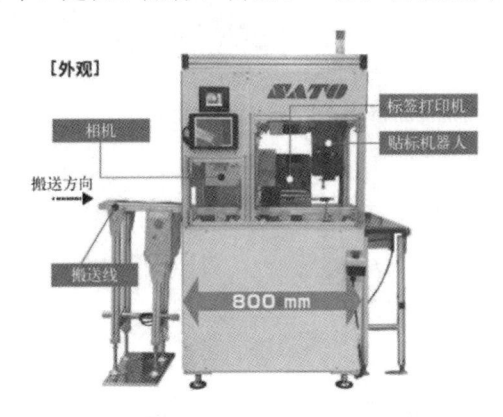

图 3-47 贴标机器人

传统贴标机械系统大都采用光电传感器监测产品的就位，并通过机械装置先将产品推送到系统准备贴标的位置，再进行贴标操作。这样贴出来的标签坐标精度不高，而且需要通过人工再次检查，完全不能满足大规模、高精度贴标的需求。贴标机器人基于机器视觉技术进行定位控制，具有精度高、速度快、适用性广的优势。

（2）智能包装作业线。

智能包装作业线是指按照包装的工艺过程，先将自动包装机、包装机器人和有关辅助设备用输送装置连接起来，再配以必要的自动检测、控制、调整补偿装置及自动供送料装置，组成具有独立控制能力，同时能使被包装物料与包装材料、包装辅助材料、包装容器等按预定的包装要求和工艺要求，完成物料包装全过程的工作系统。

采用智能包装作业线，产品的包装不再是一道一道地完成单个包装工序，而是将各自独立的自动或半自动包装设备和辅助设备，按照包装工艺的先后顺序组合成一条连续的流水线。被包装物料从流水线一端进入，以一定的生产节奏，按照设定的包装工艺顺序，依次经过各个包装工位，通过各工位上的包装设备与包装材料实现结合，在完成一系列的包装工序之后，变成包装成品从流水线的末端不断输出。

智能包装作业线将信息技术、自动化机械，以及智能型检测、控制、调节装置等应用于物流包装过程中，集纸箱成型、自动装箱、自动封箱等功能于一体，可根据客户不同的包装要求进行个性化设计和制造，大大提升了包装领域的安全性、准确性，进一步解放了包装劳动力。智能包装作业线如图 3-48 所示。

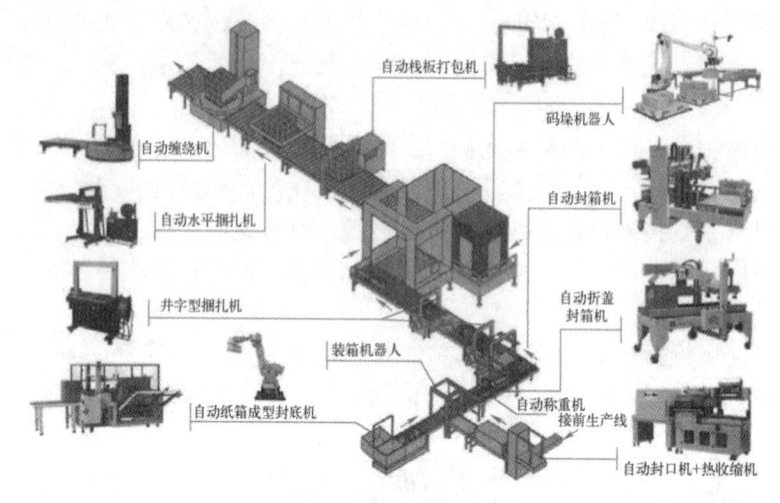

图 3-48　智能包装作业线

智能包装设备是在机械化、自动化包装设备的基础上，运用智能感知、智能互联、智能控制等技术手段，具备自动识别包装产品、智能数据采集分析、自主规划自身行为、智能控制设备运行等功能的包装设备，具有自动化、智能化、集成化、柔性化等特征。

知识拓展

选择货架时需要考虑的因素如下。
1. 物品特性：物品的尺寸大小、外形包装决定储存单位，重量决定货架强度。
2. 存取性：一般情况下，较大的储存密度是以牺牲物品一定的存取性为代价的。
3. 出入库量：出入库量是选用储存设备的形式时应考虑的重点。某些形式的货架虽有很好的储存密度，但出入库量不大，适用于低频度的作业。
4. 搬运设备：货架存取作业需要搬运设备来完成，在选货架时应一并考虑搬运设备。比如，货架通道的宽度影响到堆高机的形式，还需要考虑举升高度及举升能力。
5. 厂房架构：梁下有效高度、梁柱位置会影响货架的配置。地板承受的强度及其平整度也与货架的设计、安装有关。另外，还必须考虑防火设施和照明设施。

任务实施

步骤一：学习相关设备知识；
步骤二：为化妆品库选择储存货架；
步骤三：为化妆品库选择拣货设备；
步骤四：为出库区选择扫描、包装、称重等相应的设备；
步骤五：为快递分拣区选择分拣系统；

步骤六：列出设备清单，注明类型；

步骤七：每组派代表讲解设备选择方案，说明选择的依据。

任务评价

根据以上仓储设备配置方案，结合实际填写仓储设备配置作业任务评价表（见表 3-4）。

表 3-4　仓储设备配置作业任务评价表

姓名：			班级：		学号：			
项目	序号	考核项目	考核内容	分值	学生自评（30%）	学生互评（30%）	教师评价（40%）	分数
技术考评（80 分）	1	技能操作	储存设备选择合理	20				
	2		拣货设备（即分拣系统）选择合理	20				
	3		扫描、包装等设备选择合理	20				
	4		设备清单填写清楚、规范	5				
	5		设备选择理由有理有据，可行性强	15				
非技术考评（20 分）	6	职业素养	态度端正	5				
	7		遵守纪律	5				
	8		团队合作	5				
	9		细心严谨	5				
总分：								

实战演练

扫一扫，检测你的学习效果

学习心得

学习回顾

通过对本项目内容的学习，我有哪些收获？

1. _____
2. _____
3. _____

4. _____
5. _____

自我反思

我还有哪些不足？

1. _____
2. _____
3. _____
4. _____
5. _____

行动计划

我要从以下几个方面做好智能仓储规划工作。

1. _____
2. _____
3. _____
4. _____
5. _____

项目 4
入库作业精细化管理

任务 1：智慧入库作业流程

任务目标

1. 了解影响入库作业的因素
2. 了解入库作业的基础知识
3. 掌握入库作业的基本流程

任务导入

2022年3月，重庆某仓储中心接到一批电子产品的入库业务，准备对该批产品进行高效入库。入库过程要求对货物进行有效验收，并能对验收过程中出现的问题进行处理，同时要体现节约意识、全局观。仓库管理人员小李在接到任务后该如何进行入库工作安排呢？

任务分析

为了更好地完成入库作业，仓库管理人员需要掌握入库作业流程，清楚入库准备工作，做到有备无患，这就需要同学们学习入库作业的基本流程、入库作业的影响因素、入库作业安排等相关知识。

思政小课堂

入库作业需要提前谋划安排，相关作业人员需要对入库工作进行人员、设备、仓位的统筹安排，因此需要具备全局和大局意识，在入库安排上也应具备节约意识和环保意识。入库作业是否合理直接影响后续仓储管理，因此要求仓库管理人员熟悉入库作业的流程安排，做好系统谋划。同学们在学习过程中要注意大局观、节约、环保等职业态度的养成。

知识准备

仓库管理人员在接到"收货通知单"（如下所示）并确认其有效无误后，在物品到达之前应主动与采购部门或供货商联系，了解物品入库应具备的凭证和相关技术资料，如物品的性质、特点、保管事项等。尤其是对新物品或不熟悉的物品，更要提前了解相关信息。

收货通知单

仓管部：
　　我公司向××有限公司订购的×××材料将于×年×月×日送达，请各仓库接到通知后做好收货的各项准备。

采购部（签章）
×年×月×日

入库作业是指仓储部门按照存货方的要求合理组织人力、物力等资源，按照入库作业程序，认真履行入库作业各环节的职责，及时完成入库任务的工作过程。

1.1 入库订单处理

入库订单处理是物流企业入库作业的开始，是供应商送货与货物入库存储的过渡阶段，起着承前启后的关键作用。它也是后续卸货、验收、理货、入库搬运、上架的单证信息准备阶段，它的完成质量不仅决定着入库作业能否正常进行，还关系到整个仓储作业能否顺利进行。

1. 入库主要单据

入库通知单是信息员进行入库单证处理的依据，由供应商事先发送至物流企业。它与送货员递交的送货单的信息内容应该一致，如表4-1所示。

表4-1　入库通知单

入库通知单									
仓库编号									
供应商名称			供应商编号			制单时间			
入库通知单号									
货物名称	货物编号	规格	单位	计划数量		实际数量		批次	备注
仓库管理人员				制单人：				第1页 共1页	

送货单是送货车辆的司机或送货人员随车携带的说明委派企业和货物等信息的凭证。它是证明收货人签收货物的重要凭证，一般包含客户名称、编号、日期、货物名称、包装、单位、数量、送货人、收货人等内容。常见的送货单如表4-2所示。

表4-2 送货单

送货单				
日期：				编号：
客户信息				
客户名称		客户地址		
货物信息				
货物名称	包装	数量	单位	实收数量
客户验收意见：				
送货人：				收货人：

入库单就是入库验收单，是信息员在核对入库信息后制作的入库单据，它是仓库管理人员进行入库作业的依据，如表4-3所示。

表4-3 入库单

入库单								
								打印日期：
验收单号：			采购单号：				供应商：	
序号	商品编号	商品条码	商品名称	规格	预收		实收		备注
^	^	^	^	^	箱数	零散	箱数	零散	^
1									
合计								
制单日期：		制单人：				验收人签字：		

2. 单据核对

在送货车辆到库后，送货人员首先向信息员投递送货单，信息员根据送货单的相关内容进行单据的核对。

（1）核对送货单与厂家到货通知（或企业的采购单）是否一致。

① 送货单位是否正确（有没有送错货）。

② 货物名称、编号、数量、重量、规格、交货期限等内容是否与企业采购部门下达的订单内容一致。

（2）相关验收货物资质材料的检验。

相关验收货物资质材料的检验主要包括《出境货物木质包装熏蒸/热处理结果报告单》等内容的检验。

1.2 入库作业组织

入库作业组织是指仓储部门按照存货方的要求合理组织人力、物力等资源，按照入库作业程序，认真履行入库作业各环节的职责，及时完成入库任务的工作过程。

仓储作业是指以存储、保管活动为中心，从仓库接收货物入库开始，到按要求把货物全部完好地发送出去的全过程。仓储作业过程主要由入库、在库、出库三个阶段组成，按其作业顺序，还可以细分为接车、卸车、检验、交接入库、保管保养、拣出与集中、装车、发运等作业环节。各个作业环节既相互联系，又相互制约。

仓储作业的目标是实现仓储活动的"多、快、好、省"，即多储存、快进快出、保管好和省费用。

入库是仓储工作的第一步，标志着仓储工作的正式开始。入库作业水平的高低直接影响着整个仓储作业的效率与效益。货物入库的基本要求是保证入库货物数量准确，质量符合要求，包装完好无损，手续完备清楚，入库迅速。

> **思考**：
> 智慧仓储能够在入库环节起到什么作用？

1. 入库作业计划的作用

入库作业计划是指仓库在接收货物之前根据本部门和存货人等内外部的实际情况，权衡存货人的需求和仓库存储的可能性，通过科学分析，提出在未来一段时间内仓库要达到的目标和实现目标的方法。

为仓储业务活动制订计划，有利于将整个仓储业务活动有机地结合起来，科学、合理地安排好仓储业务。因此，货物的入库作业计划具有以下作用。

（1）能合理安排仓容，提高仓容利用率。

采用事先计划的方式掌握准备存入仓库的货物的品种、数量、包装、体积等情况，便能对如何安排这些货物做好充分的准备，使仓库能根据货物的入库时间，腾出满足货物储存要求的空间，以使有限的仓库容量得到合理的调度。

（2）便于人员、设备的合理调配。

借助入库作业计划，能方便地了解未来一段时间内货物进出仓库时所需要组织的生产作业。根据这些作业的要求，管理者有时间事先筹划对各环节的劳动力、设备和其他资源的安排，使企业资源得到充分、合理的利用，并发挥最佳效能。

（3）有利于降低仓储成本。

当仓储企业的资源得到合理使用时，便能减少因工作安排上的混乱所造成的种种浪费。而这种费用的节约将能提高仓储企业在市场上的竞争能力。

编制入库作业计划的主要依据是货物的市场供需变化情况、客户向仓储企业提供的货物存储申报计划，以及仓库的存储能力和条件等。计划内容一般包括货物的种类、数量、包装、入库时间、出库时间，以及储存要求等。

2. 入库作业的影响因素

入库作业是仓储作业管理的第一步，也是仓储作业管理关键的环节，直接关系到后面的在库、出库作业管理能否顺畅进行。入库作业的影响因素主要体现为以下三个方面。

（1）货物供应商及货物运输方式。

仓储企业所涉及的供应商数量、供应商的送货方式、送货时间等因素直接影响入库作业的组织和计划。因此，仓储企业在设计入库作业时，主要应掌握以下五方面的数据。

① 平均每天送货的供应商的数量及最大量。仓储企业在设计入库作业时应充分考虑每天

送货的供应商的数量及其均衡性,以做到人员安排的合理性及设施设备等资源配置的经济性。

② 送货的车型及车辆台数。送货的车型主要影响卸货站台的合理安排,以及卸货方式是人工卸货还是机械卸货。车辆的台数直接影响作业人员的配置和作业设备、作业方式的选择。

③ 每台车平均卸货的时间。每台车平均卸货的时间是用来衡量入库作业效率高低的重要指标,每台车平均卸货的时间越短,服务水平就越高,对设施设备自动化、机械化程度的要求就越高。

④ 货物到达的高峰时间。货物到达的高峰时间是制订作业人员轮班轮岗计划的重要依据。要合理安排不同班次的作业人数,以求保持作业人员的作业量和劳动强度的均衡性,同时既可以降低成本,又可以保证服务水平。

⑤ 货物的装车方式。散货装车,在卸货时应充分利用货物自身的重力;杂货经过配装,卸车主要以人工为主,尽量采用不落地的装卸搬运方式;以单元形式装车,尽可能选择机械作业方式。

(2) 货物的种类、特性与数量。

货物的种类、特性与数量将直接影响入库作业计划的制订、接货方式与接货人员的安排、装卸搬运机械及仓储设施设备的配备、货区货位的确定、苫垫材料的选择及温度、湿度控制等方面。在进行具体分析时,应重点掌握以下内容。

① 每天平均的到货品种数和最多的到货品种数。平均每天送达的货物的品种越多,货物之间的差异就越大,对作业环节的影响也就越大。

② 货物单元的尺寸及重量。货物单元的尺寸及重量对装卸搬运、堆码上架、货区货位的确定等作业会产生影响。

③ 货物的包装形态。货物的包装形态的差异会对装卸搬运工具与方式、货区货位的确定、堆存状态产生影响。

④ 货物的保存期限。货物保质期的长短直接影响货物的在库周期。保质期短的货物在入库储存时宜选用重力式货架,严格保证"先进先出",以延长货物后续的销售周期和消费周期。

⑤ 装卸搬运方式。入库货物的形态决定货物入库时的装卸搬运方式,仓储企业在进行人员配置、装卸搬运设备的选择时应充分考虑入库货物的形态,以形成经济、合理的决策。

(3) 入库作业的组织管理情况。

入库作业的组织包括人力资源的组织和设备的组织。入库作业要考虑如何合理利用仓库的人力资源,包括员工的技术素质、工作时间、工作时间的合理调配、高峰期的作业组织等。仓库设备也是组织入库作业的影响因素,叉车、传送带、货架储位的可用性等要加以综合考虑。同时也要考虑货物在仓库期间的作业状态,如是否需要拆箱、再包装等,为入库安排提供帮助。一般仓储的仓库设备简陋,基本依赖人工操作,现场比较杂乱,仓容利用率低,管理难度大。反之在智慧仓储中,仓库设备一般比较先进,而且均为货架储存,其操作过程简单,现场干净整齐,仓容利用率高,便于管理,更能高效地组织实施入库作业。

2. 入库作业的基本程序

货物入库作业通常经过入库准备、货物接运、货物验收、办理入库手续、堆码上架几个阶段才能完成,如图4-1所示。为了提高作业效率和作业质量,仓库管理人员需要对入库作业活动进行统一的计划、组织、控制和协调。

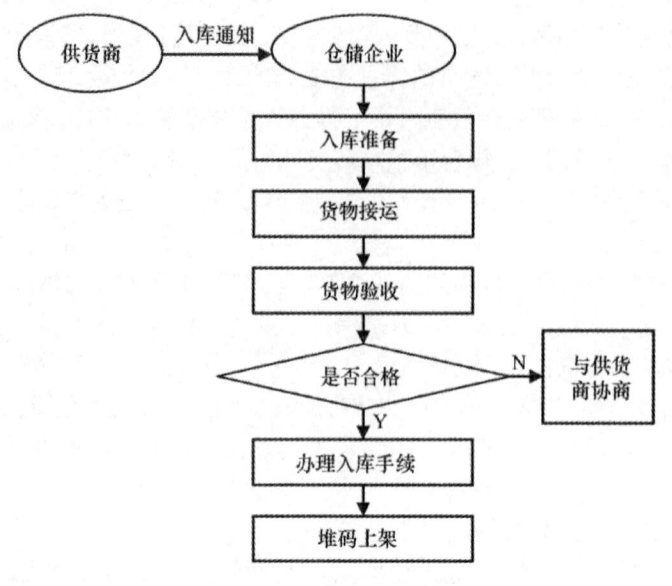

图 4-1　入库作业的流程

（1）货物入库前的准备工作。

货物入库前的准备工作就是仓库管理人员根据仓储合同或者入库单，及时对即将入库的货物进行接运、装卸、安排货位及相关作业人力、物力的活动，其主要目的是保证货物按时入库，保证入库工作顺利进行。

熟悉入库货物。仓库管理人员一定要认真查阅入库货物的资料，必要时应向货主查询。仓库管理人员应掌握入库货物的品名、规格、数量、包装状态、单件体积、到库确切时间、货物堆放期、货物的物理化学特性、保管的特殊要求等。仓库管理人员只有了解了以上内容，才能准确和妥善地进行入库的安排、准备。

掌握仓库的情况。了解在货物入库期间、保管期间仓库的库存、设备、人员的变动情况，目的是方便以后安排工作。必要时对仓库进行清查、整理、归位，以便腾出空间。对于必须使用重型操作设备的货物，一定要确保留有可使用设备的货位。

制订仓储计划。仓库业务部门根据货物情况、仓库情况及设备情况，制订仓储计划，并将任务下达到各相应的作业单位、管理部门。

妥善安排货位。仓库管理人员根据入库货物的性能、数量、类别，结合仓库分区分类保管的要求，核算货位大小，根据货位使用原则，妥善安排货位、验收场地、确定堆垛方法、苫垫方案等。

合理组织人力。根据货物入库的数量和时间，安排好货物验收入库人员、搬运堆码人员，以及货物入库工作流程，确定各个工作环节所需要的人员和设备。

做好货位准备。仓库管理人员应及时进行货位准备，彻底清洁货位，清除残留物，清理排水管道，必要时进行消毒、除虫、铺地。此外，仓库管理人员还要详细检查照明、通风等设备。

准备好苫垫材料、作业用具。在货物入库前，仓库管理人员应根据所确定的苫垫方案，准备相应的材料，并组织苫垫铺设作业。对于作业所需要的用具，准备妥当，以便能及时使用。

验收准备。仓库理货人员根据货物情况和仓库管理制度，确定验收方法，准备好验收时点数、称量、测试、开箱、装箱、丈量、移动等各项工作所需的工具。

装卸搬运工艺设定。根据货物、货位、设备条件、人员等情况，合理科学地制定卸车搬运工艺，保证作业效率。

文件单证准备。仓库管理人员对货物入库所需的各种报表、单证、记录簿，如入库记录、理货检查单、料卡、残损单等，预填妥善，以便使用。

由于仓库不同、货物不同及业务性质不同，入库准备工作会有所差别，因此仓库管理人员需要根据具体情况和仓库制度做好充分准备。

（2）入库前的货物接运工作。

货物接运是入库业务流程的第一道作业环节，也是仓库与外部发生的经济联系。它的主要任务是及时而准确地向运输部门提取入库货物，要求手续清楚、责任分明，为仓库验收工作创造有利条件。

做好货物接运工作的主要意义在于，防止把在运输过程中或运输之前已经发生的货物损害和各种差错带入仓库，减少或避免经济损失，为验收和保管保养创造良好的条件。

下面介绍不同入库货物接运时应注意的事项。

知货：提货人员对所提取的货物应了解其品名、型号、特性、一般保管知识，以及装卸搬运注意事项等。提货人员在提货前应做好接运货物准备工作，如准备装卸运输工具、腾出存放货物的场地等。提货人员在到货前，应主动了解到货时间和交货情况，根据到货多少，组织装卸人员、机具和车辆，按时前往提货。

运输：在短途运输中，要做到货物不混乱，避免碰坏损失。

（3）入库前的货物验收工作。

提货时应根据运单及有关资料详细核对品名、规格及数量，并要注意货物外观，查看包装、封存是否完好，有无玷污、受潮、水渍等异状。若有疑点或不符，应当场要求运输部门检查。对于短缺、损坏情况，凡属运输部门责任的，应做出商务记录，属于其他方面责任的，需要承运人证明并做出相应记录，并由承运人签字。注意记录事项和实际情况要相符。

如果仓库或业务检验部门在规定的时间内没有提出货物残损、短少及质量不合格等问题，存货方则认为所供应的货物数量、质量均符合合同要求，双方责任已清，不再负责赔偿损失。因此，仓储企业必须在规定的时间内准确无误地完成验收工作，对入库货物的数量、质量等情况进行确认。

（4）办理入库手续。

办理入库手续是仓库管理人员与送货司机之间办理货物交接、文件资料交接，同时签署相关单证，确认仓库收到货物的过程。

对于经验收确认后的货物，应及时填写验收记录表，并将有关入库信息及时、准确地录到入库管理信息系统中，更新库存货物的有关数据。处理货物入库信息的目的在于为后续作业提供管理和控制的依据。因此，入库信息的处理必须及时、准确、全面。货物的入库信息通常包括以下内容。

① 货物的一般信息：货物名称、规格、型号，包装单位、包装尺寸、包装容器及单位重量等；

② 货物的原始条码、内部编码、进货入库单据号码；

③ 货物的货位指派；

④ 货物的入库数量、入库时间、生产日期、质量状况、单价等；

⑤ 供货商信息，包括供货商名称、编号、合同号等；
⑥ 入库单据的生成与打印。

在入库信息处理完毕后，按照打印出的入库单据办理入库的具体业务。与此同时，将货物入库单据的其余各联迅速反馈到业务部门，作为正式的库存凭证。

（5）堆码上架。

堆码上架就是将验收后的货物搬运到库内指定位置，合理堆码和上架。

知识拓展

我们今天的仓库在古代叫"仓廪府库"，一般称贮谷的建筑为"仓"，称贮米的建筑为"廪"，称放置文书档案的建筑为"府"，称放财货、武器的建筑为"库"。数千年的积淀让这个名词充溢着前人对温饱的渴求、对安居的归属、对富足的守护。时至今日，仓库的概念早已随着生产力的进步，进入了一个由库向储转变的新时代。在现代化的仓储管理中，智能仓储系统起到了很重要的作用，它不仅能优化仓库管理各流程之间的关联，还能更好地为物流体系的完整化奠定基础。

2022年6月，京东首次公布了全球织网计划的成果，除了相继在美国、德国、荷兰、法国、英国、越南、澳大利亚、马来西亚等地落地自营海外仓，京东物流三位一体的供应链技术解决方案也在通过生态合作、技术输出赋能给海外的物流服务商。据悉，京东物流为欧洲综合物流服务商 MW Logistics 所改造的自动化仓库，通过引入 AGV、直线交叉带分拣机、无人叉车、包装机和输送机，为其提升运营效率 250%，降低人力成本 60%。

与 MW Logistics 合作的智能仓储项目，只是京东物流在海外落地的众多物流科技项目之一。目前，京东物流还为韩国某食品公司进行了数条冷藏/冷冻生产线食盒上架、存储及补货等的自动化升级。该食品公司通过引入自动化设备，实现库内物资的自动搬运，大大提升了产品入库效率。同时，在京东物流 WCS 算法的加持下，该食品公司还能通过多设备统一调控，实现货物灵活存取和多任务并发，相较传统的人工作业模式，其作业效率提升了 50%，整体储能提升了 40%，并保证了正确率，减少了停工和返工的次数。

任务实施

重庆某仓储中心的仓库管理人员小李在接到入库任务后，开始制订电子产品的入库作业计划。

步骤一： 分组完成任务，将员工分成若干学习小组，每组5~8人，选出组长；
步骤二： 学习入库作业流程及入库准备工作、仓库 8S 管理等内容；
步骤三： 小组以小李的名义制订入库作业计划，进行货物入库准备；
步骤四： 由小组指定代表进行任务汇报。

任务评价

根据以上制订入库作业计划的工作，结合实际填写入库作业计划任务评价表（见表4-4）。

表4-4 入库作业计划任务评价表

姓名：			班级：		学号：			
项目	序号	考核项目	考核内容	分值	学生自评(30%)	学生互评(30%)	教师评价(40%)	分数
技术考评(80分)	1	技能操作	入库作业计划内容全面	25				
	2		入库准备安排恰当	25				
	3		组内协作完成	15				
	4		汇报讲解思路清晰	15				
非技术考评(20分)	5	职业素养	态度端正	5				
	6		细心严谨	5				
	7		团队合作	5				
	8		绿色环保	5				
总分：								

实战演练

扫一扫，检测你的学习效果

任务2：入库准备工作

任务目标

1. 了解入库前的准备工作
2. 能做好入库前的准备工作

任务导入

仓库管理人员小李根据仓储管理及实际工作的要求，做好了电子产品的入库作业计划，接下来就要按照计划实施。根据计划安排，接下来最重要的是入库的准备工作，小李该从哪些方面进行准备，又有哪些注意事项呢？

任务分析

为了更好地落实入库作业计划，以及顺利地完成入库作业流程，仓库管理人员需要进行入库前的准备工作，保障入库作业的顺利进行。这就需要同学们学习入库作业的准备工作，以及准备工作中的注意事项。

思政小课堂

智慧零售下的工匠精神，造就物流行业的隐形冠军

随着新技术在不断地改变着我们的生活，让我们的消费升级，智慧零售的概念也引发了物流行业的巨变。这场风暴的中心，正是持续变革的苏宁物流。从2016年11月1日南京苏宁云仓正式投入运营开始，苏宁物流便酝酿了这场风暴。南京苏宁云仓是汇聚全球智慧物流技术的行业标杆项目。它融合了全流程的智能科学技术，应用了全球最先进的高密度存储系统和货到人拣选系统，高速分拣输送线总里程达到27km。

这样高科技的云仓实现了2000万件商品从入库、补货、拣选、分拨到出库全流程的智能化作业，日处理包裹最高达到181万件，拣选效率达到每人每小时1200件。正是依靠这样的效率，在去年的"双11"上，苏宁的第一个订单仅仅花费了7分钟就完成了出库。目前，苏宁物流已经拥有具备线上线下融合优势的智能物流网络，可以为全国98%以上的城市和乡村提供标准的门到门、全年365天全天候物流服务。

此外，通过大数据、云计算、人工智能的应用，苏宁物流还提供包括产品预测、运输配送、客户分析等在内的全方位智慧供应链服务，这些先进的技术让苏宁物流成为中国物流行业的隐形冠军，更成为中国最大的物流供应链基础设施服务商，为苏宁未来构建人、货、场的数字化极速连接提供了重要保障。

在先进的技术和智能的物流网络之外，苏宁物流还有把用户体验"置顶"的本质初心。在2018年6月主要快递企业申诉情况表中，消费者对苏宁物流的满意度达到100%，苏宁物流位居主要快递企业中的第一位。随着苏宁物流的求新求变，以及其对智慧物流、绿色物流的深化改造，具备工匠精神的苏宁物流必将成为智慧零售产业链中最瞩目的明星之一。

知识准备

扫一扫，查看"入库准备工作"微课

2.1 入库前准备概览

1. 入库前的具体准备工作

做好入库前的准备工作是保证货物准确迅速入库的重要环节，也是防止出现差错、缩短入库时间的有效措施。仓库业务部门根据仓储合同、入库单或入库作业计划、货物情况、仓

库情况、设备情况制订仓储计划，并将计划下达到相应的作业单位、管理部门。仓库相关部门应对货物入库做好相关准备工作，具体工作如下。

（1）安排仓容。

当接到进货单时，在确认无误后，应根据入库货物的性能、数量、类别，结合分类保管的要求和货物的堆码要求核算货位面积，确定存放的具体位置，以及进行必要的腾仓、打扫、消毒和准备验收场地等辅助工作。对于新货物或不熟悉的货物入库，要事先向存货单位详细了解货物的性质、特点、保管方法和有关注意事项，以便在货物入库后做好保管、养护工作。

（2）做好货物入库准备。

① 分析入库货物。

分析入库货物，就是掌握入库货物的品种、规格、数量、包装形态、单件体积、到库时间、存期、理化特性、保管要求等，掌握这些信息是做好入库准备工作的前提和基础。

② 制定储存方案。

制定储存方案是根据入库货物的品种、数量、特性、保管要求、存期等，选择最适宜的库房，并安排储存货位。

理想的货位安排既要能够提高仓储空间的利用率，又要方便保管和拣选作业，但这两个目标通常是相互矛盾的。为了提高仓储空间的利用率，往往会牺牲一些日常作业的方便性。作为仓库管理人员，应根据具体情况，灵活采取货位的使用方式和分配方式。

货位管理寻求恰当的货物储存方式和恰当的空间货位分配，结合货物的批量、体积、重量、进出量等数据进行分析和计算，结合各种储存策略和储存法则进行货位的优化分配。其中，货位使用策略和货位指派法则是货位管理的重点。

（3）准备作业人员和器具。

① 准备作业人员。

仓库应根据储存情况，经常与存货单位、仓库主管部门、生产厂商或运输部门联系，了解即将到库货物的情况，掌握入库货物的品种、类别、数量和到库时间，据此精确安排入库的准备事项。一般来说，存货单位或仓库主管部门要提前（至少一天）通知仓库，以便仓库做好接货的各项准备工作。

仓库按照货物的入库时间和到货数量，做好接货人员安排，并将安排通知到相关小组，一般需要安排接运人员、卸车搬运人员、货物验收人员、信息管理人员、库内管理人员，保证货物到达后人员及时到位。

② 准备装卸搬运工具。

根据入库货物的数量、单件重量、包装形态等，仓库准备装卸搬运工具。常用的装卸搬运工具包括叉车、搬运小车等。如果入库货物的单件重量（或包装单元重量）和体积较大，则需要使用电动叉车装卸搬运；如果入库货物的体积和重量适中，则可以选择液压托盘搬运叉车或人力小推车搬运。

③ 准备苫垫物料。

根据入库货物的性质、数量及保管场所等条件，确定货物堆码和苫垫的形式，通过精确的计算预先备足所需的苫垫物料，做到货物堆放与货物苫垫同时完成，以确保货物安全，并避免重复劳动。

④ 准备入库单证。

入库单证是货物入库需要的各种报表、账簿、料卡、残损报告单等，事先准备好这些单证，以便及时使用。

2．核对凭证

在货物到库后，仓库收货人员首先要检查货物入库凭证，然后根据入库凭证上的收货单位和货物名称与送交的货物内容及标记进行核对。如核对无误，再进行下一道工序。

3．初步检查验收

初步检查验收主要是对到货情况进行粗略的检查，其工作内容主要包括数量检查和包装检查。数量检查的方法有两种：一是逐件点数计总；二是集中堆码点数。无论采用哪种方法，都必须做到精确无误。在进行数量检查的同时，对每件商品的包装也要进行仔细的查看，查看包装有无破损、水湿、渗漏、污染等异常情况。在包装出现异常情况时，可打开包装进行详细检查，查看内部货物有无短缺、破损或变质等情况。

4．办理交接手续

经过以上几道工序之后，仓库收货人员就可以与送货人员办理交接手续了。如果在以上工序中无异常情况出现，仓库收货人员在送货回单上盖章表示货物收讫；如果发现异常情况，仓库收货人员必须在送货单上详细注明并签字，或由送货人员出具差错、异常情况记录等书面材料，作为事后处理的依据。

5．货物验收

在办完货物交接手续之后，仓库对入库的货物还要做进一步的验收工作。对货物验收的基本要求是"及时、准确"，即在规定的时间内，准确地对货物的数量、质量、包装进行细致的验收工作，这是做到储存货物准确无误和确保货物质量的重要措施。

6．处理入库信息，办理货物入库手续

在验收货物后，应及时填写验收记录表，并将有关入库信息及时、准确地录到入库管理信息系统中，更新库存货物的有关数据。处理货物信息的目的在于为后续作业提供管理和控制的依据。因此，入库信息的处理必须及时、准确、全面。

思考：

在将入库的货物放入货位前还应做些什么？

知识拓展

货物条码编制

在将入库的货物放入货位前还应该进行货物条码编制，条码编制的内容、方法、规则及制式具体如下。

1. 货物条码的结构组成

一个完整的货物条码的结构依次为：静空区（前）、起始符、数据符（中间分割符，主要用于 EAN 码）、校验符、终止符、静空区（后）。

静空区位于条码的两侧，是无任何符号及信息的白色区域，它能使阅读器进入准备阅读的状态。起始符是条码的第一位字符，标志一个条码的开始。数据符是位于起始符后面的字符，它由许多"条"和"空"组成，包含条码所表达的特定信息，可允许进行双向扫描。校验符代表一种算术运算的结果。终止符是条码的最后一位字符，标志一个条码的结束。

2. 货物编码方法

货物编码又称顺序编码和延伸式编码，编码方法是将阿拉伯数字或英文字母按顺序往下编排。货物编码方法主要分为以下五种。

（1）分组编码法。分组编码法是指按货物特性将编码分成多个数字组，每个数字组代表货物的一种特性。

（2）数字分段法。数字分段法是指把数字分段，每一段代表具有共同特性的一类货物。

（3）后数位编码法。后数位编码法是利用编码末尾的数字，对同类货物进一步分类编码的方法。

（4）实际意义编码法。实际意义编码法是根据货物的名称、重量、尺寸、分区、储位、保质期限等实际情况编码的方法。

（5）暗示编码法。暗示编码法是用数字与文字组合编码，暗示货物的内容和有关信息的方法。

3. 条码编制规则

货物条码是按一定的规则编制的。条码编制的规则主要有唯一性、永久性与无含义。唯一性是指同种规格的货物对应同一个货物条码，同种货物不同规格应对应不同的货物条码。根据货物的不同性质，如重量、包装、规格、气味、颜色、形状等，赋予其不同的货物条码。

永久性是指货物条码一经分配，就不再更改，并且是终身的。当此种货物不再生产时，其对应的货物条码只能搁置起来，不得重复起用或再分配给其他货物。

无含义是指为了保证条码有足够的容量以适应产品频繁地更新换代的需要，最好采用无含义的顺序码。

4. 条码编码制式

目前现存的条码码制多种多样，但国际上通用的和公认的物流条码码制只有三种：ITF-14 条码、UCC/EAN-128 条码及 EAN-13 条码。在选用条码时，要根据货物的不同和包装的不同，采用不同的条码码制。大件货物，如电视机、电冰箱、洗衣机等的包装箱往往采用 EAN-13 条码。储运包装箱常常采用 ITF-14 条码或 UCC/EAN-128 条码，包装箱内可以是单一货物，也可以是不同的货物或多件货物小包装。

EAN-13 条码是标准版商品条码。以下举例说明一维条码，一维条码只在一个方向（一般是水平方向）上表达信息，而在垂直方向不表达任何信息，其具有一定的高度通常是为了便于阅读器的对准，可以加快信息录入的速度，减少差错。货物条码的标准尺寸是 37.29mm×26.26mm，放大倍率是 0.8~2.0。当印刷面积允许时，应选择 1.0 倍率以上的条码以满足识读要求。放大倍率越小的条码，对印刷精度的要求越高，当印刷精度不能满足要求时，易造成条码识读困难。

2.2 整理存放区域

在确定货物的具体货位后，就需要对相应区域做适当的整理工作，具体如下。

1．准备验收场地

根据入库货物的性能、数量、类别，按分区保管的要求，核算所需的货位面积，确定货物在仓库存放的位置，并留出必要的验收场地。

2．腾出存放空间

根据入库货物的品种、数量、储存时间，结合货物的堆码要求，进行必要的腾仓、打扫、消毒等辅助工作。

3．做好现场清洁

仓库管理人员应按要求，不得在货区内放置无关的物品，随时确保道路畅通；按时清扫库房，保持库内地面、门窗、玻璃、墙面、货架、货柜清洁；保持货区周围环境整洁、无积水、无杂物、无污染源，并做好清洁记录。

2.3 组织人力物力

按照货物的入库时间和到货数量，相关作业人员做好工作安排，保证在货物到达后及时到位。在组织和安排进货作业时，要考虑现有的人力资源，以及对人力资源的合理利用。对于供应商能够直接送货入库的，应要求对方自行卸货，以减少仓库作业人员的工作量，并保证卸货作业能正常进行。

仓储部门根据接收货物的种类、包装、数量等情况，以及接运方式，确定搬运、检验、计量的方法，配备好所用车辆、检验器材、度量衡器和装卸、搬运、堆码、苫垫的工具，以及必要的防护用品、用具等。

2.4 认识运输包装标志

运输包装标志的主要作用是在储运过程中利于作业人员识别货物、合理操作，按其用途可分成包装储运图示标志、危险货物包装标志。

1．包装储运图示标志

图 4-2 所示为包装储运图示标志，其是根据产品的某些特性（如怕湿、怕震、怕热、怕冻等）而确定的。其目的是在货物运输、装卸和储存过程中引起作业人员的注意，使他们按图

示标志的要求进行操作。

图 4-2　包装储运图示标志

2. 危险货物包装标志

图 4-3 所示为危险货物包装标志，其是用来标明危险品的。这类标志为了引起人们的注意，采用特殊的色彩或黑白菱形表示。

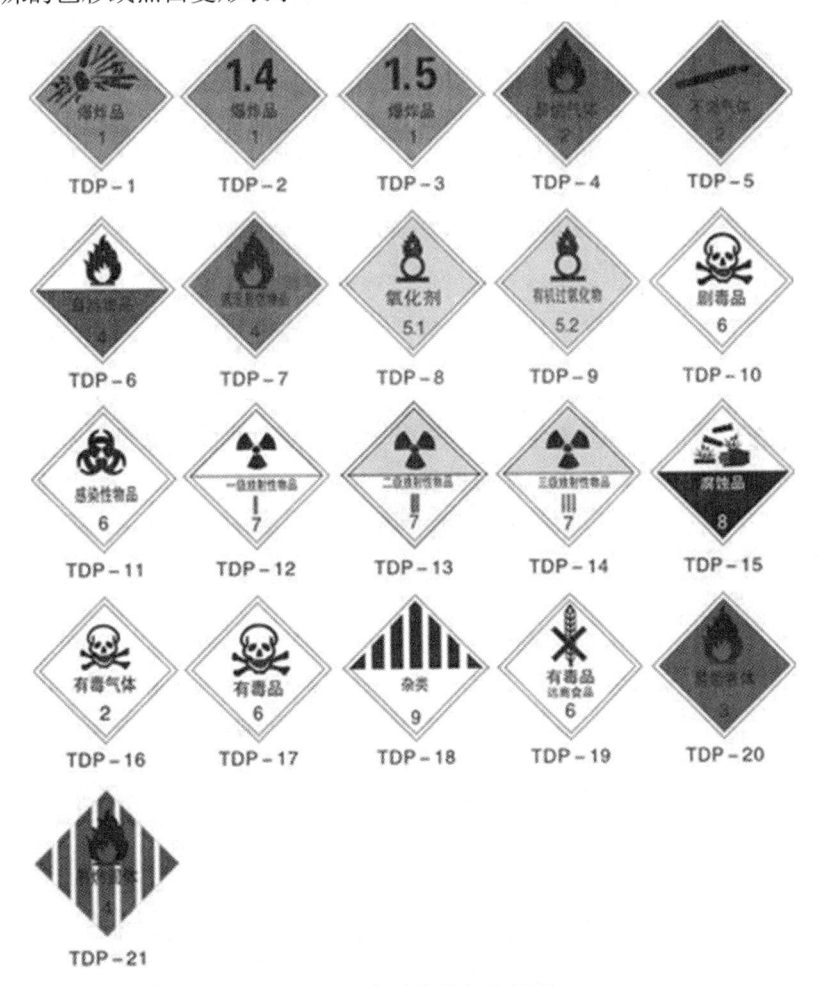

图 4-3　危险货物包装标志

2.5 安排搬运作业

搬运作业只是衔接运输、保管、包装、配送、流通加工等各物流环节的活动，本身不创造价值。因此，应尽量节约搬运时间和费用，实现搬运作业合理化。

1．搬运原则

搬运就是把物料由某一个位置转移到另一个位置的过程。但是，如果仅仅是物料位移，这个搬运也许就是没有意义的，甚至是失效的。所以，搬运过程也要遵循一些原则。

常见的搬运原则如下。

（1）搬运的时效性，即要遵守搬运计划的规定，按时按量、准确而及时地实施搬运。

（2）确保搬运的质量，即要确保被搬运物料的质量不能降低，不能发生性能损坏、物料变质等。

（3）搬运安全，即要确保在搬运过程中既不能使人员、设备、物料等发生事故，如人身安全意外、设备损坏、物料丢失等，又要准确、及时地完成搬运任务。

2．搬运方法

搬运方法是为实现搬运目标而采取的搬运作业手法，它将直接影响搬运作业的质量、效果、安全和效率。通常而言，搬运方法有以下几种分类方法。

（1）按作业对象分类。

① 单件作业法，即逐个、逐件地进行搬运和装卸，主要针对庞大、笨重的物料。

② 集装单元作业法，即像集装箱一样实施搬运。

③ 散装作业法，即对无包装的散料，如水泥、沙石、钢筋等，直接进行装卸和搬运。

（2）按作业手段分类。

① 人工作业法，即主要靠人力进行作业，也包括使用简单的器具，如扁担、绳索等。

② 机械作业法，即借助机械设备来完成物料的搬运。这里的机械设备不仅仅指简单的器具，还包括性能比较优越的器具，如装卸机等。

③ 自动作业法，一般是指在电脑的控制下来完成一系列的物料搬运，如利用自动上料机、机电一体化传输系统等搬运。

（3）按作业原理分类。

① 滑动法，即利用物料自身的重力而产生的下滑搬运，如利用滑桥、滑槽、滑管等搬运。

② 牵引力法，即利用外部牵引力的驱动作用使物料产生移动，如利用拖拉车牵引、吊车牵引等搬运。

③ 气压输送法，即利用正负空气压强产生的作用力吸送或压送粉状物品，如利用负压传输管道等搬运。

（4）按作业连续性分类。

① 间歇作业法，即搬运作业按一定的节奏停顿、循环，如利用起重机、叉车等搬运。

② 连续作业法，即搬运作业连续不间断地进行，如利用传送带、卷扬机等搬运。

(5) 按作业方向分类。

① 水平作业法，也就是以让物料产生搬运距离为目的的搬运方法，如把物料由甲地运往乙地。

② 垂直作业法，也就是以让物料产生搬运高度为目的的搬运方法，如把物料由地面升到一定的高度。

3．提高搬运效率

实施有效搬运，就是要使搬运工作在投入最少、影响最小和损耗最少的情况下顺利完成。具体来说，搬运有效性的内容一般包括以下几点。

（1）搬运结果要到位，最好一次到位，做好、做彻底，不要有再次搬运。

（2）摆放方式要适合，比如物料的摆放位置、方向等要适合，不要返工。

（3）放置环境要适合，要尽可能减少暂时存放的现象。

（4）杜绝或减少搬运损失，包括减少由丢失、打破、变形、泄漏、挥发、挤压等因素导致的各种损耗。

（5）节减搬运成本，选择合理的搬运方式，可以选择机械化、自动化、人工等多种搬运方式，但前提是用最低的综合投入实现最大的搬运量。

（6）消除危险因素，在搬运过程中安全使用搬运工具，不要顾此失彼，不要留下危及人身安全的隐患。

任务实施

设计该仓储中心货物的入库作业流程及全套单据的具体思路如下。

步骤一：按常规模式设计一般的入库作业流程，即入库前准备→接运→验收→入库。

步骤二：考虑不同产品的特殊要求，在一般入库作业流程的基础上，进行调整或改进。比如，电子产品作为带电物品，入库前的准备工作有哪些特殊要求？把各类货物的入库作业流程进行细化和精化。

步骤三：在第二步的基础上，通过查阅资料和小组讨论，论证经过精化和细化后各类货物的入库作业流程的合理性。

步骤四：根据小组意见进行改进，并最终确定入库作业流程，画出流程图。

步骤五：在确定流程的基础上，对入库作业的人员配备、设备配备、相关的管理制度等进行设计，并设计好全套单据。

特别提示：对于从事电子产品作业的人员，要不要制定卫生管理制度？如果要，卫生管理制度应该包括哪些方面的内容？

同学们按照以上步骤进行入库作业准备工作，并在任务完成后填写任务评价及总结。

任务评价

根据以上入库作业准备工作，结合实际填写入库作业准备任务评价表（见表4-5）。

表 4-5　入库作业准备任务评价表

姓名：			班级：		学号：			
项目	序号	考核项目	考核内容	分值	学生自评(30%)	学生互评(30%)	教师评价(40%)	分数
技术考评(80 分)	1	技能操作	流程清晰	10				
	2		要素齐全	30				
	3		计划合理	15				
	4		安排到位	10				
	5		完成时间	5				
	6		规范操作	10				
非技术考评(20 分)	7	职业素养	态度端正	5				
	8		遵守纪律	5				
	9		团队合作	5				
	10		细心严谨	5				
总分：								

实战演练

扫一扫，检测你的学习效果

任务 3：货物接运

任务目标

1. 掌握货物接运的主要方式
2. 学会处理接货差错

任务导入

2022 年 3 月 29 日，供应商要送一批货物到某仓储中心，入库单如表 4-6 所示，现在需要办理该批货物的接运手续。

表 4-6　入库单

序号	货物名称	状态	应收数量	实收数量	入库日期与时间		储存货位
1	粉底液	良好	80 箱	80 箱	2022-05-27	10:30:20	搁板货架区

续表

序号	货物名称	状态	应收数量	实收数量	入库日期与时间		存储货位
2	洗发露	良好	130 箱	208 箱	2022-05-27	10:30:20	托盘货架区
3	润肤乳	良好	108 箱	108 箱	2022-05-27	10:30:20	托盘货架区
4	紧肤水	良好	80 箱	80 箱	2022-05-27	10:30:20	危险品区
5	眼霜	良好	100 箱	100 箱	2022-05-27	10:30:20	托盘货架区
6	香皂	良好	70 箱	70 箱	2022-05-27	10:30:20	托盘货架区
7	沐浴露	良好	75 箱	75 箱	2022-05-27	10:30:20	托盘货架区
8	唇膏	良好	88 箱	88 箱	2022-05-27	10:30:20	托盘货架区
9	粉饼	良好	55 箱	55 箱	2022-05-27	10:30:20	托盘货架区
10	定性喷雾剂	良好	96 箱	94 箱	2022-05-27	10:30:20	危险品区

任务分析

要完成上述任务，需要掌握入库交接要求和工作方法，了解办理入库交接的方法。

思政小课堂

在接运不同货物的过程中，仓库管理人员要保护好设施设备，树立安全责任及团队意识。尤其要对一些特殊物资进行安全分类，体现物流人的专业素养，贯彻严谨、认真、精益求精的职业精神。

知识准备

货物接运是货物入库和保管的前提，接运工作完成的质量直接影响货物的验收和入库后的保管保养。做好货物接运工作可以防止把在运输过程中或在运输之前已经产生的货物损害和各种差错带入仓库，减少或避免经济损失，为货物的验收和保管保养创造良好的条件。

接运是指在接到货物入库通知后，仓库提货并接收货物的过程。做好货物的接运工作，一方面可以防止把运输过程中或运输之前就已经损坏的货物带入仓库，减少或者避免经济损失；另一方面可以为货物验收及后期保管创造良好的条件。一般来说，货物到达仓库的方式不同，除了一小部分是由供货单位直接运到仓库交货的，大部分都要经过铁路、公路、航空、水运等多种运输方式。

货物接运的主要任务是及时而准确地向交通运输部门提取入库货物，要求手续清楚、责任分明，为仓库验收工作创造有利条件。因为接运工作是仓储作业的开始，是货物入库和保管的前提，所以接运工作的好坏直接影响货物的验收和入库后的保管养护。在接运由交通运输部门转运的货物时，必须认真检查，分清责任，取得必要的证件和单据。

3.1 货物接运的主要方式

根据货物发运时采取的运输方式，可将货物接运的方式归纳为以下几种。

1. 车站、码头接运

以这种方式接运的货物大多是零担托运、到货批量较少的货物。车站、码头接运的基本流程如图4-4所示。

扫一扫，查看"接运的主要方式"微课

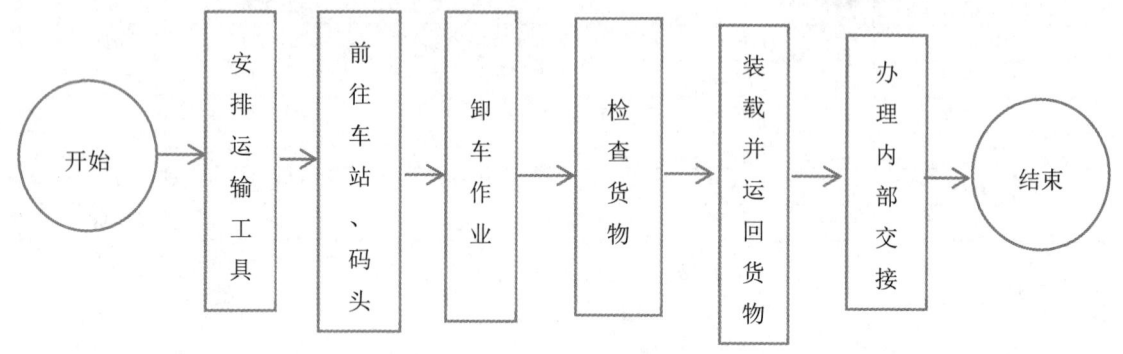

开始 → 安排运输工具 → 前往车站、码头 → 卸车作业 → 检查货物 → 装载并运回货物 → 办理内部交接 → 结束

图4-4 车站、码头接运的基本流程

案例

> 2013年9月10日11时50分，广州市白云区同德街增宝仓库发生一起爆炸事故，消防部门初步确认为装载危险品集装箱车在卸货时发生爆炸。爆炸物为8发塑料圆盘"击发帽"，事故共造成8人死亡，36人受伤，直接经济损失约2190万元。击发帽为儿童玩具枪的配件，含有氯酸钾和赤磷，是一种敏感度很高的炸响剂。
>
> 调查显示，提货人将击发帽储存在白云区同德街增宝仓库907货仓，谎称为成品鞋。在搬运过程中，击发帽产生撞击、摩擦而爆炸。提货人以蓄意欺瞒的手段，非法储存、运输击发帽，并试图逃避海关监管的行为，是导致爆炸事件发生的主要原因。

在采用车站、码头接运时要做好以下工作。

（1）了解货物情况，做好各项准备。提货人应了解所提取货物的品名、型号、特性、一般保管知识和装卸搬运注意事项等。在提货前应做好接运货物的准备工作，如安排装卸运输工具、腾出存放货物的场地等。提货人在到货前，应主动了解到货时间和交货情况，根据到货量，组织装卸搬运人员、机具和车辆，按时前往提货。

（2）对所提货物认真进行核对、查验。提货人在提货时应根据运单及有关资料详细核对货物的品名、规格、数量，并检查货物外观，查看包装、封印是否完好，有无受污、受潮、水浸、油渍等异状。若有疑点或不符，应当场要求运输部门检查。对短缺、损坏情况，凡属运输方面责任的，应做出商务记录；属于其他方面的责任，需要运输部门证明的，应做出普通记录，由运输员签字，注意记录内容与实际情况要相符合。

（3）办理内部交接手续。在货物到库后，提货人应与保管人密切配合，尽量做到提货、运输、验收、入库、堆码一条龙作业，从而缩短入库验收时间，并办理内部交接手续。

思考：

针对不同货物应该采取什么接运方式？

2. 铁路专用线接运

铁路专用线接运是产生在仓库有铁路专用线的情况下,铁路部门将转运的货物直接送到仓库内部铁路专用线的一种接货方式。其基本流程如图 4-5 所示。

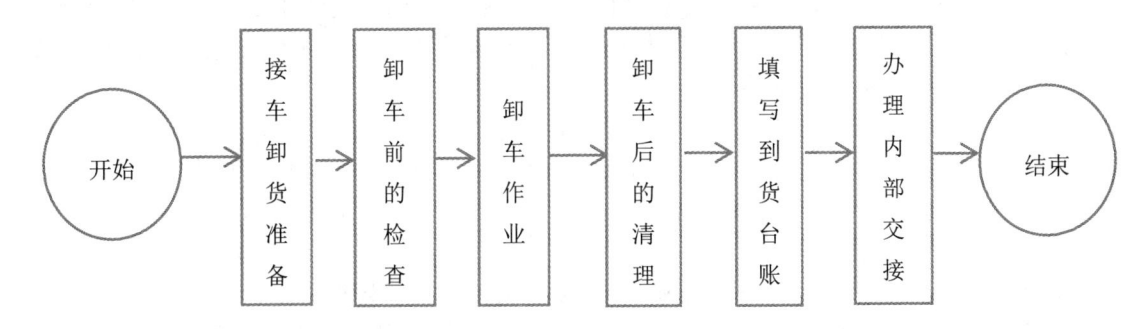

开始 → 接车卸货准备 → 卸车前的检查 → 卸车作业 → 卸车后的清理 → 填写到货台账 → 办理内部交接 → 结束

图 4-5　铁路专用线接运的基本流程

铁路专用线接运的注意事项如下。

（1）在接到到货通知后,应立即确定卸货货位,力求缩短场内搬运距离;组织好卸车所需要的机械、人员及有关资料,做好卸车准备。

（2）在车皮到达后,引导对位,进行检查。查看车皮封闭情况是否良好（即车窗、铅封、苫布等有无异状）,根据运单和有关资料核对货物的名称、规格、标志和件数;检查包装是否损坏或有无散包;检查是否进水、受潮或出现其他损坏现象。在检查中,若发现异常情况,应请铁路部门派员复查,做出普通或商务记录,记录内容应与实际情况相符,以便交涉。

（3）卸车时要注意为货物验收和入库保管提供便利条件,分清车号、品名、规格,不混乱;保证包装完好,不碰坏,不压伤,更不得自行打开包装;将货物合理堆放,以免混淆。卸车后应在货物上标明车号和卸车日期。

（4）编制卸车记录,记清货物的规格、数量,连同有关证件和资料,尽快向保管人员交代清楚,办好内部交接手续。

3. 到承运单位提货

承运单位包括车站、码头、民航、邮局等。到承运单位提货这种接运方式通常是在托运单位与仓库在同一城市或附近地区,不需要长途运输的情况下采用的。到承运单位提货的基本流程如图 4-6 所示。

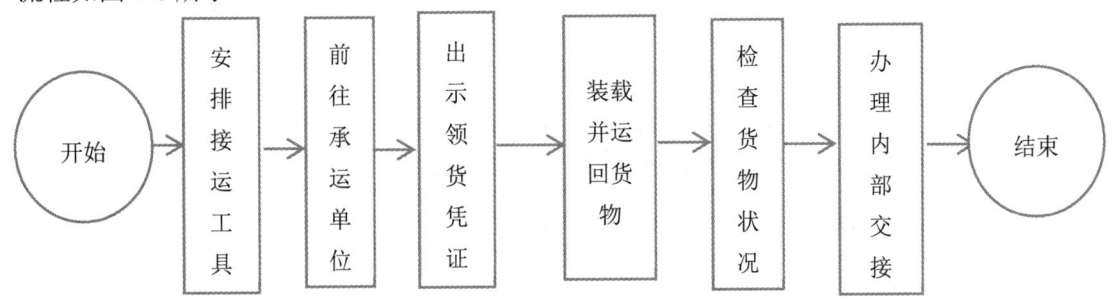

开始 → 安排接运工具 → 前往承运单位 → 出示领货凭证 → 装载并运回货物 → 检查货物状况 → 办理内部交接 → 结束

图 4-6　到承运单位提货的基本流程

到承运单位提货时要做好以下工作。

（1）了解货物情况，做好各项准备。了解和掌握所提货物的特性、单件重量、外形尺寸及搬运注意事项，安排好相应的吊装运输设备、人力和储存货物的货位。

（2）对所提货物认真进行核对、查验。提运人员应根据提单、运单及有关资料在承运单位现场详细核对所提货物的品名、规格、型号、数量等，认真查看货物的包装、封印、标志是否完好，以及有无受潮、受污、受损等情况。如有短缺、损坏、货票不符等问题，必须当场要求查验确认，并索取相关的证明。

（3）注意货物安全。随车装卸人员要时刻注意货物的安全，严防破损、丢失等情况发生。对于易燃、易碎货物，腐蚀性货物和放射性货物等，应严格按照有关规定搬运。精密仪器仪表、贵重货物、怕潮货物、怕冻货物等不宜露天卸货，若受条件所限必须露天卸货，要采取必要的防护措施并严加管理。

（4）办理内部交接手续。在货物到库后，随车装卸人员要将货物逐一点清后交给接货的保管人员，并配合做好卸货工作，确保货物不受损。如产生数量、质量方面的问题，随车装卸人员应当签名做证，不得拒签。

4．到供货单位提货

到供货单位提货是仓库受托运方的委托，直接到供货单位提货的一种形式。供货单位包括生产厂家和流通企业。到供货单位提货的基本流程如图4-7所示。

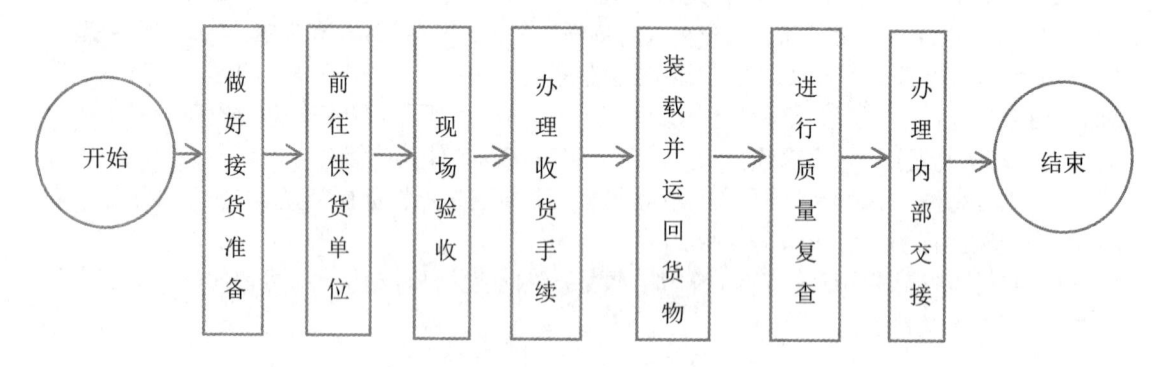

开始 → 做好接货准备 → 前往供货单位 → 现场验收 → 办理收货手续 → 装载并运回货物 → 进行质量复查 → 办理内部交接 → 结束

图4-7　到供货单位提货的基本流程

到供货单位提货时要做好以下工作。

（1）了解和掌握所提货物入库验收的有关要求和注意事项。当供货单位点交所提货物时，提运人员要负责检查货物的外观、件数和质量，并验看供货单位的质量合格证、材料码单等有关凭证。

（2）现场点交，办理签收手续。在货物提运到库后，仓库管理人员、提货人员、随车装卸人员要紧密配合，逐件清点交割。同时核对各项凭证、资料是否相符和齐全，最后由仓库管理人员在送货单上签字。仓库管理人员在收到货物后要及时组织复检。

5．供货单位送货到库

当供货单位送货到库时，仓库要按下列要求办理。

（1）办理接货手续。当供货单位送货到库时，仓库管理人员直接与送货人员在收货现场办理接货手续，凭送货单或订货合同、订货协议等当面点验所送货物的品名、规格、型号、数量，以及有关单证资料，并查看货物的外观。无法在现场完成全部验收项目的，要在送货单回执联上注明具体内容待验。

（2）发现问题要分清责任。在验收、检查过程中如果发现短缺、损坏等问题，要会同送货人员查实，由送货人员出具书面证明、签章确认，留作处理问题时的依据。

6．承运单位送货到库

承运单位送货到库是指运输企业等承运单位受供货单位或货主委托送货到仓库。承运单位送货到库的接货要求与供货单位送货到库的接货要求基本相同，所不同的是在发现错发、短缺、损坏等问题后，除了要送货人员当场出具书面证明、签章确认，还要及时向供货单位和承运单位发出查询函并做好有关记录。

7．过户

过户是指已存入仓库的货物通过购销业务发生所有权的转移，但货物仍储存于原处的一种入库业务。在办理过户业务时，只要收下双方下达的调拨单和入库单，更换户名就可以了。

8．转库

转库是货物因故需要出库，但未发生购销业务的一种入库形式，仓库凭转库单办理出入库手续。

3.2 合理安排接货人员与设备

在货物入库的高峰期，每天都会有大量的货物运到，此时不能再按照收到接运通知单的先后顺序依次接货了，而应该综合考虑以下三个因素，合理安排接货顺序。

1．货物的紧急程度

对于生产急需的、库存量已经很少的货物，仓库管理人员应该优先安排接货；对于不是很紧急的货物，则可以暂缓安排。

2．货物在承运单位的保存期限

承运单位在发出接运通知后，在一定时期（铁路和公路运输一般为 3 天）内，可以对货物进行免费保存。

仓库管理人员在安排接货时间时，可以根据承运单位免费保管期的长短及超过免费保管期后的储存费用，合理安排。

3．合理分工

仓库管理人员在安排接货时，还要考虑仓库作业人员及设备的工作效率，确保货物在被接到仓库后有暂时存放的地点，有相应的人力、物力进行装卸、检验及入库作业。

3.3 接货差错的处理

在接货过程中，有可能会出现破损、短少、变质、错到、受潮和污损等差错。面对这些情况，仓库管理人员要先确定差错产生的原因，再要求责任单位做出合理赔偿。

1. 破损

破损包括两种：一是货物本身的破损，影响其价值或使用价值，甚至导致货物报废；二是包装的破损，影响货物的储存保管。造成破损主要是接运前和接运中有关单位或部门的责任。如果属于生产厂家、发货单位或承运单位的责任，提货人员或接货人员应向承运部门索取有关的事故记录并交给仓库管理人员，作为向供应商或承运单位进行索赔的依据。如果是接运过程中的装卸不当等原因造成的破损，仓库管理人员在签收时应写明原因、数量等，报仓库主管处理，一般由责任方负责赔偿。

2. 短少

短少分接运前短少和接运中短少两种情况。对于接运前短少，可按接运前破损的处理办法处理。如因接运过程中装车不牢，或无人押运造成丢失的，仓库管理人员在签收时应报告保卫部门进行追查处理。

3. 变质

变质分为三种，应按具体情况确认相关责任。生产或保管不善、存期过长等原因都会导致货物变质。如货物变质责任在供货方，可退货、换货或索赔，仓库管理人员在签收时应详细注明变质货物的数量和变质程度；如承运中因受污染、受潮导致货物变质，责任在承运方，仓库管理人员在签收时应索取有关记录，交货主处理；如提运中因货物混放、雨淋等造成货物变质，接货人员应负责任。

4. 错到

错到分为四种：因发运方的差错，如错发、错装等导致错到，应通知发运方处理；因提运、接运中的差错，如错卸、错装等导致错到，仓库管理人员在签收时应详细注明，并报仓库主管，由其负责追踪处理；因承运方的差错，如错运、错送等导致错到，仓库管理人员应索取承运方记录，交货主并由其交涉处理；对于无合同、无计划的到货，应及时通知货主，经货主同意后，才能办理入库手续，同时要求货主及时将订货合同、到货计划送交仓库。仓库在接到货主的入库通知单等资料后，应按照资料的要求及有关规定认真核对，当内容不完备、不明确或者有错误时，应及时通知货主补齐。

知识拓展

一般来说，货物到达仓库的方式不同，接运人员所选择的货物接运方式也不同。

任务实施

步骤一：分析入库单中的货物，总结其储存特性；
步骤二：根据货物的储存特性和数量，制订储存计划；
步骤三：列出需要使用的装卸搬运工具；
步骤四：安排需要的作业人员。

任务评价

根据以上货物接运工作，结合实际填写货物接运作业任务评价表（见表4-7）。

表4-7 货物接运作业任务评价表

姓名：		班级：		学号：			
项目	序号	考核项目	考核内容	分值	学生自评（30%）	学生互评（30%）	教师评价（40%）	分数
技术考评（80分）	1	技能操作	总结入库货物的储存特性	20				
	2		制订储存计划	25				
	3		列出需要的装卸搬运工具	20				
	4		安排作业人员	15				
非技术考评（20分）	5	职业素养	态度端正	5				
	6		遵守纪律	5				
	7		团队合作	5				
	8		细心严谨	5				
总分：								

实战演练

扫一扫，检测你的学习效果

任务4：货物验收

任务目标

1. 了解货物检验入库与上架的基本工作流程
2. 掌握货物检验的抽样方法，能选择正确的抽样方法
3. 了解货物入库验收的基本要求，能完成货物的验收入库工作
4. 能对货物验收过程中出现的异常问题进行处理

任务导入

在某仓储中心采购的文具抵达仓库后，仓库管理人员第一时间完成了接单、审单与分类整理的工作，并把这些货物堆放在仓库的待检区域，等待仓库质检员对货物进行验收。仓库

质检员王华接到检验通知，该如何进行货物验收工作呢？

任务分析

仓库质检员在接到检验通知后，需要对照入库通知单准备好检验的工具、仪器，选择合适的检验方法，按货物入库验收的基本要求，前去检验到库货物，同时处理货物验收过程中出现的异常问题。

思政小课堂

通过导入案例"顺丰物流"看中国物流发展反映出的诚实、守信等社会主义核心价值观；通过讲授和讨论货物检验的整个过程来体现诚信的重要性，同时也反映出仓库质检员这个岗位的岗位职责及"细心、严谨"的工匠精神。

知识准备

4.1 货物验收的要求

1. 及时

及时是指必须对到库货物在规定的期限内完成验收工作。只有及时验收，才能保证货物尽快入库，满足用货单位的需要，加快货物和资金的周转。同时，及时验收有利于在规定的期限内对不合格货物提出退货、换货或索赔要求。

2. 准确

验收的各项数据或检验报告必须准确无误。验收的目的是弄清货物在数量和质量方面的实际情况，验收不准确，就失去了验收的意义，而且会造成错误的判断，引起保管工作的混乱。

3. 严格

验收是不可以有商量余地的，必须严格执行验收标准和产品质量标准，产品不合格就不能入库。验收发现的问题要严格记录，一旦发现产品包装不完整或者有裂痕，就要将产品放到不合格区域，暂时不入库。

4. 经济

验收工作安排要合理，尽量节省作业费用，尽量保护原包装，减少或避免破坏性试验。

4.2 货物验收的流程

货物验收是仓储物流作业的关键环节，是保证在库货物质量合格的前提。仓库质检员按照入库通知单开展检验工作,根据货物入库验收的标准及基本要求选择验收方法,并将验收的结果记录下来。货物验收的流程如图 4-8 所示。

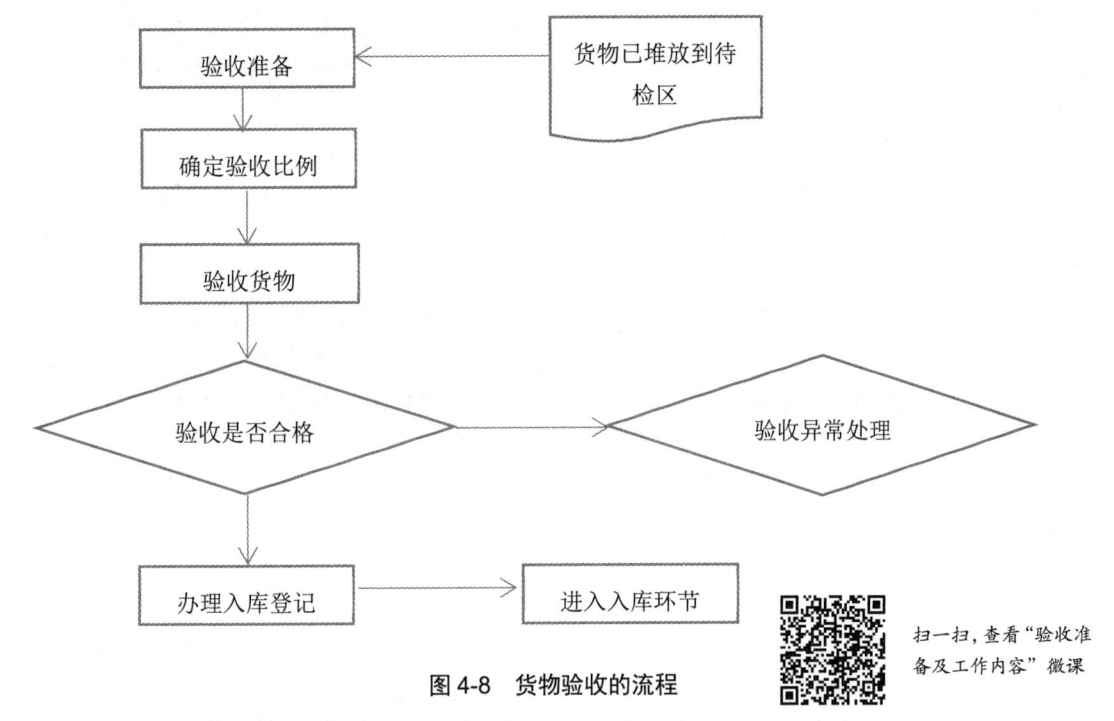

图 4-8 货物验收的流程

扫一扫,查看"验收准备及工作内容"微课

1. 验收及装卸搬运器具的准备

仓库质检员根据货物的情况和仓储管理制度,确定验收方法,准备验收所需要的计件、检斤、测试、开箱、装箱、丈量、移动照明等器具。同时要根据货物的特性、货位、设备条件、人员等情况,科学合理地制定卸车搬运工艺,备好相关作业设备,安排好卸货站台或场地,保证装卸搬运作业的效率。

2. 核对凭证

入库货物主要有三类凭证。

(1) 货主提供的入库通知单或订货合同副本。

入库通知单是仓库接收货物的凭证。

(2) 供货单位提供的货物资料。

货物资料有材质证明书、发货明细表、装箱单等。

(3) 承运单位提供的货物运单、货运记录等。

3. 确定验收比例

货物检验可采用全验和抽验两种方式。

全验就是所有货物都要进行检验。全验适合批量小、规格尺寸和包装不整齐、价值高的,以及易霉变、残损的货物。

抽验就是按一定比例抽取部分货物进行检验。抽验适合批量大、价值低,或者质量稳定、规格整齐、供货商信誉较好的货物,或者验收条件有限的场合。

4. 货物检验

（1）数量检验。

数量检验是保证货物数量准确不可或缺的重要步骤，一般在质量检验之前由仓库保管职能机构安排仓库管理人员进行。按货物的性质和包装情况，数量检验分为三种形式，即计件、检斤、检尺求积。

① 计件。计件是指在对按件数供货或以件数为计量单位的货物做数量验收时清点件数。在一般情况下，计件货物应全部逐一清点。如果运输包装（外包装）完好，销售包装（内包装）数量固定，则不拆包，只清点外包装，在特殊情况下可拆包抽查，若有问题则扩大抽查范围，直至全查；对于有固定包装物的小件货物，如果包装完好，打开包装对保管不利，可不拆。国内货物一般只检查外包装，不拆包检查；进口货物按合同或惯例办理。

② 检斤。检斤是指在对按重量供货或以重量为计量单位的货物做数量验收时称重。金属材料、某些化工产品多半采取检斤验收。对于按理论换算供应重量的货物（如金属材料中的板材、型材等），先要通过检尺，然后按规定的换算方法换算成重量验收。进口货物原则上应全部检斤，但如果订货合同规定按理论换算重量交货，则按合同规定。所有检斤的货物都应填写磅码单。

③ 检尺求积。检尺求积是指在对以体积为计量单位的货物（如木材、竹材、砂石等）进行数量验收时先检尺，后求体积。

在做数量验收之前，应根据货物的来源、包装好坏或有关部门的规定，确定是采取抽验还是全验的方式。在一般情况下数量检验应全验，即按件数全部进行清点，按重量供货的全部检斤，按理论重量供货的全部检尺后换算为重量，以实际检验结果的数量为实收数。关于全验和抽验，如果货物管理机构有统一规定，则可按规定办理。若合同有规定，按合同规定办理。凡经过数量检验的货物，都应该填写磅码单。

数量检验的比例如下。

① 对于大包装货物的数量检验，100%点数。

② 对于按固定数量进行包装的小件货物，若包装完好，并且是国内货物，可按一定比例抽验，如按5%～15%的比例拆箱查验件数，其余查看外包装完好即可；若是贵重货物，可提高抽验比例或全部开箱检验；对于进口货物，则按合同或惯例进行检验。

③ 散装物料100%检斤，有包装的散料的毛检斤率为100%，回皮率为5%～10%。

④ 定尺钢材的检尺率为10%～20%，非定尺钢材的检尺率为100%。

⑤ 贵金属材料100%过净重。

⑥ 对于有标量或者标准定量的化工产品，按标量计算，核定总重量。

📝 案例

菜鸟、京东与苏宁的无人仓

当顺丰仓储中心的入库货物为好丽友蛋糕时，由于它有固定包装，包装规格为12包/箱，在入库查验时，按5%的比例开箱抽检是否为12包/箱，其余查看外包装是否完好，点箱数即可。

当贵重货物入库时，则增大抽检比例或者全部开箱检验。例如，当手机入库时，手机整机的包装规格为12部/箱，应逐箱检查手机数量是否为12部。

（2）质量检验。

质量检验的方法有感官鉴定法、理化鉴定法、生物鉴定法等，如表 4-8 所示。

表 4-8 质量检验的方法

方法	基本概念	具体方法	具体鉴定操作	评价指标
感官鉴定法	感官鉴定法是借助人体正常的感觉器官，结合平时积累的实践经验对商品进行鉴定的方法	视觉鉴定法	眼睛观察	商品的色泽、结构、整齐度、光泽度、新鲜度、表面疵点、包装、标签等
		嗅觉鉴定法	鼻子闻嗅	商品是否具有其固有的气味
		味觉鉴定法	品尝（仅限于食品）	食物的滋味、风味
		触觉鉴定法	用手按、拉、捏、揉、摸、折、弯等	商品的弹性、韧性、柔软性、硬度、平滑度、干湿度、温度、黏度等特性
		听觉鉴定法	用耳朵听商品在外力的作用下产生的声音的清脆与沉闷程度	各类音响、乐器的音量、音质；钟表的机件质量；陶瓷、搪瓷、玻璃、金属器皿是否完整、无裂痕等
理化鉴定法	理化鉴定法是在实验室等一定的环境条件下，借助各种仪器、设备和试剂，运用物理、化学的方法来鉴定商品质量的方法	物理鉴定法	利用各种仪器或机械，通过对商品的物理性质及机械性质的鉴定，确定商品的质量	商品的物理性质（长度、宽度、厚度、面积、体积、质量、比重、密度、容积等）和机械性质（强度、硬度、弹性、脆性、伸长率、耐磨性、透气性、透水性等）
		化学分析法	根据在商品试样中加入化学试剂所产生的化学反应结果，确定商品中化学成分的种类、含量	商品的化学成分、含量
		仪器分析法	以物质的物理或化学性质为基础，采用比较复杂或特殊的设备来确定商品的化学组成及其含量	商品的化学组成及其含量
生物鉴定法	生物鉴定法是用于鉴定食品、动植物及其制品和包装容器中是否存在微生物，并确定微生物的种类和数量的一种方法	生物鉴定法	鉴定食品、动植物及其制品和包装容器中是否存在微生物，并确定微生物的种类和数量	微生物的种类和数量

以上质量检验是交货时或货物入库前的验收。在某些特殊情况下，还有完工时期的验收和生产时期的验收，就是在供货单位完工和生产过程中，由需方派员到供货单位检验。应当指出，即使是供货单位检验过的货物，或者因为运输条件不良，或者因为质量不稳定，也会在入库时产生质量问题，所以交货时入库前的检验在任何情况下都是必要的。

质量检验的比例如下。

① 贵重商品、仪器仪表等按 100%的比例检验。

② 供应商信誉好、质量稳定、新出厂或价值不高的商品，可按一定比例抽验。

③ 带包装的金属材料，可按 5%～10%的比例抽验；无包装的金属材料全部目测查验。

④ 易霉变、受潮、污染、虫蛀的商品或易受机械性损伤的商品，按 5%～10%的比例检验。

⑤ 进口货物按 100%的比例检验。

⑥ 对于入库量在 10 台以内的机电设备，应 100%地检验；对于入库量在 100 台以内的机电设备，检验率应不低于 10%；对于运输、起重设备，应 100%地检验。

扫一扫，查看"货物验收的方法"微课

5. 验收方式

货物的验收方式分为全验和抽验。在验收数量和外观时，一般要求全验。在验收质量时，当货物的批量小、规格复杂、包装整齐或要求严格验收时，可以采用全验的方式。全验需要大量的人力、物力和时间，但是可以保证验收的质量。在货物的批量大、规格和包装整齐，存货单位的信誉较高，人工验收条件有限的情况下，通常采用抽验的方式。货物质量和储运管理水平的提高，以及数理统计方法的发展，为抽验方式提供了物质条件和理论依据。抽验的方法如表 4-9 所示。

表 4-9 抽验的方法

方法	基本概念（具体操作）	使用情况	总体的特点
简单随机抽样	在同一批同类商品中不加挑选地抽取若干作为样品，做到对批中全部商品完全随机化，任何一件商品都有被抽出的机会	适用于批量不大的商品的抽样	总体数量不大，且为同一批同一类
分层随机抽样	先将一批同类商品划分成若干部分，然后从每部分中随机抽取若干样品	适用于较大批量的商品的抽样	总体数量大，或同一批次内有不同类型的商品
分段随机抽样	先随机抽取几个小部分（大包装），然后从所抽取的每个小部分（大包装）中进一步抽取若干商品（小包装），最后将抽出的商品合并作为样品	适用于一个大包装内有几个独立小包装的商品的抽样	总体是一个大包装内有几个独立的小包装
规律性随机抽样	按一定规律，从整批待抽商品中抽样，即先对整批商品按顺序编号，并随机决定将某一号码作为抽样的基础号码，然后将逢该号码的商品抽出来作为样品	适用范围广	整批，流水线生产的商品

? 思考：

在货物验收过程中，可能会发现问题，应如何解决这些问题？

知识拓展

扫一扫，查看"货物验收问题处理"微课

入库验收是非常重要的环节，关系着仓储活动的成败，所以在发现问题时及时找到正确的处理方法至关重要。

1. 在货物验收过程中，可能会发现诸如单证不齐、数量短缺、质量不符合要求等问题，应根据不同情况，及时处理并填写问题货物处理记录单。

（1）将存在问题的货物单独存放，妥善保管，防止混杂、丢失、损坏。

（2）对于数量短缺在规定磅差范围内的，可按原数入账；对于数量短缺超过规定磅差范

124

围的，应查对核实，做好验收记录，如实填写磅码单并交主管部门，会同货主向供货单位办理交涉。凡实际数量多于原发料量的，可由主管部门向供货单位退回多发数，或补给货款。在货物入库验收过程中产生的数量不符情况，其原因可能是发货方在发货过程中出现了差错，误发了货物，或者是在运输过程中漏装或丢失了货物等。数量短缺不论是由何种原因造成的，都应由收货人在收货凭证上做好详细记录，按实际数量签收，并通知发货人。

（3）当货物质量不符合规定时，应及时向供货单位办理退货、换货，或征得供货单位同意代为修理，或在不影响使用的前提下降价处理。当货物规格不符或错发时，应先将规格对的予以入库，对于规格不对的，要详细做好验收记录并交给主管部门处理。

（4）当单证未到或不齐时，应及时向供货单位索取，应将到库货物作为待检验货物堆放在待验区，待单证到齐后再进行验收。在单证未到之前，不能验收，不能入库，更不能发料。

（5）属承运部门造成的货物数量短缺或外观包装严重残损等，应凭接运提货时索取的"货运记录"向承运部门索赔。

（6）货物的价格不符，对于供货方多收的部分，应予以拒付；对于供货方少收的部分，经过检查核对后，应主动联系供货方，及时更正。

（7）入库通知单或其他单证已到，但在规定的时间内未见货物到库，应及时向有关部门反映，以便查询处理。

2．在货物验收过程中，如果发现货物存在数量或质量问题，应该严格按照有关规定进行处理。

（1）在货物的入库凭证未到齐之前不得正式验收。

发现货物的数量或质量不符合规定，要会同有关人员当场做出详细记录，交接双方应在记录上签字。

（2）在数量验收中，计件物品应及时验收，发现问题要按规定处理，在规定的期限内向有关部门提出索赔要求。

任务实施

某仓储中心的仓库质检员王华在接到入库检验工作后，从准备工作开始，按照流程进行收货检验工作。

步骤一：验收准备

收集、整理并熟悉各项验收凭证、资料和有关验收要求，准备所需的计量器具、卡量工具和检验仪器仪表等，将准备的结果记录在了表4-10所示的验收准备表中。

表4-10 验收准备表

待检货物	规格	型号	单位	数量	检验准备完成情况	
					货物资料	器具、设备

步骤二：确定验收比例

考虑货物的价值和性质、气候条件、运输方式、厂商信誉、生产技术、储存时间等因素，综合确定验收比例，填写验收比例表（见表4-11）。

表4-11 验收比例表

待检货物	抽验方法	选择抽验方法的理由	抽验结果

步骤三：质量及数量验收

对货物的外观质量进行检验，主要是指通过人的感觉器官，检验货物的包装、外形或装饰有无缺陷；检查包装的牢固程度，检查货物有无损伤，如撞击、变形、破碎等；检查货物是否被污染，有无潮湿、霉腐、生虫等。在进行货物数量验收时可运用计件、检斤、检尺求积等方式。

步骤四：做好验收记录

在根据货物入库单所列的内容对实物进行验收后，做好详细记录，填写货物验收单（见表4-12），并做出书面总结报告，及时向主管部门及存货单位反馈，以便查询处理。

表4-12 货物验收单

货物验收单					
厂商名称		日期： 年 月 日		编号：	
送货单编号	品名/规格	单位	交货数量	入库数量	检验结果	备注
主管签名：					验收人：

步骤五：验收问题处理

对于在验收中发现的问题，应根据不同情况，采取不同的处理方法，填写入库货物异常报告单（见表4-13）。

表4-13 入库货物异常报告单

入库货物异常报告单			
编号：		报告日期：	
货物名称	规格	数量	异常情况
送货人：			验收人：

任务评价

根据以上货物验收工作，结合实际填写货物验收作业任务评价表（见表 4-14）。

表 4-14 货物验收作业任务评价表

姓名：			班级：		学号：			
项目	序号	考核项目	考核内容	分值	学生自评（30%）	学生互评（30%）	教师评价（40%）	分数
技术考评（80 分）	1	技能操作	验收准备	5				
	2		确定验收比例	10				
	3		质量及数量验收	25				
	4		做好验收记录	10				
	5		验收问题处理	15				
	6		完成时间	5				
	7		安全操作	10				
非技术考评（20 分）	8	职业素养	态度端正	5				
	9		遵守纪律	5				
	10		团队合作	5				
	11		细心严谨	5				
总分：								

实战演练

扫一扫，检测你的学习效果

任务 5：办理入库手续

任务目标

学会办理货物入库手续

任务导入

2022年3月29日，供应商送达的货物已经通过某仓储中心的验收，那么仓库管理人员应该如何办理该批货物的入库手续呢？

任务分析

为了更好地提供仓储保管服务，仓库管理人员需要认真办理货物入库手续，并对入库结果进行核验，这就需要同学们学习办理货物入库的方法、流程、结果处理等相关知识。

思政小课堂

货物入库手续包括交接、登账、立卡、建档四个环节，每一个环节都需要仓库管理人员细致、认真地完成。因此，仓库管理人员应具备爱岗敬业的人文素养、严谨求实的科学素养、创新探索的职业素养，以及团队协作的职业道德。

知识准备

货物检验合格，应办理入库手续，这是货物验收入库的最后环节，也是重要的基础工作。仓库管理人员必须凭送货单、检验合格单办理入库手续，拒绝不合格或手续不齐全的货物入库，杜绝只见发票不见实物或边办理入库边办理出库的现象出现。货物入库单一般由仓库管理人员填制，一式三联，一联交仓库做账，一联交存货人，一联交财务做账，入库单至少需要由存货人和仓库管理人员签字。

5.1 交接

扫一扫，查看"办理入库交接"微课

交接是指仓库对收到的货物向送货人进行确认，表示已接收货物。办理完交接手续，意味着划清了运输、送货部门和仓库之间的责任。完整的交接手续包括接收货物、接收文件和签署单证三项内容。

1. 接收货物

仓库通过理货、查验货物，将不良货物剔除、退回或者编制残损单证，确定收到货物的确切数量、货物表面状态良好。

2. 接收文件

仓库管理人员接收送货人员送交的货物资料、运输的货物记录等，以及随货在运输单证上注明的相应文件，如图纸、准运证等。

3. 签署单证

仓库管理人员与送货人员或承运人员共同在送货单、货物交接清单（见表4-15）上签字，并留存相应单证。若送货单与货物交接清单不一致或货物、文件有差错，还应附上事故报告或说明，并由有关当事人签章，等待处理。

表4-15 货物交接清单

收货人	发站	发货人	品名	标记	单位	件数	重量	车号	运单号	货位	合同号
备注											
送货人：			收货人：				经办人：				

5.2 登账

货物入库登账，要建立详细反映库存货物进、出和结存的保管明细账，用以记录库存货物的动态，并为对账提供主要依据。登账的主要内容有货物名称、货物规格、货物数量、货物件数、货物累计数或结存数、存货人或提货人、货物批次、货物金额，还需要注明货位号或运输工具、接（发）货经办人等。

登账时应遵循以下原则。

（1）登账必须以正式合法的凭证为依据，如入库单（见表4-16）、出库单等。

（2）一律使用蓝、黑墨水笔登账。用红墨水笔冲账，当发现登账错误时，不得刮擦、挖补、涂抹或用其他药水更改字迹，应在错处画一红线，表示注销，然后在其上方填上正确的文字或数字，并在更改处加盖更改者的印章，红线画过后的原来字迹必须仍可辨认。

（3）记账应连续、完整，按照日期顺序，不能隔行、跳页，账页应依次编号，年末结存后转入新账，旧账页入档妥为保管。

（4）记账时，数字书写应占空格的2/3空间，便于改错。

表4-16 入库单

送货单位：			入库日期：	年	月	日		储存位置：No.	
货物编号	品名	规格	单位	数量		检验		实收数量	备注
会计：		仓库收货人：		制单人：					
本单一式三联，第一联为送货人联，第二联为财务联，第三联归仓库存查。									

注意：登记账卡前首先要认真审查凭证，记好日期、凭证编号，摘要栏要尽量简明扼要，认真填写；在过次页时，应在账页最后一行的摘要栏内注明转次页，并依次结出本月收、支、存数，在次页第一行摘要栏内注明承前页，并记录上页结出的收、支、存数。保管账可采取专职管理人员负责管理总账和保管员一人一账的方法。不论采取哪种管理方法，均应做到每天登账，经常查对，保证账账相符、账卡相符、账物相符。

案例

顺丰仓储中心的仓库管理人员小李要办理一批货物的入库手续，应该按照交接、登账、立卡、建档等流程完成入库手续，以便货物及时入库。

在办理登账时，一般通过扫描条码确认货物入库，WMS 会自动更新库存信息，记录库存货物的动态变化和出入库全过程。

5.3 立卡

在货物入库或上架后，将货物的名称、规格、数量或出入库状态等内容填在料卡上，称为立卡。料卡（见表 4-17）又称货卡、货牌，被插放在货物下方的货架支架上或摆放在货垛正面的明显位置。

表 4-17 料卡

货物名称	
货物编号	
入库时间	
规格与等级	
单价	
入库数量	
结存数量	
储存位置	
备注	

每次将货物入库时，应按入库单所列的内容填写料卡；发货时应按出库凭证随发随销料卡上的数字，以防事后漏记。料卡的样式根据货物存放地点的不同而不同。

存放在库房内的货物的料卡一般为纸卡或塑料卡。

对于存放在露天场所的货物，为防止料卡丢失或损坏，通常先将其装在塑料袋中或放在特制的盒子里，然后挂在垛位上，也可用油漆写在铁牌上。

思考：

供应商送达的货物已经通过入库验收，其入库手续包括哪些环节？

5.4 建档

仓库应对所接收的货物建立存货档案，以便进行货物管理和与客户保持联系，也为将来可能发生的争议保留凭据，同时有助于总结和积累仓储保管经验，研究仓储管理规律。

建立货物档案的要求如下。

1. 货物档案应一物一档

货物档案包括的资料如下。

（1）货物出厂时的各种凭证和技术资料，如技术证明、合格证、装箱单、发货明细表等。

（2）货物运输单据、普通记录或货运记录、公路运输交接单等。

（3）货物验收的入库通知单、验收记录、磅码单、技术检验报告。

（4）货物入库保管期间的检查、保养、损益、变动等情况的记录。

（5）库内外温度、湿度的记录及其对货物的影响情况。

（6）货物的出库凭证、交接签单、进出货单、检查报告。

（7）其他有关该货物仓储保管的特别文件和报告记录。

2. 货物档案应统一编号，妥善保管

货物档案中部分资料的保管期限，应根据实际情况酌定。其中有些资料，如货区气候资料、货物储存保管的试验资料，应长期保留。

ISO 9000系列标准要求单证保存5～15年。管理货物档案应按照档案管理的办法，对档案中的资料进行编码，单证上要有手写的签名和日期。

知识拓展

仓库在对货物完成入库验收之后，应立即办理货物入库手续，以便货物及时入库。入库手续包括交接、登账、立卡、建档四个环节。

任务实施

供应商送达的货物已经通过入库验收，请办理该批货物的入库手续。

步骤一：模拟送货司机和仓库管理人员在验收报告单和送货单上签字确认；

步骤二：制作库存明细账，在库存明细账上填写库存信息；

步骤三：制作料卡，填写料卡；

步骤四：建立货物档案。

任务评价

根据以上办理货物入库的工作，结合实际填写办理入库手续任务评价表（见表4-18）。

表 4-18　办理入库手续任务评价表

项目	序号	考核项目	考核内容	分值	学生自评（30%）	学生互评（30%）	教师评价（40%）	分数
技术考评（80分）	1	技能操作	交接	10				
	2		登账	30				
	3		立卡	15				
	4		建档	10				
	5		完成时间	5				
	6		安全操作	10				
非技术考评（20分）	7	职业素养	态度端正	5				
	8		遵守纪律	5				
	9		团队合作	5				
	10		细心严谨	5				
总分：								

姓名：　　　　　班级：　　　　　学号：

实战演练

扫一扫，检测你的学习效果

任务6：货物堆码

任务目标

1. 掌握货物堆码的相关知识
2. 能够进行货物就地堆码设计

任务导入

某仓储中心的仓库单位面积技术定额为 $3t/m^2$，现有 13m×8m×7m 的仓库货位，计划堆存货物一批，已知该货物为纸箱包装，纸箱尺寸为 40cm×20cm×50cm，每箱重15kg，在堆垛时，货位的长度与纸箱的长度一致。请问该货位能堆放多少箱？可采用怎样的垛形？如何开垛？

任务分析

为了更好地管理货物，进一步提高仓库的利用率，在货物入库前应根据货物实际情况进行货位分配，这就需要同学们学习货物堆码的相关知识，并能够就地进行货物堆码设计。

思政小课堂

同学们应通过教学做一体化，在校内实训室以小组合作的方式真实体验货物堆码场景，"一丝不苟"地完成任务，并在实施过程中友善合作，做到诚实守信，确保服务质量，注意实操安全及环保，发扬吃苦耐劳、精益求精的职业精神，树立职业自信，做新时代的仓储匠人。

知识准备

6.1 货物堆码的原则与要求

货物堆码是指根据货物的特性、形状、规格、重量及包装质量等情况，同时综合考虑地面的负荷、储存的要求，将货物分别叠堆成各种码垛。科学的货物堆码技术、合理地码垛，对提高入库货物的储存保管质量，提高仓容利用率，提高收发作业及养护工作的效率，都有着不可低估的重要作用。

1. 货物堆码的原则

（1）分类存放。

不同类别的货物应分类存放，甚至应分区分库存放；不同规格、批次的货物应分位、分堆存放；残损货物要与原货分开；需要分拣的货物，在分拣之后，应分类存放，以免混串；不同流向、不同经营方式的货物应分类存放。

（2）选择适当的搬运活性。

为了减少作业时间、次数，提高仓库物流速度，应根据货物作业的要求，合理选择货物的搬运活性。对于搬运活性高的货物，也应注意摆放整齐，以免堵塞通道，浪费仓容。

（3）面向通道，不围不堵。

面向通道包含两层含义：一是所有货物的货垛、货位都有一面与通道相连，处在通道旁，以便对货物进行直接作业；二是货垛及存放货物的正面应尽可能地面向通道，以便察看。货物的正面是指标注主标志的一面。

（4）尽可能地向高处码放，提高保管效率。

为了有效利用库内容积，应尽量向高处码放。为防止破损，保证安全，应当尽可能地使用货架等保管设备。

（5）注意上轻下重，确保稳固。

当将货物重叠堆码时，应将重的货物放在下面，将轻的货物放在上面。

（6）根据出库频率选定位置。

出库和进库频率高的货物应放在靠近出入口、易于作业的地方；流动性差的货物放在距离出入口稍远的地方；季节性货物则依其季节特性来选定放置的场所。

（7）同一品种的货物在同一地方保管。

为提高作业效率和保管效率，同一品种的货物或类似货物应放在同一地方保管。员工对库内货物放置位置的熟悉程度直接影响出入库的时间，将类似的货物放在邻近的地方也是提高效率的重要方法。

（8）便于识别原则。

将不同颜色、标记、分类、规格、样式的货物分别存放。

（9）便于点数原则。

每垛货物可按5或5的倍数存放，便于清点计数。

（10）依据形状采取保管方法。

依据货物形状来保管也是很重要的，如标准化的货物应放在托盘或货架上来保管。

2．货物堆码的要求

（1）对堆码场地的要求。

堆码场地可分为三种：库房内堆码场地、货棚内堆码场地和露天堆码场地。对于不同类型的堆码场地，进行堆码作业时，会有不同的要求。

① 库房内堆码场地：用于承受货物堆码的库房地坪，要求平坦、坚固、耐摩擦，一般要求$1m^2$的地面承载能力为5～10t。堆码时货垛应在墙基线和柱基线以外，垛底需要适当垫高。

② 货棚内堆码场地：货棚是一种半封闭式的建筑，为防止雨雪渗漏、积聚，货棚内堆码场地的四周必须有良好的排水系统，如排水沟、排水管道等。货棚内堆码场地的地坪应高于棚外场地，并做到平整、坚实。在堆码时，货垛一般应垫高20～40cm。

③ 露天堆码场地：露天堆码场地的地坪材料可根据堆存货物对地面的承载要求，采用夯实泥地、沙石地或钢筋水泥地等。地面应坚实、平坦、干燥、无积水、无杂草，四周同样应有排水设施，堆码场地必须高于四周地面，货垛必须垫高40cm。

（2）对堆码货物的要求。

货物在正式堆码前，必须达到以下要求。

① 货物的名称、规格、数量、质量已全标明；

② 货物已根据物流的需要进行编码；

③ 货物外包装完好、整洁，标志清楚；

④ 受潮、锈蚀及发生质量变化的不合格货物，已加工恢复或已剔除；

⑤ 准备堆码的货物已进行集装单元化，便于机械化作业。

（3）堆码"12字方针"。

在对货物堆码时，要遵循合理、牢固、定量、整齐、节约、方便的要求，这些要求也被称为堆码"12字方针"。

合理：指搬运活性合理、分垛合理、垛形合理、重量合理、间距合理、顺序合理。

牢固：指货垛稳定牢固。通过选择适当的垛底面积、堆垛高度、衬垫材料，使货垛稳定、牢固、不偏不倚、不歪不倒。

定量：指每层同量，垛、行、层、包等都为整数，每垛有固定的数量，便于盘点和检查。对于某些过磅称重的货物不能成整数时，应明确标出重量，分层堆码，或成捆堆码，定量存放。

整齐：指货垛排列整齐有序，货物外包装上的标识一律朝外，便于查看和拣选。

节约：指节约堆码劳动力消耗、苫垫材料消耗和堆码货位。力求一次堆码成型，减少重复作业，以节省人力消耗；小心使用苫垫材料，减少损耗和浪费；合理设计堆码方案，节约货位。

方便：指便于后续装卸搬运、日常维护保养、检查盘点和灭火消防。

（4）堆码的"五距"。

堆码时还要注意"五距"，即垛距、墙距、柱距、灯距和顶距。

垛距：指货垛与货垛、货架与货架之间必要的距离。库房的垛距不应小于 0.5m；货场货垛间的距离不应小于 1.5m。留垛距是为了便于通风和检查货物。

墙距：库内货垛与隔断墙之间的内墙距不得小于 0.3m，外墙距不得小于 0.5m。留墙距主要是为了防止渗水，便于通风、散潮。

柱距：货垛或货架与库房内支柱之间应留有不小于 0.2m 的距离。留柱距是为了防止货物受潮和保护柱脚。

灯距：货垛与照明灯之间的必要距离称为灯距。灯距必须严格规定，不得小于 0.5m。留灯距主要是为了防止火灾发生。

顶距：平房仓库的顶距不得小于 0.3m；多层库房的顶距不得小于 0.5m。留顶距主要是为了通风。

6.2 货物堆垛设计的内容

为了达到货物堆垛的基本要求，必须根据保管场所的实际情况、货物本身的特点、装卸搬运条件和技术作业过程的要求，对货物堆垛进行总体设计。设计的内容包括垛基、垛形、货垛参数、堆码方式、货垛苫盖、货垛加固等。

1. 垛基

垛基是货垛的基础，其主要作用是：承受整个货垛的重量，将货物的垂直压力传递给地坪；将货物与地面隔离，起防水、防潮、通风的作用；垛基空间为搬运作业提供方便条件。因此，垛基应满足以下要求。

（1）将整垛货物的重量均匀地传递给地坪。

垛基本身要有足够的抗压强度和刚度。为了防止地坪塌陷，应扩大垛基同地坪的接触面积，衬垫物要有足够的密度。

（2）保证垛基上存放的货物不发生变形。

露天货场的垛基应平整、夯实，衬垫物应放平、摆正，所有衬垫物要同时受力，并且受力均匀，大型设备的重心部位应增加衬垫物。

（3）保证良好的防潮和通风。

垛基应为敞开式，有利于空气流通。可适当增加垛基的高度，特别是露天货场的垛基，其高度应为 30～50cm，必要时可增设防潮层。露天货场的垛基应保持一定的坡度，以利于排水。

垛基分为固定式垛基和移动式垛基两种。移动式垛基又分为整体式垛基和组合式垛基，组合式垛基机动灵活，可根据需要进行拼装。

2. 垛形

垛形是指仓库场地码放的货物的外部轮廓。垛形按垛底的平面形状可分为矩形、正方形、三角形、圆形、环形等。垛形按货垛立面的形状可分为矩形、正方形、三角形、梯形、半圆形，还可以组成矩形—三角形、矩形—梯形等复合形状，如图4-9所示。

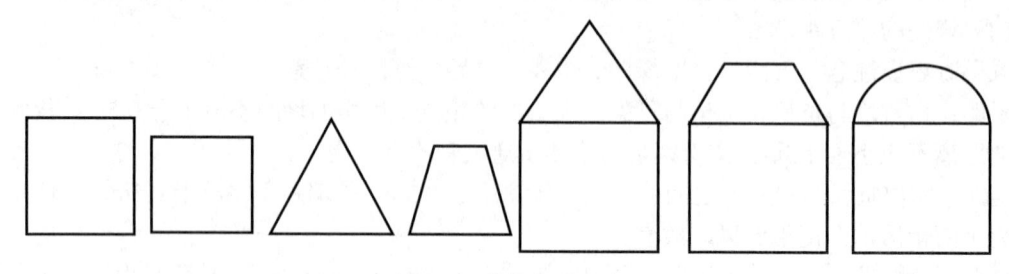

图4-9 货垛立面示意图

各种不同的货垛的特点如下。

矩形垛、正方形垛易于堆码，盘点计数方便，排列整齐，能充分利用仓库空间，但稳定性较差。

梯形垛、三角形垛、半圆形垛的稳定性好，易苫盖，排水性能好，但不易堆码，不便于计数，不能充分利用仓库空间。

矩形—三角形垛、矩形—梯形垛等复合形状的货垛兼具前两者的优点，多用于露天货物的堆码。

垛形的确定需要遵循根据货物的特性和保管的需要、实施作业方便、迅速和充分利用仓容等原则。仓库常见的垛形有平台垛、起脊垛、行列垛、立体梯形垛、井形垛、梅花形垛等。

（1）平台垛。

平台垛是先在底层以同一个方向摆放一层货物，然后垂直继续向上堆积，每层货物的件数、方向相同，垛顶呈平面，垛形呈长方体，如图4-10所示。在实际操作中并不是层层都采用加码的方式，往往是先从一端开始，然后逐步后移。平台垛适用于同一包装规格整份批量的货物，包装规则、能够垂直叠放的方形箱装货物，大袋货物，规则的成组货物，托盘成组货物等。

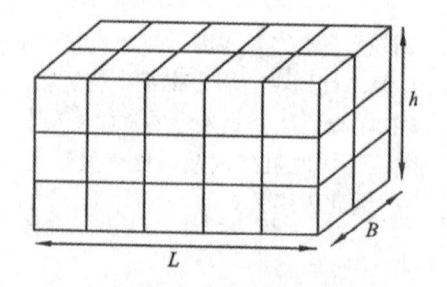

图4-10 平台垛示意图

平台垛具有整齐、便于清点、占地面积小、方便堆垛操作等优点。但该垛形的稳定性较差，特别是硬包装、小包装的货物有货垛端头倒塌的危险，所以在必要时（如堆码太高、长期堆存、端头位于主要通道等）要在两端采取一定的加固措施。对于堆放很高的轻质货物，往往在堆码到一定高度时，向内收半件货物后再向上堆码，从而使货垛更加稳固。标准平台垛的货物件数为：

$$A=L \times B \times h$$

式中，A 为总件数；L 为长度方向的件数；B 为宽度方向的件数；h 为层数。

（2）起脊垛。

起脊垛是先按平台垛的方法码到一定的高度，再以卡缝的方式将每层逐渐缩小，最后使顶部形成屋脊形，如图 4-11 所示。起脊垛是堆场场地堆货的主要垛形，货垛表面的防雨遮盖从中间起向下倾斜，方便排泄雨水，防止淋湿货物。有些仓库由于陈旧或建筑简陋有漏水现象，仓内的怕水货物也应采用起脊垛堆码并遮盖。

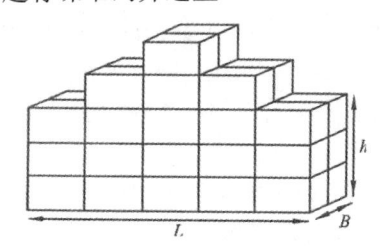

图 4-11　起脊垛示意图

起脊垛是平台垛为了适应遮盖、排水需要而做的变形，具有平台垛操作方便、占地面积小的优点，适用于平台垛的货物同样适用于起脊垛。但是起脊垛由于顶部压缝缩小，以及形状不规则，造成清点货物不便，顶部货物的清点需要在堆垛前以其他方式进行。另外，由于起脊的高度使货垛中间的压力大于两边的压力，因而采用起脊垛时库场使用定额要按脊顶的高度来确定，以免底层货物或库场被压坏。

起脊垛的货物件数为：

$$A=L \times B \times h + 起脊件数$$

式中，A 为总件数；L 为长度方向的件数；B 为宽度方向的件数；h 为未起脊层数。

（3）行列垛。

行列垛是将每批货物按行或列的方式进行排放，每行或每列为一层或数层高，货垛呈长条形，如图 4-12 所示。行列垛适用于批量小的货物，如零担货物。为了避免货物混在一起，每批货物单独码放。长条形的货垛使每个货垛的端头都延伸到通道边，方便作业且不受其他东西阻挡。但每垛的货量较少，垛与垛之间需要留空，垛基小，还不能堆高，因此行列垛占用了较大的库场面积，库场利用率较低。

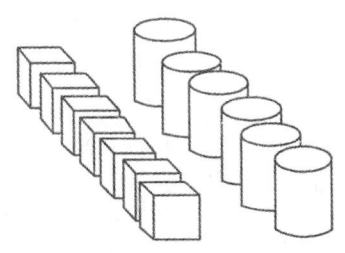

图 4-12　行列垛示意图

（4）立体梯形垛。

立体梯形垛是在底层以同一方向排放货物的基础上，向上逐层同方向减数压缝堆码，垛顶呈平面，整个货垛呈下大上小的立体梯形状，如图4-13所示。立体梯形垛适用于包装松软的袋装货物和上层面非平面而无法垂直堆码的货物，如横放的卷形、桶装、捆包货物。

立体梯形垛极为稳固，可以堆放得很高，能够充分利用仓容。对于在露天堆放的货物采用立体梯形垛，为了排水需要可以起脊变形。为了提高立体梯形垛的空间利用率，在堆放可以直立的筐装、矮桶装货物时，底部数层可以采用平台垛的方式堆放，在码放到一定高度后再使用立体梯形垛。每层两侧面（长度方向）收半件（压缝）的立体梯形垛的件数为：

$$A=(2\times L-h+1)\times h\times B/2$$

式中，A 为总件数；L 为长度方向的件数；B 为宽度方向的件数；h 为层数。

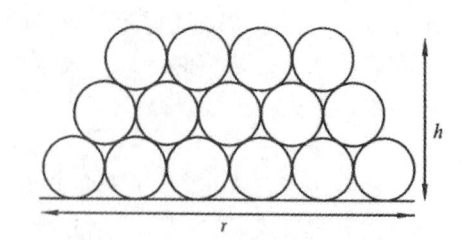

图 4-13　立体梯形垛示意图

（5）井形垛。

井形垛用于长形的钢管、钢材及木方的堆码。它是先以一个方向铺放一层货物，再以垂直方向进行第二层的码放，货物横竖隔层交错堆放，垛顶呈平面，如图4-14所示。井形垛垛形稳固，但每垛边上的货物可能滚落，需要捆绑或者收进。井形垛不方便作业，需要不断改变作业方向。

井形垛的总件数为：

$$A=(L+B)\times h/2$$

式中，A 为总件数；L 为纵向方向的件数；B 为横向方向的件数；h 为层数。

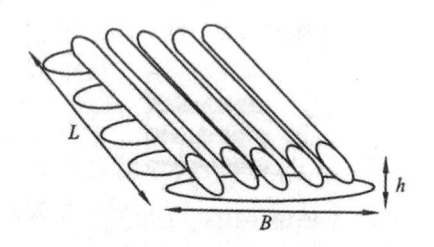

图 4-14　井形垛示意图

（6）梅花形垛。

对于需要直立存放的大桶装货物，将第一排（列）的货物排成单排（列），将第二排（列）的每件货物靠在第一排（列）的两件之间卡缝，第三排（列）同第一排（列）一样，然后每排（列）依次卡缝排放，形如梅花，如图4-15所示。这种垛形较为紧凑，充分利用了货物之间的空隙，更好地利用了仓容面积。

对于能够多层堆码的桶装货物，在码放第二层时，将每件货物放在下层的三件货物之间，四边都缩进半件，形成立体梅花形垛。

单层梅花形垛的总件数为：

$$A=(2\times B-1)\times L/2$$

式中，A 为总件数；L 为长度方向的件数；B 为宽度方向的件数。

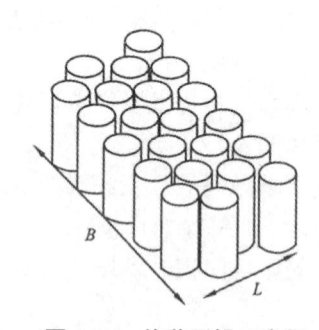

图 4-15　梅花形垛示意图

3. 货垛参数

货垛参数是指货垛的长、宽、高，即货垛的外形尺寸。货垛的这三个参数决定了货垛的大小，每个货垛不宜太大，以利于货物的先进先出和加速货物的周转。

6.3 堆码作业操作

1. 堆垛前的准备工作

（1）码垛可堆层数、占地面积的确定。

在堆垛前，必须先计算码垛可堆层数及占地面积。对于规格整齐、形状一致的箱装商品，可参考以下公式计算。

$$占地面积=总件数/码垛可堆层数×每件商品的底面积$$

其中，码垛可堆层数有两种计算方法。

① 码垛不超重可堆层数的计算方法。在仓库地坪安全负载范围内不超重是指堆垛的重量必须在建筑部门核定的仓库地坪安全负载范围内（通常以kg/m^2为单位），不得超重。因此，在堆垛前，应预先计算码垛不超重可堆的最多层数。

a．以一件商品来计算（单位：层）。

码垛不超重可堆层数=仓库地坪每平方米核定载重量/商品单位面积重量。其中，商品单位面积重量=每件商品的毛重/每件商品的底面积。

b．以整垛商品来计算（单位：层）。

码垛不超重可堆层数=整垛商品实占面积×仓库地坪每平方米核定载重量/（每层商品的件数×每件商品的毛重）。

② 码垛不超高可堆层数的计算方法（单位：层）。

码垛不超高可堆层数=仓库可用高度/每件商品的高度。在确定码垛可堆层数时，除了应考虑以上两个因素，还必须注意底层商品可承载的压力。根据上述三个码垛可堆层数的考虑因素，在计算出的码垛可堆层数中取最小的码垛可堆层数，作为堆垛作业的可堆层数。

📋 案例

某仓库进了一批木箱装的罐头食品100箱。每箱毛重50 kg，箱底面积为$0.25m^2$，箱高0.25 m，箱上标识表示最多允许叠堆16层高，地坪承载能力为$5t/m^2$，仓库可用高度为5.2m，求该批商品的可堆高度。

解：单位面积重量=50/0.25=200kg/m^2=0.2 t/m^2；

码垛不超重可堆层数=5/0.2=25 层；

码垛不超高可堆层数=5.2/0.25=20 层；

商品木箱标识表示允许堆高16层。

因为16层<20层<25层，所以该批罐头食品堆垛作业最大的叠堆高度为16层，码垛的高度为4 m（16×0.25=4 m）。若该仓库采用货架堆放，则最多可以堆高20层。

（2）码垛底层排列。

码垛底层排列一般应先计算出码垛可堆层数，再进行码垛底层排列，它主要包括两个方面的内容。

① 码垛底数的计算。

码垛底数的多少，与货位的面积成正比，与每件商品的占地面积成反比，与码垛总件数成正比，与码垛可堆层数成反比。

计算公式为：码垛底数=码垛总件数/码垛可堆层数。

② 码垛底形排列。

码垛底形排列一般是根据货位的面积及每件商品的占地面积来综合安排的。码垛底形排列的好坏，直接关系到垛形的稳定性、收发货作业方便性，应得到重视。

③ 做好机械、人力、材料的准备。

垛底应该打扫干净，放上必备的垫墩、垫木等垫垛材料，如果需要密封货垛，还需要准备密封货垛的材料等。

2．货垛的规范要求

货垛的规范要求主要是指"五距"，即垛距、墙距、柱距、顶距和灯距。在堆垛时，不能倚墙、靠柱、碰顶、贴灯，不能紧挨旁边的货垛，必须留有一定的间距。

关于"五距"，笔者在 6.1 节已做介绍，这里不再赘述。

3．货物堆码方式

（1）散堆方式。

散堆方式是指将无包装的散货在库场上堆成货堆的存放方式。这种方式特别适用于大宗散货，如煤炭、矿石、散粮和散化肥等，也适用于库内少量存放的谷物、碎料等散装货物。散堆方式是在确定货位后用堆扬机或者铲车直接将货物堆高，到达预定高度后，逐步后退堆货，后端先形成立体梯形，最后成垛，整个垛形呈立体梯形状。由于散货具有流动性、散落性，堆货时不能堆到太接近垛位的四边，以免货物散落超出预定的货位。散堆方式绝不能采用先堆高后平垛的方法堆垛，以免货堆对场地地面造成破坏。这种堆码方式简便，便于采用现代化的大型机械设备，节省包装费用，提高仓容利用率，降低运费，因此是目前货物堆存的一种趋势。

（2）货架方式。

货架方式是指采用通用或者专用的货架进行货物堆码的方式。这种方式适用于小件货物或不宜堆高的货物。货架方式能够提高仓库的利用率，减少货物存取时的差错。

（3）成组堆码方式。

成组堆码方式是指采用成组工具使货物的堆存单元扩大的方式。常用的成组工具有货板、托盘和网格等。成组堆码一般每垛 3~4 层，这种方式可以提高仓库的利用率，实现货物的安全搬运和堆存，提高劳动效率，加快货物流转。

（4）垛堆方式。

垛堆方式适用于对有包装的货物或大件货物进行堆码。垛堆方式应以增加堆高、提高仓容利用率、有利于保护货物为原则。

常见的垛堆方式有重叠式、砌砖式、压缝式、通风式、缩脚式、纵横交错式、交叠式、仰伏相间式、衬垫式、宝塔式、牵制式、栽桩式、串联式及鱼鳞式等。图 4-16 所示为其中的几种垛堆方式。

项目 4　入库作业精细化管理

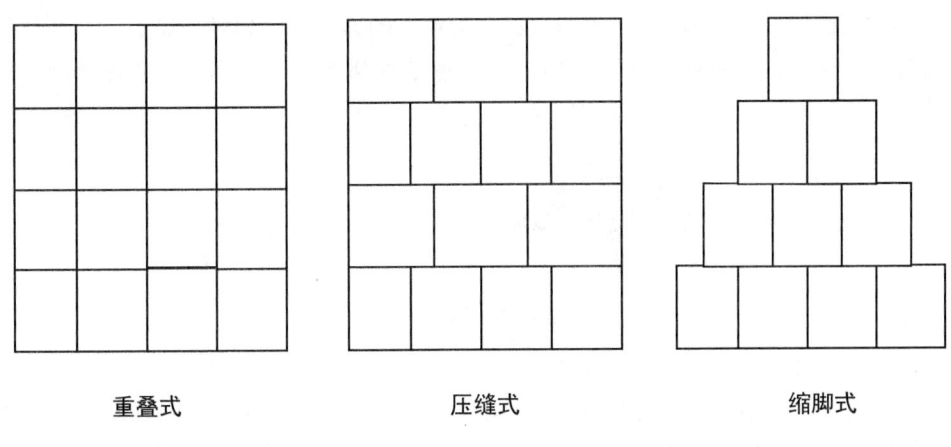

重叠式　　　　　　　压缝式　　　　　　缩脚式

图 4-16　几种垛堆方式

重叠式：货物各层的排列方式、数量完全相同，层间无交叉搭接，垛形整齐。这种垛堆方式的优点是操作简单、计数容易、收发方便，缺点是稳定性差，易倒垛，因而常采用绳子、绳网、塑料弹性薄膜等辅助材料来防塌，如图 4-17 所示。

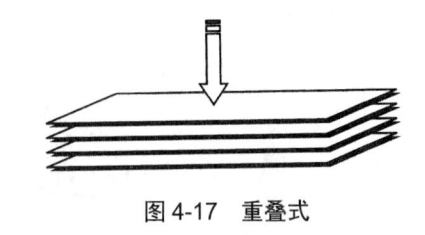

图 4-17　重叠式

重叠式是机械化作业的主要垛堆方式之一，适用于袋装、箩筐装、箱装的货物，以及平板、钢板、集装箱等货物。

砌砖式：货垛上下两层货物的图谱正好旋转 180°，层间互相搭接。砌砖式的稳定性较好，但是要求货物的长宽比为 2∶3 或 3∶4。

纵横交错式：将长短一致、宽度排列能够与长度相等的商品，一层横放，一层竖放，纵横交错堆码，形成方形垛，如图 4-18 所示。长短一致的管材、棒材、狭长的箱装材料等均可用这种垛堆方式。有些材料，如铸铁管、钢筋等，一头大，一头小，要将大小头错开。采用纵横交错式的货垛上下两层货物的图谱正好旋转 90°，层间互相搭接。这种方式的优点是稳定性较好，缺点是只能用于正方形托盘。

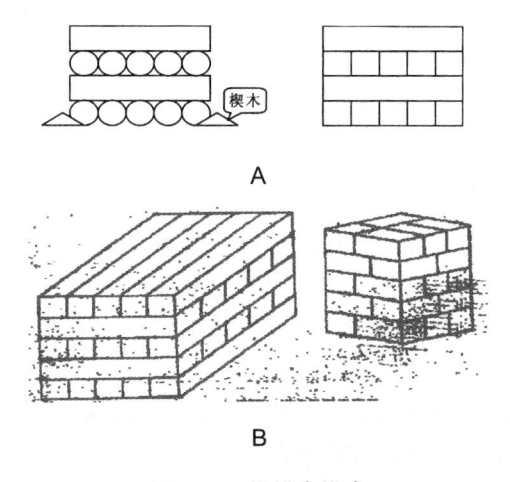

A

B

图 4-18　纵横交错式

141

通风式：在将需要通风防潮的货物堆垛时，货物之间要留有一定的空隙。上下两层货物的图谱方向对称，矩形、方形图谱均可采用。其优点是有利于通风、透气，适宜货物的保管养护，但是空间利用率较低，如图4-19所示。

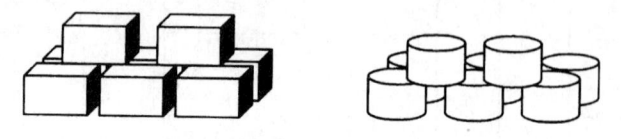

图4-19 通风式

仰伏相间式：对于上下两面有大小差别和凹凸不平的货物，如槽钢、钢轨、箩筐等，将货物仰放一层，再反面伏放一层，相间相扣，如图4-20所示。采用仰伏相间式堆出来的货垛极为稳定，但操作不便。角钢和槽钢如果在露天存放，应该一头稍高，一头稍低，以利于排水。

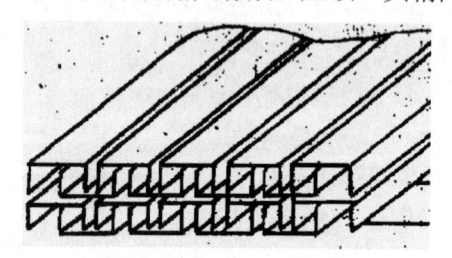

图4-20 仰伏相间式

压缝式：这是一种较普遍使用的方式，它是将底层并排摆放，上层放在下层的两件货物之间，如图4-21所示。如果每层货物都不改变方向，则形成梯形形状；如果改变每层货物的方向，则类似于纵横交错式。常见的压缝式有"2顶1""3顶2""4顶1"等。它的优点是稳定性好，易苫盖，操作方便，节约仓容；缺点是不便清点货物。压缝式适用于建筑陶瓷、阀门，以及桶形货物的堆垛。

2顶1　　　　3顶2　　　　4顶1　　　　5顶3

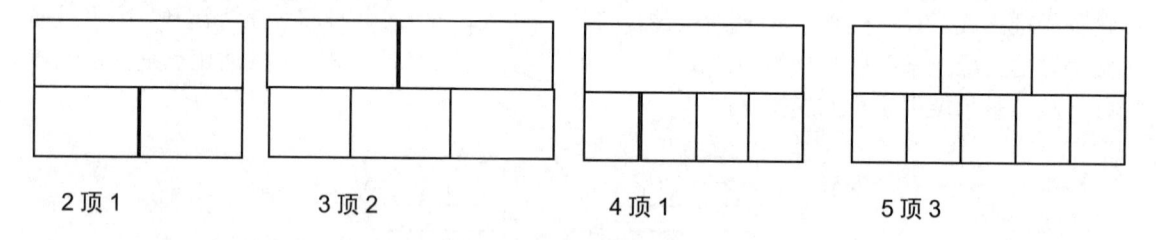

图4-21 压缝式

4. 具有某些特殊要求的货物的堆码

（1）对于需要经常通风的货物（如潮湿的木板），在堆码时可在每件或每层的前后左右留出一定的空隙，码成通风垛，以散发货物的温度或水分。

（2）堆码怕压的货物，应根据货物可承受压力的大小，适当控制货垛的高度。为了充分利用仓容，最好利用货架摆放。

（3）在堆码容易渗漏的货物（如油漆及桶装化工产品）时，为了便于检查，货垛不宜过大，适宜排列成行，行与行之间留出适当空隙。

（4）危险品（指易燃、易爆物品及爆炸物等）的储放场所应干燥、阴凉、通风，库内电器、照明等设备要采用防爆装置，并设有安全消防设施，且堆码不宜过高。

（5）毒害品（氰化钾、氰化钠等）应单独存放，严密保存，切忌与酸类相遇，储放场所也必须干燥、阴凉、通风。堆码不宜过高。

（6）腐蚀品（各类酸、碱等）应单独存放，避免露天存放，适宜在干燥、阴凉、通风的场所存放，堆码不宜过高。要经常检查，防止渗漏、腐蚀，切忌水浸。

5．货物堆码中应注意的问题

（1）货物应面向通道进行堆码。为使货物出入库方便，容易在仓库内移动，应将货物面向通道堆码。

（2）尽可能地向高处码放，提高保管效率。为了有效利用仓容，应尽量向高处码放。为防止货物破损，保证安全，应当尽量使用棚架等保管设备。

（3）根据出入库频率选定货物堆码位置。出库和进库频率高的货物应放在靠近出入口、易于作业的地方；流动性差的货物应放在距离出入口稍远的地方；季节性货物依据其季节特性来选定放置的场所。

（4）同一品种的货物应在同一地方保管。为提高作业效率和保管效率，同一品种的货物或类似的货物应放在同一地方保管。员工对库内货物放置位置的熟悉程度直接影响着出入库的时间，将类似的货物放在邻近的地方也是提高效率的重要方法。

（5）根据货物的重量安排放置场所。在安排放置场所时，要把重的货物放在货架下边，把轻的货物放在货架上边。需要人工搬运的大型货物则以腰部的高度为基准，这对于提高效率、保证安全是一项重要的原则。

（6）依据货物形状采取保管方法。依据货物形状保管也是很重要的，如标准化的货物应放在托盘或货架上来保管。

（7）遵循先进先出的原则。货物保管的一条重要原则是，对于易变质、易破损、易腐败的货物，以及机能易退化、老化的货物，应尽可能地遵循先进先出的原则，加快周转。由于货物的多样化、个性化、使用寿命普遍缩短，这一原则十分重要。

?思考：

在我国，入库货物的堆码是一项高强度工作，一直以来主要依靠人工操作，那么码垛机器人的出现是否可以解决人工堆码中存在的一些问题呢？

6.4　货物苫垫与加固

苫垫是指对堆码成垛的货物上苫下垫。在堆码时为了避免货物受到日光、雨水、冰雪、潮气、风露的侵害，必须妥善进行苫垫。只有这样才能使货物避免受潮、淋雨、暴晒等，保证货物的质量。

1．货物垫垛

垫垛就是在将货物堆垛前，根据货垛的形状、底面积大小、货物保管养护的需要、负载重量等要求，预先铺好垫垛物的作业。

(1) 垫垛的目的。

垫垛是为了使货垛底部的货物与地面隔开，便于通风，避免潮气侵入货物，提高货物的保管养护质量。垫垛是仓储保管作业中不可缺少的一个环节。

(2) 垫垛材料。

垫垛通常采用水泥墩、条石、枕木、模板、垫架等垫高材料和苇席、防潮纸、塑料薄膜等垫隔材料。根据不同的储存条件，以及货物的不同要求，应采用不同的垫垛材料。

(3) 垫垛方法。

常用的垫垛方法主要有三种。

① 码架式：将若干码架拼成货垛底面积的大小和形状，以备堆垛。码架是以垫木为脚，上面钉着木条或木板的构架，专门用于垫垛。码架规格不一，常见的是长2m、宽1m、高0.2m或0.1m的码架。不同储存条件，所需码架的高度不同：楼上库房使用的码架，高度一般为0.1m；平房库房使用的码架，高度一般为0.2m；货棚、货场使用的码架，高度一般为0.3～0.5m。

② 垫木式：采用规格相同的若干枕木或垫石，按货位的大小、形状排列，作为垛垫。枕木和垫石一般都是长方体的，其宽和高相等，约为0.2m。枕木较长，约2m，垫石较短，约0.3m。这种垫垛方法最大的优点是拼拆方便，不用时节省储存空间，适用于底层库房及货棚、货场的垫垛。

③ 防潮纸式：在垛底铺上一张防潮纸作为垛垫。这种垫垛方法常用芦席、油毡、塑料薄膜等防潮纸，适用于地面干燥的库房。当储存的货物对通风要求不高时，可在垛底垫一层防潮纸防潮。

此外，若采用货架存货，或采用自动化立体仓库的高层货架存货，货垛下面可以不用垫垛。

(4) 垫垛面积的确定。

某仓库内要存放一台自重为30t的设备，该设备的底架为两条2m×0.2m的钢架。该仓库的库场单位面积技术定额为3t/m^2。请问需不需要垫垛？如果需要垫垛，如何采用2m×1.5m、自重为1.5t的钢板垫垛？货物对地面的压强为：30/(2×2×0.2)=37.5t/m^2，远远超过库场单位面积技术定额，必须垫垛。

假设衬垫钢板为n块，根据重量（含衬垫重量）=面积×库场单位面积技术定额，则：
$$30+n×0.5=n×2×1.5×3$$
$$n≈3.3 块$$

所以需要使用4块钢板衬垫。将4块钢板平铺展开，使设备的每条底架均匀地压在两块钢板上。

2. 货物苫盖

(1) 苫盖的目的。

苫盖是为了防止货物直接受到风吹、雨打、日晒、冰冻的侵蚀，存放在露天货场的货物一般都需苫盖。因此货物在堆垛时必须堆成易苫盖的垛形，如屋脊形、方形等，并选择适当的苫盖物。对于某些不怕风吹、雨淋、日晒的货物，如果货场的排水性能又好，可以不进行苫盖，如生铁、石块等。

(2）苫盖材料。

通常使用的苫盖材料有塑料布、席子、油毡纸、苫布等，也可以将一些货物的旧包装材料改制成苫盖材料。若货垛需要苫盖较长的时间，一般可用两层席子，中间夹一层油毡纸作为苫盖材料，这样既通风透气，又可防雨雪、日晒；若货垛只需要临时苫盖，可用苫布。为了节省苫盖成本，还可以使用通用型的苫瓦，方便实用，可以反复利用。

(3）苫盖方法。

苫盖方法主要有以下三种。

① 就垛苫盖法。

就垛苫盖法是直接将大面积的苫盖材料覆盖在货垛上，适用于屋脊形货垛、方形货垛及大件包装货物的苫盖，一般采用大面积的帆布、油布、塑料薄膜等，如图4-22所示。就垛苫盖法操作便利，但基本不具备通风条件。

② 鱼鳞苫盖法。

鱼鳞苫盖法是用席子、苫布等苫盖材料，自下而上、层层压茬围盖的一种苫盖方法，因从外形看酷似鱼鳞而得名，如图4-23所示。鱼鳞苫盖法适用于怕雨淋、日晒的货物。若货物还需要通风透气的储存条件，可将席子、苫布等苫盖材料的下端反卷起来，使空气流通。鱼鳞苫盖法具有较好的通风条件，但每件苫盖材料都需要固定，操作比较烦琐。

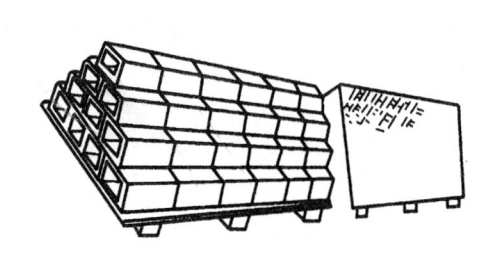

图 4-22　就垛苫盖法　　　　　图 4-23　鱼鳞苫盖法

③ 活动棚架苫盖法。

活动棚架苫盖法是将苫盖物料制作成一定形状的棚架，棚架下还装有滑轮可以推动，在货物堆垛完毕后，移动棚架到货垛上遮盖，或者采用即时安装活动棚架的方式苫盖。活动棚架在需要时可以拼搭，并放置在货架上，用作苫盖，在不需要时，则可以拆除，节省空间，较为快捷，具有良好的通风条件。但活动棚架本身需要占用仓库位置，成本较高。

(4）苫盖的要求。

苫盖的目的是给货物遮阳、挡雨、挡风、防尘。苫盖的要求如下。

① 选择合适的苫盖材料。选用符合防火、无害要求的安全苫盖材料；苫盖材料不会对货物产生不利影响；苫盖材料成本低廉，不易损坏，能重复利用，没有破损和腐烂。

② 苫盖牢固。每张苫盖材料都需要牢牢地固定，必要时在苫盖物外用绳索、绳网绑扎或者采用重物镇压，确保刮风揭不开。

③ 苫盖物的接口要有一定深度的互相叠盖，不能迎风叠口或留空隙；苫盖物必须拉挺、平整，不得有折叠和凹陷，以防积水。

④ 苫盖物的底部与垫垛齐平，不得腾空或拖地，并牢固地绑扎到外侧或地面的绳桩上，使衬垫材料不露出垛外，以防雨水顺延渗入垛内。

⑤ 在使用旧的苫盖物时或者在雨水丰沛的季节，垛顶或者封口处需要加层苫盖，确保雨淋不透。

3．货垛加固

为了防止货物倒塌，对某些稳定性差的货垛，应进行必要的加固。加固是为了增强货垛的整体性和稳定性。货垛加固常用的方法有周围立挡柱、层间加垫板、使用 U 形架、使用钢丝拉连等。

知识拓展

在我国，入库货物的堆码这一项高强度的工作，一直以来主要依靠人工完成，码垛机器人的出现使"机器换人"成为可能。码垛机器人是专门用于码放货物的机器人，广泛应用于食品、化工、冶金等领域。码垛机器人的推广应用也对加速我国智能制造业的发展具有重要意义。码垛机器人主要由机械主体、伺服驱动系统、手臂结构、末端执行器（抓手）、末端执行器调节机构，以及检测机构组成，按不同的物料包装、堆垛顺序、层数等要求进行参数设置，实现不同类型包装物料的码垛作业。

码垛机器人的基本构造如下。

（1）进袋机构。采用皮带输送机完成码垛机供袋任务。

（2）转向机构。按设定程序对包装袋做转向编排。

（3）排袋机构。采用皮带输送机将编排好的包装袋送至积袋机构。

（4）积袋机构。采用皮带输送机集中编排好的包装袋。

（5）抓袋码垛机构。采用码垛机构完成码垛作业。

（6）托盘库。叠放的托盘由叉车送入，按程序逐个排放至托盘辐道输送机，有规律地向码垛工序供应空托盘，达到 8 层后的成垛托盘由辐道输送机输送至成垛托盘库，最后由叉车取出送至仓库储存，系统由可编程控制器（PLC）控制。

码垛机器人对搬运物的条件和形状是有要求的，适用于纸箱装、袋装、罐装、瓶装等的包装成品的码垛作业。码垛机器人兼物流搬运、堆垛于一身，主要完成物流装卸、堆垛和短距离运输活动。作为物流环节中的一个重要物流设备，码垛机器人对物流效率产生了深远影响，其在物流设备中的优势明显大于搬运车，发展前景明朗，充分表现出物流对提高社会效益的影响。

任务实施

某仓储中心的入库负责人小李收到供货商发来的入库通知单，上面显示计划到货时间为第二天下午 5 点，内容如下。

品名：万盛牌瓷砖；

包装规格：330mm×235mm×180mm；

包装材质：纸箱；

单体毛重：23kg；

包装标识：限高 5 层；

数量：3600 箱。

如果在将此批货物入库后就地码垛堆存，请计算出至少需要多大面积的货位。如果目标储存区域可堆垛宽度的限制为 7.0m，请计算出计划堆成的货垛的垛长、垛宽及垛高各为多少箱。

注：仓库高度为 4.8m，地坪荷载为 2500kg/m^2；

垛形要求为重叠堆码的平台垛；

货位面积计算要充分考虑仓储"五距"。

就地堆码储存区规划首先需要综合考虑地坪载荷对堆码层数的限制与货物自身对堆码层数的限制，确定货物堆码层数；然后根据货物总量、货垛宽度计算货垛长度；最后绘制就地堆码示意图。具体过程如下。

步骤一：堆码层数确定

（1）地坪载荷对堆码层数的限制=地坪载荷/（货物重量/货物底面积）；

（2）货物堆码层数限制=（仓库高度-预留作业空间）/货物高度；

（3）货物自身对堆码层数的限制；

综合以上因素进行货物就地堆码。

步骤二：堆码平面设计

（1）货垛宽度可堆箱数=货垛宽度/单个箱子宽度；

（2）货垛长度可堆箱数=货物总数量/（货物堆码层数×货垛宽度可堆箱数）；

步骤三：绘制就地堆码示意图

任务评价

根据以上堆码工作，结合实际填写堆码作业任务评价表（见表 4-19）。

表 4-19 堆码作业任务评价表

姓名：			班级：		学号：			
项目	序号	考核项目	考核内容	分值	学生自评(30%)	学生互评(30%)	教师评价(40%)	分数
技术考评（80分）	1	技能操作	堆码数据计算	20				
	2		就地堆码的设计	20				
	3		堆码操作处理	20				
	4		完成时间	10				
	5		安全操作	10				
非技术考评（20分）	6	职业素养	态度端正	5				
	7		遵守纪律	5				
	8		团队合作	5				
	9		细心严谨	5				
总分：								

实战演练

扫一扫，检测你的学习效果

任务 7：智能储位分配

任务目标

1. 了解货物分区分类的概念
2. 掌握储位的分配原则
3. 掌握储位的使用策略
4. 了解储位的分配方式

任务导入

亚马逊作为全球最大的互联网零售商，其仓库里有数以万计的储位，亚马逊该以何种方法分配货物的储位才能使仓库发挥最大的作用呢？

任务分析

仓库要想实现最高的周转效率，就必须对货物进行合理的储位分配。这需要同学们学习仓储企业是如何进行储位划分的，掌握储位的分配原则及储位的分配方式。

思政小课堂

储位分配是一项烦琐且精细化的工程，若考虑得不全面，就会使整个仓库管理混乱、周转效率降低、商品积压，甚至出现爆仓的现象。因此，仓库管理人员一定要具有系统性、全局性的思维，在货物入库前根据储位分配所需要遵循的原则为货物分配合理的储位。同学们在学习储位分配的过程中应逐步树立大局意识、系统观念，用整体的思维去思考局部的细节。

知识准备

扫一扫，查看"智能储位分配"微课

7.1 货物分区分类

仓库管理人员在确定货物存放的位置时，要综合考虑仓库的类型、规模、经营范围、用途，以及货物的自然属性、保养方法等。常见的划分货物存放位置的方法有以下五种，仓库管理人员需要根据货物的实际情况进行选择。

1. 按货物的种类和性质分类储存

这是大多数仓库采用的分区分类储存方法，它要求按照货物的种类及性质，将其分类存放，便于货物的保养。

2. 按货物的危险性质分类储存

这种分类储存的方法主要用于储存危险品的特种仓库。它按照货物的危险性质，将易燃、易爆、易氧化、有腐蚀性、有毒害性、有放射性的货物分开存放，避免相互接触，防止事故的发生。

3. 按货物的归属单位分类储存

这种方法主要用于专门从事保管业务的仓库。根据货物所属的单位对其进行分区保存，可以提高货物出入库的作业效率，同时减少差错的产生。

4. 按货物的运输方式分类储存

这种分类储存的方法主要用于储存期短而进出量较大的中转仓库或待运仓库。它依据货物的发运地及运输方式进行分类储存。

5. 按货物的储存作业特点分类储存

这种方法根据对货物进行储存作业时具体的操作方法，将货物分类储存。例如，将进出库频繁、需要严格按照"先入先出"的原则储存的货物，存放在车辆进出方便、装卸搬运容易、靠近库门的区域；而将储存期较长、不需要严格按照"先入先出"的原则储存的货物，储存在库房深处或多层仓库的较上层。

7.2 储位的分配原则

仓库中的货物各式各样，每种货物又有其独特的属性，而且有些货物之间还会发生物理或化学反应。因此，仓库管理人员需要合理地为入库货物安排储位，以便既能最大化地利用仓容，又能较好地保管货物。

储位分配是指在规划设计储存空间后，将储位按一定的方式和原则分配给货物。储位分配应遵循的原则如下。

1. 以仓库分区、货物分类为基础，科学安全存放的原则

仓库的货物存放要科学、合理，必须根据货物的自然属性和仓库的设备条件，采取分区管理，将货物分类存放，并且按顺序编号。

（1）仓库分区管理。

仓库分区管理就是根据仓库的建筑、设备等条件，将库房、货棚、垛场划分为若干区域，以适应货物存放的需要，货区按顺序编号，分别管理。在进行仓库布局时，需要同时考虑货物的体积、形状、重量，以确定货物堆码所需的空间。通常，比较重、大体积的货物储存于地面上或坚固货架的下层并接近出货区，适应货架的安全要求并方便人工搬运。

（2）货物分类存放。

货物分类就是按照货物的大类、性质和连带性将货物分为若干类，将货物分类集中存放，以利于收发货与保管业务的进行。储位编号管理方法就是在分区分类和划分好储位的基础上，将存放货物的场所按储存地点和位置的排列，采用统一标记，编列顺序号码，做出明显标志，以方便仓库作业。

以货物特性为基础分配储位是将同一种货物储存在同一保管位置，将性能类似或互补的货物放在相邻位置。相关性大的货物在订购时经常被同时订购，所以应尽可能地将其存放在相邻位置。这样可以缩短提取路程，减少工作人员的工作量，简化清点工作。为确保货物的质量安全，在选择储位时，应注意以下几个方面的问题。

① 对于怕潮、易霉、易锈的货物，应选择干燥或密封的储位。
② 对于怕光、怕热、易融的货物，应选择低温的储位。
③ 对于怕冻的货物，应选择不低于 0℃ 的储位。
④ 易燃、易爆、有毒、具有腐蚀性和放射性的危险品，应存放在郊区仓库，分类专储。
⑤ 消防灭火方法不同的货物，要分开货区储存。
⑥ 在同一货区储存的货物中，要考虑有无虫害污染的可能；外包装含水量过高的货物会影响邻垛货物的安全；性能相互抵触或有挥发性、易串味的货物，不能同区储存。

2. 以货物周转率为基础，方便吞吐发运的原则

将货物按周转率由高到低进行排序，将排序分为若干段，将同一段的货物视作同一类别，为不同类别的货物分配储位。

根据货物在仓库存放的平均时间确定其周转率，存放的平均时间越短，周转率越高。将周转率高的货物储存在接近出入口处，将周转率低的货物或小、轻及容易处理的货物存放在较远储区，在同一段或同列内的货物则可以按照定位或分类储存法存放。除此之外，还应该兼顾以下几个方面。

（1）操作方法和装卸设备。

各种货物具有不同的包装形态、包装质地和重量，因而需要采用不同的操作方法和装卸设备。所以，储位的选择必须考虑货区的装卸设备条件与仓储货物的操作方法相适应。

（2）收发货方式。

对于采取送货制的货物，其储位应靠近理货、装车的场地；对于采取提货制的货物，其储位应靠近仓库出口，便于外来提货的车辆进出。

（3）货物吞吐快慢。

仓储货物流转的快慢不一，有着不同的活动规律。对于快进快出的货物，要选择有利于车辆进出库的储位；对于久储的货物，其货位不宜靠近库门；对于整进零出的货物，要考虑零星提货的条件；对于零进整出的货物，要考虑集中发运的能力。

> **思考：**
> 如何将 ABC 分类法应用在储位管理中？

知识拓展

用 Excel 应用 ABC 分类法的步骤如下。
步骤一： 将物动量信息复制到 Excel 中，并计算物动量平均值；
步骤二： 将物动量由大到小进行排序，并求和；
步骤三： 计算物动量百分比；
步骤四： 计算物动量累计百分比；
步骤五： 按照分类标准进行分类。

不同企业对物品分类的标准是不同的，同一企业在不同时期对物品分类的标准也有所调整。因此，物品分类标准是不固定的。我们以某仓储企业的分类标准为例。

A 类：物动量累计百分比≤70%；品种数累计百分比≤10%。
B 类：物动量累计百分比≤90%；品种数累计百分比≤30%。
C 类：物动量累计百分比≤100%；品种数累计百分比≤100%。

按周转率将货物分为 A、B、C 三类，其中 A 类是流动速度最快的货物，B 类是流动速度较快的货物，C 类是流动速度最慢的货物。在分类之后，将周转快的 A 类货物放到离出库口近或便于搬运的位置（如货架底层），将周转慢的 C 类货物放到离入库口近或不利于搬运的位置（如货架顶层）。

3．节约仓容的原则

仓容是指仓库能够用于堆放货物的容量，由仓库的面积和高度或载重量决定。储位的选择要符合节约的原则，以最小的仓容储存最大量的货物。在储位负荷量和高度基本固定的情况下，应从货物不同的体积、重量出发，使储位与货物的重量、体积紧密结合起来。对于轻泡货物，应安排在负荷量小和位置高的储位；对于实重货物，应安排在负荷量大且位置低的储位。

4．重近轻远，方便存取的原则

重货应离装卸作业区最近，以减少搬运作业量，或者可以直接用装卸设备进行堆垛作业。在使用货架时，应将重货放在货架下层。对于需要人力搬运的重货，应将其存放在高度和人的腰部持平的储位。所安排的储位能保证搬运、堆垛、上架等作业方便，有足够的机动作业场地，能使用机械进行直达作业。

5．先进先出的原则

先进先出是指先入库的货物先出库，此原则通常适用于生命周期短、易变质的货物。此原则在实际应用中对应的就是"先到期的先出货"，对于食品、化学品等，一般在保质期到期前 2～3 个月就必须考虑退货或折价处理。货物先进先出的方法很多，现介绍以下四种。

（1）联单制。

每一箱设两联单，一联贴在箱上，一联放在文件夹内并按日期先后顺序排列。当需要使用货物时，应最先搬出文件夹内排列在最前面的联单对应着的货物使用。

（2）双区制。

一种货物被调配于两区，进来时被放在 A 区，发货时从 B 区发出，待 B 区货物发完时，则改从 A 区发货，而该货物入仓改进入 B 区，如此反复循环。

（3）移区制。

移区制较双区制能减少空间，即货物从验收入库的一端被慢慢移往发货的另一端。每发一次货，就将验收入库这一端的物料往发货端移一些，这样就能做到先进先出。缺点是每次发货都要移动货物，工作量比较大。

（4）重力供料制。

重力供料制适合一些散装货物，如水泥、米、散装塑胶原料、石油等，具体是指将货物置于散装大仓中，从上部进仓，从下部出仓。

6. 货物相关性原则

把相关货物放在相邻区域，这样可以缩短提取路程，减少工作人员的作业量，简化清点工作。货物的相关性可以根据历史订单数据做分析。

7. 货物同一性原则

所谓货物同一性原则，就是把同一种货物储放于同一保管位置。这样作业人员就能熟知货物保管位置，并且对同一货物的存取花费最少的搬运时间。货物同一性原则是提高物流中心作业生产力的基本原则之一。否则，当同一货物散布于仓库内多个位置时，不但进行存放、取出等作业时不方便，也会给作业人员对货物的掌握造成困难。

8. 货物互补性原则

互补性大的货物应存放于邻近位置，以便在一种货物缺货时可迅速用另一种货物替代。

9. 货物相容性原则

相容性小的货物不可放置在一起，以免损害货物的品质。

10. 货物尺寸原则

在布置仓库时，我们应同时考虑货物的大小，以及由相同的一组货物构成的整批形状，以便能提供适当的空间满足某一特定要求。所以在储存货物时，储位要有不同大小的变化，用以容纳不同大小的货物。此原则可以使物品储存数量和位置适当，使得拨发迅速，搬运工作及时间都能减少。一旦未考虑储存货物的大小，就可能造成储存空间太大而浪费空间，或储存空间太小而无法存放；未考虑储存货物的整批形状也可能造成整批形状太大而无法同处存放。

11. 重量特性原则

所谓重量特性原则，是指按照货物重量的不同来确定其储位。一般而言，重物应存放在地面上或货架的下层，而重量轻的货物则存放在货架的上层。在以人工进行搬运作业时，人腰部以下的高度用于保管重物或大型货物，而腰部以上的高度则用来保管重量轻的货物或小型货物。

12．货物特性原则

货物特性不仅涉及货物本身的危险及易腐性质，也可能影响其他的货物，因此在进行仓库布局设计时需要考虑。以下列举几种特殊货物的基本储存方法。

（1）易燃货物：应储存在具有高度防护作用的建筑物内，并安装适当的防火设备；
（2）易丢失货物：应储存在加锁的笼子、箱、柜或房间内；
（3）易腐货物：应储存在冷冻、冷藏或其他特殊设备内；
（4）易污货物：可使用帆布套等覆盖。

对一般货物来说，要储存在干燥及管理良好的库房中，以方便客户随时提取。

7.3 储位的使用策略

良好的储位使用策略可以减少出入库移动的距离，缩短作业时间，能够充分利用储存空间。常见的储位使用策略如下。

1．定位储存

定位储存策略下的每一种货物都有固定储位，货物不能互用储位，因此在规划设计时每一种货物的储位容量不得小于其可能的最大在库量。

（1）选用定位储存的原因。
① 货物尺寸及重量差别大，不适合随机储存；
② 货物储存的温湿度条件差别大，如有些货物必须控制温度；
③ 由于消防条件差别大，易燃货物与一般货物必须分开存放；
④ 货物的性质不相容，必须分开存放，如化学原料和药品；
⑤ 出于保护重要货物的需要；
⑥ 每种货物的储区能被记忆，容易提取。

（2）定位储存的优点。
① 每种货物都有固定的储存位置，拣货人员容易找到；
② 货物的储位可按周转率高低安排，以缩短出入库搬运距离；
③ 可针对各种货物的特性进行储位的调整，将不同特性的货物相互影响的问题减至最小。

（3）定位储存的缺点。
储位必须按各种货物的最大在库量设计，因此储区空间平时的利用率较低。

（4）定位储存的适用情况。
① 储区空间大；
② 使用于种类多且量少货物的储存。

2．随机储存

随机储存策略下的每一种货物被指派储存的位置都是随机产生的，而且经常改变。也就是说，任何货物都可以被存放在任何可利用的位置，一般由仓库管理人员按习惯来储存。

（1）随机储存的优点。

由于储位可共用，所以只需按所有库存货物的最大在库量设计即可，储区空间的使用效率较高。

（2）随机储存的缺点。

① 货物的出入库管理及盘点工作进行困难；

② 周转率高的货物可能被储存在离出入口较远的位置，增加了出入库的搬运距离；

③ 具有相互影响特性的货物可能相邻储存，易对货物造成损害。

（3）随机储存的适用情况。

① 库房空间有限，需要尽量利用储存空间；

② 适用于种类少或体积较大货物的储存。

3．分类储存

分类储存策略下的所有货物均按照一定的特性被加以分类，每类货物都有固定存放的位置，而同属一类的不同货物又按一定的法则被指派储位。分类储存通常按货物的相关性、流动性、尺寸、重量等特性来进行。

（1）分类储存的优点。

① 便于畅销品的存取，具有定位储存的各项优点；

② 分类的储存区域可根据货物的特性再做设计，有助于货物的储存管理。

（2）分类储存的缺点。

储位必须按各种货物的最大在库量设计，因此储区空间的平均使用率低。

（3）分类储存的适用情况。

① 适用于相关性大且经常被同时订购的货物的储存；

② 适用于周转率差别大的货物的储存；

③ 适用于尺寸相差大的货物的储存。

4．分类随机储存

分类随机储存策略下的每一类货物都有固定存放的储区，但在各类货物的储区内，每个储位指派是随机的。分类随机储存兼具分类储存和随机储存的特点，需要的储区空间介于两者之间。

（1）分类随机储存的优点。

分类随机储存既可以分类储存货物，又可以节省储位数量，提高储区利用率。

（2）分类随机储存的缺点。

货物出入库管理及盘点工作的进行难度较大。

5．共同储存

在确定各种货物进出仓库的时间的情况下，可以利用同一个储位储存不同的货物，这种储存方式称为共同储存。共同储存在管理上虽然较复杂，但所需要的储存空间及搬运时间更经济。

7.4 储位的分配方式

储位的分配方式根据计算机化的程度可分为三种：人工分配方式、计算机辅助分配方式及计算机全自动分配方式。

1. 人工分配方式

人工分配方式是管理者凭借知识和经验以人工进行储位分配，它要求管理者必须熟记储位分配原则，并且灵活运用。以人工对货物进行储位分配，首先管理者必须经过一番规划，编制一套自己公司所保存货物的特性需求规则表；其次要求仓库管理人员必须严格遵守管理者的指示，将货物存放在指定的储位上，并且及时更新储位信息。当库存货物多时，这种分配方式效率低，容易出差错。

2. 计算机辅助分配方式

计算机辅助分配方式是指在物流中心的储位管理中，依靠现代信息技术和计算机来分配储位。这种分配方式先利用自动读取设备来读取资料，再通过无线电或网络，配合储位监控软件或储位管理软件来控制储位分配。它提供给储位分配者实时查询功能，差错率低，不容易受人为因素影响，因此执行效率高于人工分配方式。但因为这种分配方式还是由人工下达储位分配指示，所以仍需要调仓作业。

3. 计算机全自动分配方式

计算机全自动分配方式是利用一些图形监控及储位管理软件，在收集在库储位信息及其他入库指示后，由计算机运算来下达储位分配指示。由于这种分配方式是由计算机自动下达储位分配指示的，在任何时段都可以使储位处于合理分配中，所以不需要调仓作业。

在仓储物流管理中，要想用有限的仓容和产能等资源达到高出库效率，就需要精心安排货物库存分布和产能调配，仓储储位布局将变得尤为重要。仓库主要依据以下方面进行储位布局。

(1) 热销度。应用大数据分析技术，预测货物近期的热销程度。将热销货物（出库频率高的货物）存储于距离出库工作台近的位置，降低出库搬运总成本，同时提升出库效率。

(2) 相关度。针对海量历史订单进行数据分析。不同货物被同步下单的概率存在一定的耦合性，根据这种货物之间的相关度进行分析，发现货物之间的储存规律，将相关度高的货物储存于相同货架，优化拣货路径，减少搬运次数，从而节省仓储设备资源，提高工作效率。京东通过应用机器学习算法和遗传算法等优化算法，计算得出最优货物组合，即哪些货物应储存在一起，使得仓内货架整体内聚度（货架上货物之间的相关度）最高。

(3) 分散储存。应用运筹优化等技术，追求全仓库存分散程度最大化，将相同或相似的货物进行一定程度的分散储存，从而避免由于某区域暂时拥堵影响该货物出库，这样可以随时调整储位，实时均衡各区域的储位热度。

将以上各方面制定为最优库存分布规则，一旦因素变化（如热销度变化、相关度变化）或货物库存变化，系统就会自动调整库存分布图，并对出库、入库、在库作业产生相应的最优决策指导。AGV 将自动执行相应搬运指令，将对的货物（库存）送至对的位置，完成库存分布的动态调整。

> **思考：**
> 什么是混沌储存管理？这种储存管理有什么样的优势？

知识拓展

用混乱无序的方法储存货物，就是混沌储存管理。采用混沌储存管理的仓库，有时也称为随机存放仓库，本质上是一个放货物的货架系统。

1. 比起传统储存管理，混沌储存管理更加灵活

混沌储存管理能根据各种货物的变化做出更迅速的反应。这就减少了计划的工作量，因为在混沌储存管理中，无论是各种货物的整体数量，还是某种货物的销售量，都不需要提前计划。

2. 混沌储存管理能更有效地管理可用的储存空间

在混沌储存管理中，空出的位置可以马上重新放货；而在传统储存管理中，一些储位是预留给某种货物的，即使那种货物的实际存货非常少。

3. 混沌储存管理能节省时间

混沌储存管理能节省时间。这不仅仅体现在存货时，还体现在来订单时。进仓的货物是被简单放置在货架空余位置上的。不管在什么时候有人来取货，计算机都会计算出最佳路径并显示在提货单上。这种方法使工作人员的工作距离缩短。而且，提货单不是通过筛选订单得到的，也就是说，需要出库的货物必须通过一个额外的步骤与发货联系在一起。

4. 混沌储存管理将大大减少对新员工的培训量

混沌储存管理不需要员工记住仓库的整体布局，或者某种货物的储存位置等，这就更容易实现员工的新老替换，或者在旺季雇佣季节工。

任务实施

供应商要送一批货物到某仓储中心，该批货物在仓储中心的出库量如表 4-20、表 4-21、表 4-22 所示，现在需要为该批货物分类并进行储位分配。

表 4-20　出库作业周报 1

货物编码/条码	货物名称	出库量/箱
6944848456015	大王牌大豆酶解蛋白粉	860
6944848456282	兴华苦杏仁	210
6944848456589	隆达葡萄籽油	125
6944848456527	诚诚油炸花生仁	81
6958786200067	婴儿湿巾	66

续表

货物编码/条码	货物名称	出库量/箱
6944848456599	云南优质咖啡	12
6944848456290	城城花生仁	11
6982010061891	乾广章鱼小丸子	9
6944848456350	梦阳奶粉	8

表 4-21　出库作业周报 2

货物编码/条码	货物名称	出库量/箱
6944848456282	兴华苦杏仁	3
6982010061891	乾广章鱼小丸子	10
6944848456015	大王牌大豆酶解蛋白粉	11
6944848456527	诚诚油炸花生仁	11
6944848456599	云南优质咖啡	12
6944848456290	城城花生仁	15
6958786200067	婴儿湿巾	73
6944848456589	隆达葡萄籽油	129
6944848456350	梦阳奶粉	800

表 4-22　出库作业周报 3

货物编码/条码	货物名称	出库量/箱
6944848456282	兴华苦杏仁	565
6982010061891	乾广章鱼小丸子	5
6944848456015	大王牌大豆酶解蛋白粉	3
6944848456527	诚诚油炸花生仁	84
6944848456599	云南优质咖啡	15
6944848456290	城城花生仁	282
6958786200067	婴儿湿巾	64
6944848456589	隆达葡萄籽油	99
6944848456350	梦阳奶粉	14

1．对货物进行 ABC 分类

步骤一：将物动量信息复制到 Excel 中，并计算物动量平均值。

步骤二：将物动量由大到小进行排序，并求和。

步骤三：计算物动量百分比。

步骤四：计算物动量累计百分比。

步骤五：按照分类标准进行分类。

某仓储企业的分类标准如下。

A 类：物动量累计百分比≤70%；品种数累计百分比≤10%。

B 类：物动量累计百分比≤90%；品种数累计百分比≤30%。

C 类：物动量累计百分比≤100%；品种数累计百分比≤100%。

2．以小组为单位，针对该批货物，全面考虑储位的分配原则

3．选择储位的分配方式及使用策略

4. 进行储位分配
5. 形成书面的储位分配方案

任务评价

根据以上工作,结合实际填写储位分配任务评价表(见表 4-23)。

表 4-23 储位分配任务评价表

姓名:		班级:			学号:		
项目	序号	考核项目	考核内容	分值	学生自评(30%)	学生互评(30%)	教师评价(40%)	分数
技术考评(80分)	1	技能操作	货物分类计算	20				
	2		全面考虑储位分配原则	20				
	3		合理选择储位分配方式	20				
	4		进行储位分配	10				
	5		完成时间	10				
非技术考评(20分)	6	职业素养	态度端正	5				
	7		遵守纪律	5				
	8		团队合作	5				
	9		细心严谨	5				
总分:								

实战演练

扫一扫,检测你的学习效果

学习心得

学习回顾

通过对本项目内容的学习,我有哪些收获?

1. _____
2. _____
3. _____
4. _____
5. _____

自我反思

我还有哪些不足？

1. _____
2. _____
3. _____
4. _____
5. _____

行动计划

我要从以下几个方面做好入库作业精细化管理工作。

1. _____
2. _____
3. _____
4. _____
5. _____

项目 5
在库作业精细化管理

任务 1：货物保管与养护措施

任务目标

1. 了解货物保管养护的任务
2. 掌握货物保管养护的知识
3. 能根据不同货物的理化特性，制定合适的保管养护方案

任务导入

某仓储园区的化妆品仓库存放着百雀羚、薇诺娜、片仔癀等品牌的个人护理产品，电子产品仓库主要存放手机、平板等的备件，药品仓库主要存放生物制剂和疫苗，请问针对这三类货物，仓库应该怎样制定保管养护方案呢？

任务分析

要想完成该任务，就要知道货物保管养护的任务、仓库日常管理工作方法，以及能够根据货物的特性选择合适的养护措施。

思政小课堂

在货物的保管与养护过程中，仓库管理人员需要具备较强的责任心与严谨、细致的工作态度。在保管过程中，温湿度控制不当，或者保管措施不当，会导致货物的品质受到严重的损害，甚至会发生严重的安全事故。所以，较强的责任心与严谨、细致的工作态度是从事货物保管与养护工作的人员要具备的基本职业素养。

知识准备

1.1 货物保管养护的概念

货物保管养护是指仓库根据货物的特性，采取科学手段对货物进行保管，防止或延缓货物质量变化的行为。

1.2 货物保管养护的任务

货物保管养护的基本任务就是根据在库货物的特性及其变化规律，为货物提供适宜的保管环境，合理利用储存空间和设施设备，确保在库货物的安全，避免其发生数量和质量的变化，为下一步货物出库打下良好的基础。货物保管养护的基本方针是"以防为主，以治为辅，防治结合"。要做到以预防为主，就要事先了解货物的特性，知晓货物在库期间可能会发生什么变化，以便采取相应的保管养护措施。

1.3 在库货物的质量变化形式

货物在库期间受环境因素影响，可能会产生质量变化，影响原有价值。在库货物常见的质量变化形式有物理变化、化学变化、生化变化、价值变化、机械变化等，如表5-1所示。

表5-1 在库货物常见的质量变化形式

名称	现象
物理变化	气态、液态、固态"三态"之间的变化，如挥发、凝固、沉淀、熔化、潮解等；货物出现串味、渗漏、污染、干裂等现象
化学变化	氧化、燃烧与爆炸、锈蚀、老化、水解、分解、裂解、化合、聚合等
生化变化	粮食、水果、蔬菜、鲜鱼、鲜蛋等货物在储存过程中受环境影响会出现呼吸、发芽、胚胎发育、后熟、霉腐、虫蛀等现象
价值变化	储存呆滞损失：因储存时间过长，市场需求发生了变化，使该货物的效用降低。时间价值损失：储存时间越长，储存成本越高，造成的经济损失越大
机械变化	指货物在外力作用下可发生的形态变化，如破碎、变形等

1.4 影响库存货物变化的因素

扫一扫，查看"影响货物保管的因素"微课

1. 库存货物发生物理变化的影响因素

（1）挥发的影响因素。

挥发主要受温度的高低、液面上压力的大小、液体或空气流动速度的影响。

（2）潮解的影响因素。

潮解主要受空气湿度的影响。发生潮解的主要是固体化工原料。易发生潮解的物质有：碱类物质，如氢氧化钠、氢氧化钾；盐类物质，如碳酸钠、氯化钠、氯化钙、氯化镁和硝酸钾等。

（3）熔化的影响因素。

熔化主要受周围温度影响，如石蜡、沥青、润滑脂在高温环境下可能会发生熔化。该类货物一旦软化或熔化，不但影响自身的质量，而且会造成流失，污染其他货物等。

（4）凝固的影响因素。

凝固主要受温度影响。例如，有些柴油品种的凝固点为10℃，当室温降至此温度及其以下时，这些柴油就会发生凝固而影响使用。此外，物品凝固后体积会膨胀，可导致容器破裂，造成事故。

2. 库存货物发生化学变化的影响因素

库存货物发生化学变化，主要是受空气中氧气、水分的含量，以及溶液的酸碱度等因素的影响。

易发生氧化的物质有棉、麻、丝、毛等纤维制品，橡胶制品，油脂类物品，某些化工原料等。氧化反应可产生热量，使物品自燃。因此，容易发生氧化的货物应储存在干燥、通风与散热良好、温度比较低的库房中。

遇到水容易发生分解的物质有电石、漂白粉等。分解可导致货物数量减少、质量降低，并可能会释放一定的热量和可燃气体，引发事故。因此，在存放该类物质时要注意包装物的封闭性，库房中要保持干燥、通风。

某些物质遇到酸性溶液或碱性溶液会发生水解。例如，肥皂在酸性溶液中能全部水解，而在碱性溶液中却很稳定；蛋白质在碱性溶液中容易水解，在酸性溶液中却比较稳定；羊毛等蛋白质纤维怕碱不怕酸，棉纤维则在酸性溶液中易发生水解，强度减弱。对于容易发生水解的货物，在物流过程中，要注意包装材料的酸碱性，要清楚哪些货物可以或不可以同库储存，以防人为造成损失。

3. 库存货物发生生化变化的影响因素

库存货物发生生化变化，主要是受温度、空气中氧气的影响。

呼吸的危害：有机货物通过呼吸作用，分解其体内的有机物，产生热能，维持其生命活动。但呼吸作用会消耗营养物质，降低货物的质量，释放热量。例如，粮食的呼吸作用会产生热量，热量积累过多会使粮食变质，甚至自燃。因此，在保管粮食或鲜活物品时，应尽量保证其正常的呼吸，减少消耗，延长储存时间。

发芽的危害：发芽会导致营养物质流失，降低有机体的质量和食用价值。马铃薯发芽还会产生有毒物质，发芽过程通常伴随着发热、生霉。发芽的影响因素主要是环境中的水分、氧气、温湿度等。易发芽的货物有粮食、果蔬等。对于易发芽的货物，要控制其储存环境中的水分，通过加强温湿度管理，防止发芽现象出现。

📋 案例

鲜蛋容易产生胚胎发育现象，影响因素主要是温度和供氧条件。胚胎发育的危害主要是使禽蛋的新鲜度和食用价值大大降低。预防措施是加强温湿度管理，最好低温储藏。

香蕉等瓜果类商品在脱离母株后会继续其成熟过程，该现象叫后熟。后熟的危害：在后熟现象发生后，商品容易腐烂变质，难以继续储藏，甚至失去食用价值。预防措施是控制储藏条件，调节后熟过程。

其他生化变化主要有霉变、发酵、腐败等。霉变是霉菌在货物上繁殖导致的变质现象。发酵是酵母菌和细菌分泌的酶作用于食品中的糖类、蛋白质而发生的分解反应。腐败是腐败细菌作用于食品中的蛋白质而发生的分解反应，使食品丧失食用价值，产生危害人体健康的物质。引起霉变、发酵、腐败的主要因素如下。

湿度：当湿度与霉腐微生物自身的要求相适应时，霉腐微生物就会迅速繁殖，反之，则处于休眠状态或死亡。实验证明，当空气相对湿度达到 75%以上时，多数物料中的水分就可能引起霉腐微生物的生长繁殖，因而通常把 75%的相对湿度叫作物料霉腐临界湿度。

温度：根据微生物对温度的适应能力，可将其分为低温性微生物、中温性微生物和高温性微生物。每种类型的微生物对温度的要求又分为最低生长温度、最适宜生长温度和最高生长温度，如表 5-2 所示。

表 5-2　微生物生长温度

类型	最低生长温度/℃	最适宜生长温度/℃	最高生长温度/℃
低温性微生物	0	5～10	20～30
中温性微生物	5	25～37	45～50
高温性微生物	30	50～60	70～80

在霉腐微生物中，大多属于中温性微生物，最适宜生长温度为 25～37℃，在 10℃以下不易生长，在 50℃以上停止生长。

光线：多数霉腐微生物在日光直射下经 1～4 小时即能大部分死亡，所以货物大都是在阴暗的地方才容易产生霉腐。日光中的紫外线是杀菌的主要因素，一般微生物在紫外线灯下照射 3～5 分钟就会死亡。

空气成分：多数霉腐微生物，特别是霉菌，需要在有氧条件下才能正常生长。二氧化碳浓度的增加不利于微生物的生长，如果改变货物储存环境中的空气成分，可抑制微生物生长。

综上所述，影响库存货物发生质量变化的因素如表 5-3 所示。

表 5-3　影响库存货物发生质量变化的因素

因素	说明
自然因素	储存环境的温度、湿度、大气、日光、尘土、杂物、虫鼠雀害、自然灾害等
人为因素	保管场所选择不当、包装不合理、装卸搬运不合理、堆码苫垫不合理、违章作业等仓储管理方面的因素
机械因素	受外力撞击、挤压等
自身因素	货物储存期过长、货物带静电等

1.5　在库货物养护的基本措施

扫一扫，查看"货物保管与养护措施"微课

1. 严格验收入库货物

为保证货物在库期间的保管质量，入库时就应把好质量关。验收时发现有霉变、腐败、熔化、沉淀、结块、渗漏、虫蛀、玷污及外包装潮湿、破损的货物，应剔除并另行处理。

2. 适当安排储存场所

不同货物有不同的特性，对保管条件的要求也不同，应根据货物特性安排适当的储存地点。

> **案例**
>
> 医药行业对药品的存放环境是有严格要求的，环境中的温湿度对药品的保存寿命与质量有很大影响，高温高湿会使药品发霉、变质，失去药用价值，药品应放在有温湿度监测和控制条件的仓库中。

对于怕热、易挥发、易燃烧、易爆炸的货物，应放在温度较低的地方；对于易受潮、霉变、锈蚀的货物，应放在阴凉干燥处；性质相抵触或易发生串味的货物应分区存放。

3. 合理进行堆码苫垫

对于易受地面潮气影响的货物，在堆码时应注意做好垫垛、隔离工作；对于露天存放的货物，应注意使用帆布、芦席、活动棚等进行苫盖，根据货物的性能、当地的气候条件妥善堆码，按要求留出"五距"。

4. 控制好仓库的温度、湿度

货物的质量变化受空气的温度和湿度影响较大。仓库要根据所保管货物的特性、货物对温湿度的要求，采取通风、密封、吸潮等措施，以及安装调节仓库温度和湿度的设备，将仓库的温度和湿度控制在货物适应的范围内。

5. 搞好虫害防治

不清洁的环境易引起微生物、虫类的滋生繁殖，所以，要经常清扫仓库内外，保持储存环境清洁。对于像食品等易招虫蛀、鼠害的货物，应采取措施切断虫害来源，对已发生的虫害、鼠害采取措施进行治理。

6. 认真进行在库检查和盘点

在库检查和盘点工作对及时发现问题、保障存储质量具有重要作用。日常检查内容包括仓库是否清洁，货物储存环境是否适宜，货物是否有霉腐、生锈等质量变化。一旦发现问题或隐患，应及时采取措施，防止损失扩大。

7. 搞好仓库清洁卫生

储存环境不清洁，易引起微生物、虫类的滋生繁殖。因此，对仓库内外环境应经常清扫，彻底铲除仓库周围的杂草，及时清除垃圾，必要时使用药剂消杀微生物和潜伏的虫害。对于容易遭受虫蛀、鼠咬的物料，要根据其性能和虫鼠的生活习性及危害途径，及时采取有效的防治措施。

1.6 仓库的温湿度控制

1．温湿度的概念

（1）温度。

气温是指库房外的温度，库温是指库房内的温度，垛温是指货垛的温度。气温对库温有直接影响，对垛温有间接影响。

（2）湿度。

绝对湿度是指单位体积空气中所含水蒸气的质量。

饱和湿度是指在一定气压、气温的条件下，单位体积空气中所含有的水蒸气的最大质量。当空气中的水蒸气饱和时，多余的水蒸气就会凝成水滴。

相对湿度是指空气中实际所含水蒸气的密度和同温度下饱和水蒸气密度的百分比值，即相对湿度=绝对湿度/饱和湿度。

露点是指水蒸气开始液化成水时的温度。当库内温度低于露点时，空气中的水蒸气就会结露使货物受潮，因此在采用通风方式调节库内温湿度时，应避免露点出现。表 5-4 所示为几种常见货物的温湿度要求。

表 5-4 几种常见货物的温湿度要求

货物种类	温度/℃	相对湿度/%	货物种类	温度/℃	相对湿度/%
金属制品	5~30	≤75	皮革制品	5~15	60~75
塑料制品	5~30	50~70	纸制品	≤35	≤75
橡胶制品	≤25	≤80	树脂油漆	0~30	≤75
麻织品	25	55~65	仪表电器	10~30	≤70
丝织品	20	55~65	毛织品	20	55~65

2．温湿度的变化规律

（1）库外温度和湿度的变化。

① 温度的变化。

一天中，最高气温出现在下午 2 点左右，最低气温出现在凌晨日出前。通常，气温的日变化规律是日出后开始上升，至下午 2 点左右达到最高，然后逐步下降，至第二天日出前达到最低。一年中气温最低的月份，内陆为 1 月，沿海为 2 月；最热的月份，内陆为 7 月，沿海为 8 月。

② 湿度的变化。

绝对湿度通常随气温升高而增大，随气温降低而减小，但绝对湿度不能完全代表空气的干湿程度，而相对湿度能正确反映空气的干湿程度。空气的相对湿度变化和气温变化正相反，相对湿度随气温的升高而减小。日出前，相对湿度最大，午后 2 点左右，相对湿度最小。但沿海地区由于有海洋吹来的水汽，当温度最高时，湿度也大。相对湿度的年变化趋势与温度相反，最大值出现在冬季，最小值出现在夏季。

（2）库内温度和湿度的变化。

仓库内温度、湿度的变化规律与库外基本上是一致的，但是库外气温对库内的影响在时间上有一个延迟过程，总体上是库内温度变化落后于库外，夜间库内温度比库外高，白天库内温度比库外低。库内湿度会随库外湿度的变化而变化,但密封良好的库房受到的影响较小。库内不同位置的湿度会有所不同,例如,角落等流通性差的地方,湿度会偏大;向阳的一面气温偏高,湿度相对偏小,背阴的一面则相反。

库内上下部位的湿度也有差别,夏季更加明显。上部的空气温度较高,相对湿度较小;下部的空气温度较低,相对湿度较大。靠近门窗的货物容易受潮,水泥地面在通风不良的情况下可能会结露。

根据气温变化的规律分析,夏季降低库房内温度的适宜时间是夜间 10 点至次日下午 6 点,而降低湿度的适宜时间是上午 6 点至下午 4 点,实际操作时还要根据货物特性、库房条件、当地气候等因素灵活掌握。

3. 温湿度测量

测量仓库温度的工具主要有水银温度计、酒精温度计、半导体温度计等,如图 5-1 所示。当测量库房内温度时,温度计应放置在库房的中央离地面约 1.4m 处,不可放在门窗附近或墙角。

水银温度计　　酒精温度计　　半导体温度计

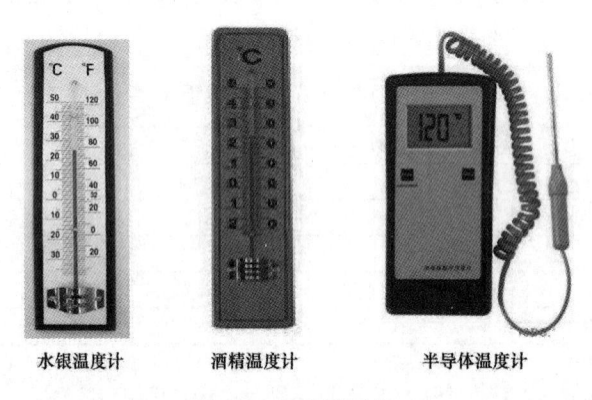

图 5-1　温度测量仪

测量仓库湿度的工具主要有干湿球湿度计、湿度自动记录仪、毛发湿度计等,如图 5-2 所示。在测量时测量工具应放在阴凉通风的地方,避免阳光的直射。

干湿球湿度计　　湿度自动记录仪　　毛发湿度计

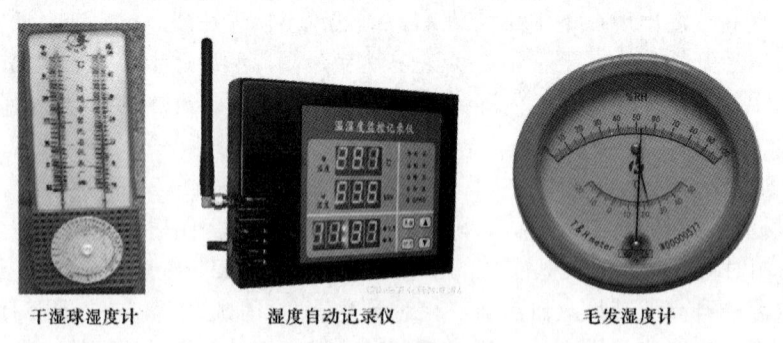

图 5-2　湿度测量仪

4. 温湿度控制方法

(1) 通风。

通风是调节库内温度和湿度的重要手段,仓库通风可分为自然通风和机械通风两种方式。

自然通风就是选择合适的时机开窗通风，使库内空气和库外空气对流交换。机械通风是指利用排风扇进行通风，安装空调系统降温。当库外的温度和绝对湿度低于库内的温度和绝对湿度时可通风。

（2）密封。

密封是指使用密封材料将货物储存空间严密地封闭起来，使之与周围空气隔离，防止或减弱周围自然因素对货物的影响。一般来讲，密封是为了防潮，同时也可以起到防锈、防霉、防虫、防热、防冻、防老化的作用。

（3）除湿。

除湿是指利用物理或化学的方法，将空气中的水分除去，以降低空气的湿度。除湿方法有利用吸潮剂除湿、利用空气去湿机除湿等。利用吸潮剂除湿的优点是成本低，可就地取材。常见的吸潮剂有生石灰、氯化钙、硅胶，也可以使用木炭、炉灰和干谷壳进行吸潮。利用空气去湿机除湿的优点是效率高，不污染货物。除湿可与密封配合使用。在梅雨季节或阴雨天，在密封库里常采用除湿（吸潮）的办法降低库内的湿度。

（4）加湿。

如果库内湿度低于保管要求，货物因含水量低产生干裂、挥发、干涸等变化，应利用机械进行加湿或洒水操作。

（5）温湿度管理。

仓库应在库内外适当地点设立温湿度监测点，库外温湿度计应挂在百叶箱内，库内温湿度计应悬挂在中部位置，悬挂高度离地面约1.4m。有专人负责每天定时观察并记录数据，按月、季度、年分析统计时段内的最高、最低和平均温湿度。当发现库内的温度和湿度超过要求时，应立即采取相应的温湿度控制措施，达到安全储存的目的。

案例

> 某电商园区总面积为55000m²，其中仓储区有42000m²，分为汽车备件库、手机备件库、化妆品库、综合仓库（存放家具用品、鞋、箱包等商品）。汽车备件库为常温库，保管注意事项为防高温、防变形、防电火花、防电接地等，轮胎需要竖放，电瓶存放时需要垫橡胶垫，电子类零件需要防磁，保险杠需要防高温、防变形，钢圈需要平放。手机备件库为恒温库，库房内有中央空调，库房温度控制在18~26℃，IC类部件要求存放在温度为0℃的干燥环境中，因此库房配有干燥箱，用于存放IC类芯片，干燥箱门的打开时间不能超过1分钟。电子类产品有防尘、防静电的要求，仓库的水磨石地面嵌入了金属条，工作人员穿防静电服，操作台上摆放着防静电的胶垫。

1.7 仓库虫害与霉腐的防治

1. 仓库虫害的防治措施

（1）容易发生虫蛀的货物。

容易发生虫蛀的货物主要是一些由营养成分含量较高的动植物加工制成的货物，主要有毛丝织品与毛皮制品、竹藤制品、纸制品，以及卷烟、干果、粮食等。

(2) 虫害防治方法。

① 杜绝仓库虫害来源。

杜绝仓库虫害来源的方法主要是对货物的原材料做杀虫、防虫处理，对入库货物做虫害检查和处理，对仓库环境及用具进行卫生消毒。

② 使用化学药剂防治虫害。

常用的化学药剂有驱避剂、杀虫剂、蒸剂。驱避剂有精萘、对位二氯化苯和樟脑精等；杀虫剂有触杀剂和胃毒剂，常用的有敌敌畏和敌百虫，用于仓库及环境的消毒。蒸剂有溴甲烷、磷化铝、环氧乙烷和硫黄等。

? 思考：

某企业入库了一批皮革制品，请问皮革制品在保管期间可能会发生哪些质量变化？应该怎样保管养护？

(3) 虫害来源。

仓库虫害的来源如下。

① 在货物入库前已经有害虫潜伏在货物之中。

② 货物包装材料内隐藏了害虫。

③ 运输工具带来害虫。

④ 仓库本身隐藏的害虫。

⑤ 仓库环境不够清洁，库内杂物、垃圾未及时清除干净，潜藏着害虫。

⑥ 邻近仓库感染害虫；储存地点的环境影响，如仓库地处郊外，有麻雀飞入或老鼠蹿入，它们身上有虫卵或虫体。田野、树木上的害虫也有可能进入仓库，感染货物。

2. 防治货物霉腐的主要方法

引起货物霉腐的原因主要是霉菌、细菌和酵母菌等微生物的生长。糖类、蛋白质、油脂和有机酸等物质是微生物生长繁殖必需的营养物质。下面各类货物较容易生霉。

棉麻、纸张等含纤维素较多的货物，鞋帽、纸绢制品等含淀粉的货物，皮毛、皮革、丝毛织物等含蛋白质较多的轻纺工业货物，鱼肉蛋乳及其制品等含蛋白质较多的食品货物，烟酒糖茶、干鲜果菜等含多种有机物质的货物。

(1) 加强入库验收。

易霉腐货物入库，首先应该检验其包装是否潮湿，以及货物的含水量是否超过安全标准。对于易霉腐货物，在保管期间应特别注意频繁检查，加强保护。

(2) 加强仓库温度、湿度的管理。

根据不同货物的性能，正确运用密封、吸潮及通风相结合的方法，控制好库内的温度和湿度。特别是在梅雨季节，要将相对湿度控制在不适宜霉菌生长的范围内。

(3) 选择合理的储存场所。

易霉腐货物应安排在空气流通、光线较强、比较干燥的库房中，并应避免与含水分多的货物储存在一起。

(4) 合理堆码。

堆码时在货垛下面垫上隔潮的物料，货物堆垛不应该靠墙靠柱。

（5）做好日常的清洁卫生。

仓库里的积尘能够吸潮，容易使细菌寄生繁殖，因此要做好仓库的清洁工作。

（6）使用防霉腐剂防霉。

（7）气相防霉变。

使用具有挥发性的防霉防腐剂，利用其挥发生成的气体，直接与霉腐微生物接触，杀死霉腐微生物或抑制霉腐微生物的生长，从而达到防霉腐的目的。

（8）低温冷藏防霉腐。

低温冷藏防霉腐所需的温度与时间，应根据具体货物而定。一般温度越低，持续时间越长，霉腐微生物的死亡率越高。

（9）干燥防霉腐。

减少仓库环境中的水分和货物本身的水分，使霉腐微生物得不到生长繁殖所需要的水分，从而达到防霉腐的目的。

（10）利用紫外线、微波、红外线、辐射等防霉腐。

1.8 金属制品的锈蚀和防护

受温度、湿度、氧气、灰尘等因素的影响，在库金属制品容易发生锈蚀。

1．金属制品的防锈措施

（1）选择合适的储存场所。

金属制品的保管地点应远离有害气体和粉尘，与酸、碱、盐等货物分开存放。

（2）控制好温度和湿度。

存放金属制品的仓库应保持干燥。

（3）涂油防锈。

在金属制品表面涂或喷一层防锈油。防锈油分为软膜防锈油和硬膜防锈油两种，都有易燃成分和一定的毒性。

（4）气相防锈。

利用具有挥发性的缓蚀剂在金属制品周围挥发出缓蚀气体，来阻隔腐蚀介质的腐蚀，以实现防锈的目的。气相防锈剂制品有气相防锈纸、粉剂、溶液等。

2．金属制品的除锈

（1）手工除锈。

使用简单工具擦、刷、磨生锈的金属制品，除去锈斑。

（2）机械除锈。

使用专用设备进行除锈，常见的有滚筒式除锈、抛光机除锈等。

（3）化学除锈。

利用能够溶解锈蚀物的化学品除去金属制品表面的锈迹。

知识拓展

皮革制品含有一定的水分和蛋白质,容易发生虫蛀、霉变等现象,在保管期间应该注意防潮和防虫害。

任务实施

步骤一: 分析化妆品、电子产品、药品在储存期间可能会发生哪些质量方面的变化;
步骤二: 查阅资料,梳理化妆品、电子产品、药品对仓库的温湿度和防尘方面的要求;
步骤三: 为不同的仓库制定保管养护措施,包括温湿度检测与控制方案,防尘、防静电方案等;
步骤四: 如需配备环境调节设备,列出需要配备的设备的名称和作用;
步骤五: 制作PPT,小组交流讨论。

任务评价

根据以上货物保管与养护方案制定的工作步骤,结合实际填写货物保管养护作业任务评价表(见表5-5)。

表5-5 货物保管养护作业任务评价表

姓名:			班级:		学号:				
项目	序号	考核项目	考核内容	分值	学生自评(30%)	学生互评(30%)	教师评价(40%)	分数
技术考评(80分)	1	技能操作	货物质量变化分析合理	10				
	2		货物对温湿度的要求明确	25				
	3		保管养护措施科学可行	30				
	4		选择的环境调节设备合理	10				
	5		汇报展示	5				
非技术考评(20分)	6	职业素养	态度端正	5				
	7		遵守纪律	5				
	8		团队合作	5				
	9		细心严谨	5				
总分:								

实战演练

扫一扫,检测你的学习效果

任务 2：货物盘点

任务目标

1. 理解盘点的作用
2. 掌握盘点的内容
3. 掌握盘点的方法
4. 掌握盘点的作业流程

任务导入

2022 年 5 月 24 日，为了更好地备战电商促销活动，某仓储中心准备对在库的电子产品进行盘点，核实库存数量。该仓储中心承诺："将采取各种措施对在库货物进行盘点，提高盘点质量和效率，提供更加优良的服务。"仓库管理人员小李在接到任务后该如何进行盘点工作呢？

任务分析

为了更好地提供仓储保管服务，仓库管理人员需要定期完成盘点工作，并对盘点结果进行处理，这就需要同学们学习盘点的方法、流程、结果处理等相关知识。

思政小课堂

盘点过程耗时久且工作繁杂，稍有不慎，就可能引起盘盈或盘亏，对企业经营造成较大影响。因此，仓库管理人员一定要高度重视盘点，在盘点过程中要耐心、仔细。同学们在学习过程中要逐步培养细心、严谨、求真务实的职业态度。

知识准备

2.1 盘点的作用

盘点是指为确定仓库内或其他场所内所存货物的实际数量，而对货物的现存数量加以清点。货物盘点的作用主要有以下几个。

1. 准确掌握库存数量，保证账实相符

仓库因不断收发货物，时间长了难免会产生账面错误，盘点可以确定货物的现存数量，并纠正账物不一致的错误，使仓库不会因为账面的错误而影响正常的生产计划。通过清点货物的库存，可以修正存货记录与实际存货数量之间的误差。

2．计算企业的损益

企业的损益与总库存金额有密切关系，而总库存金额又与库存量及商品单价有关。因此，为了准确计算企业的实际损益，必须对现有货物的库存加以盘点。

3．发现仓库管理中存在的问题

通过盘点可以发现仓库是否有货物积压、变质、丢失、损耗过大等现象，通过对盘盈和盘亏的原因进行分析，可以及时发现仓库管理中存在的问题，及时采取补救措施，提高管理水平。

2.2 盘点的内容

（1）查质量：查明在库货物是否发生物理变化、化学变化和生化变化。检查在库货物的质量是否完好，有无腐败变质、超过保质期/有效期，或长期积压。

（2）查数量：检查实物与账、卡上的记载是否相符，并查明原因。

（3）查保管条件：检查仓库保管条件是否符合货物保管要求，如检查温度、湿度是否符合要求，卫生条件是否符合要求，堆码是否符合要求，货垛是否稳定，垛形、苫垫情况是否发生变化，排水设施是否畅通、干净、整洁，库房是否漏雨等。

（4）查保管期：查在库货物是否超过合同约定期或超过安全保管期，以及是否积压或滞留时间过长。

（5）查计量工具：检查计量工具是否误差过大，是否应校准或更换。

（6）查安全：检查仓库安全设施是否完好，消防设备和器材是否正常，以及安全、消防、电路等方面的现状，如有问题应及时查明原因并处理。

2.3 盘点的方法

按照盘点对象不同，盘点作业主要分为账面盘点和现货盘点。按照频率及仔细程度不同，现货盘点又分为不同的类别，如图5-3所示。

扫一扫，查看"常见的盘点形式"微课

1．账面盘点

账面盘点又称为永续盘点，就是把每天入库及出库的货物的数量及单价，记录在电脑或账簿上，而后不断地累计加总算出账面上的库存量及库存金额。

账面盘点的具体操作就是为每一种货物分别设立"存货账卡"，然后将每一种货物的出入库数量及相关信息记录在账面上，逐笔汇总出账面库存余额，便于随时从账面或电脑中查询出入库记录及库存结余数量。物料库存卡如表5-6所示。

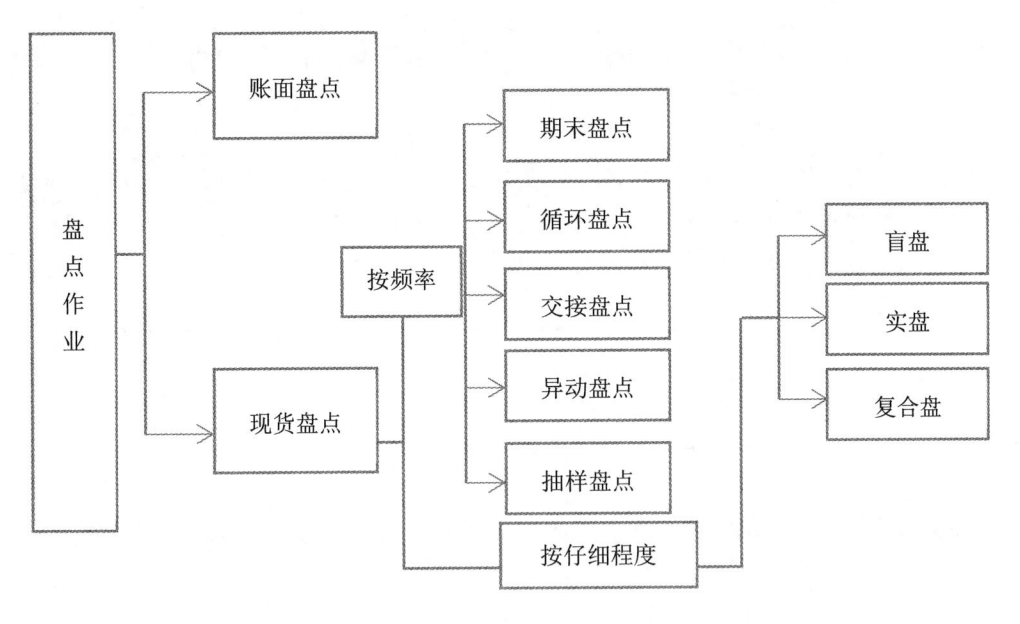

图 5-3　盘点的方法

表 5-6　物料库存卡

物料名称	物料编号	供应厂商	每日预计使用量	送货周期	最低库存量	收发记录				说明
						收发单号码	收到量	发出量	结存量	

2．现货盘点

现货盘点就是对实际库存货物进行数量的清点。根据不同的分类标准，现货盘点可以分为不同的盘点方法。

（1）根据盘点的频率分类。

根据盘点的频率，现货盘点可以分为以下几种方法。

① 期末盘点。

期末盘点是指在会计计算期末全面清点所有货物的方法，又称为全盘。常见的期末盘点有月度盘、季度盘、年度盘。

特点：期末盘点会将仓库内所有货物一次清点完，工作量大，盘点要求严格，盘点期间要停止出入库作业，会影响生产。期末盘点通常是因财务核算要求而进行的盘点。

② 循环盘点。

循环盘点是指在每天、每周盘点一部分货物，在一个循环周期内将每种货物至少清点一次的方法。

特点：循环盘点一次只对少量货物进行盘点，适用于不能停止生产的仓库。

案例

> 长安汽车零部件仓库主要存放汽车生产线使用的零部件，由于该仓库实行 24 小时作业，全天候为生产线供应零部件，库存货物会实时变化，而信息系统的库存与实物变化有时不能完全同步，为了发现实物库存与系统库存不相符的情况，仓库采用循环盘点，保证每个月完成一个循环。

③ 交接盘点。

交接盘点是指交接班时的盘点。

特点：交接盘点适用于零售业或对贵重货物的盘点。

④ 动态盘点。

动态盘点，又称异动盘点或不动不盘，是指每天对有出入库变化的料号或储位进行盘点。

特点：工作量小，能及时反映货物的数量变化，可在每天下班前进行。对于 24 小时作业的仓库，后一个班盘点前一个班的异动并查明原因。

⑤ 抽样盘点。

抽样盘点是指库存货物如果有多个品种，可抽取其中几种进行盘点。

特点：抽样盘点选择某些货物进行盘点，可减少盘点工作量。抽样盘点适用于品种繁多的配件类物资。

（2）根据盘点作业的仔细程度分类。

根据盘点作业的仔细程度，现货盘点又分为以下几种方法。

① 盲盘。

盲盘是指打印一个空白盘点表，盘点人员必须仔细对实物进行盘点，并填写盘点表内的所有信息。盲盘适合对盘点要求高的货物，工作量是最大的。

② 实盘。

实盘是指将所有货物的信息打印出来，盘点人员只需到现场去清点货物和核对相关信息的准确性，发现差异则注明，留待修订。实盘适合对盘点要求不高的货物，工作量是最小的。

③ 复合盘。

复合盘是指打印货物的信息清单，但不写数量，由盘点人员在清点货物的数量之后如实填写。复合盘结合盲盘、实盘的特点，既能保证盘点作业的准确度，又能保证盘点作业的时效性，因此在企业中得到了较为广泛的使用。

以上三种盘点方法的仔细程度不同。盘点得越仔细，数据就越准确，但工作量也就越大。

思考：

> 针对 A、B、C 三类货物应该分别采用什么盘点方法？

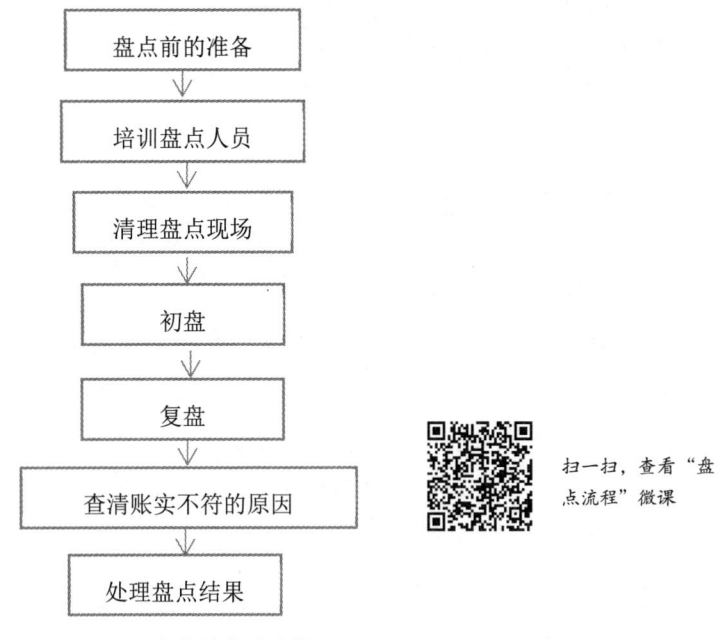

2.4 盘点的作业流程

盘点的作业流程如图 5-4 所示。

```
盘点前的准备
    ↓
培训盘点人员
    ↓
清理盘点现场
    ↓
   初盘
    ↓
   复盘
    ↓
查清账实不符的原因
    ↓
处理盘点结果
```

扫一扫，查看"盘点流程"微课

图 5-4 盘点的作业流程

1．盘点前的准备

盘点前的准备工作包括确定盘点的时间、安排盘点人员、协调相关部门配合、准备盘点的用品用具、制订盘点计划。

盘点计划：对盘点时间间隔、仓库停止作业时间、账务冻结时间、初盘时间、复盘时间、人员安排及分工、相关部门配合及注意事项做出的详细计划。

盘点人员包括初盘人员、复盘人员、监盘人员、稽核人员、数据录入人员等。

盘点的用品用具包括盘点表、A4 夹板、笔、透明胶等，盘点表如表 5-7 所示。

表 5-7 盘点表

盘点日期：	年 月 日	初盘人员：		复盘人员：	
货物名称	货物编号	存放位置	初盘数量	复盘数量	备注

2．培训盘点人员

培训盘点人员是指对所有参与盘点工作的人员培训盘点流程，训练盘点方法，对复盘人员与监盘人员进行认识货品的训练，介绍上次盘点中的错误、经验，强调盘点注意事项等。必要时，可以在盘点前组织"模拟盘点"，目的是让所有参加盘点的人员了解和掌握盘点的操作流程和细节，避免出现错误。

3. 清理盘点现场

在盘点开始前，对货位上的货物进行整理归位，同时整理货位标识，鉴定呆料、废料，进行初盘前的预盘。具体包括以下内容。

（1）在盘点前，对于已验收完成的货物，应及时办理入库，若尚未完成验收程序，应划分清楚，避免混淆。

（2）预先鉴定呆料、废料、不良品，以便盘点。

（3）账卡、单据、资料均应整理后加以结清。

（4）储存场所的管理人员在盘点前对开口的箱装货物进行预盘，盘点完成后用胶布将箱口封上，并将盘点卡贴在外箱上。预盘时应顺便对货物进行归位操作，对于已盘点完并封箱的货物，在需要拿货时一定要如实记录出库信息。

4. 初盘

初盘一般按储位的先后顺序和先盘点箱内散件货物、再盘点整箱货物的方式进行盘点，不允许采用散件箱与整箱装货物同时盘点的方法。初盘人员所负责区域内的货物一定要全部盘点完成。在初盘完成后，初盘人员在初盘盘点表上签名。

5. 复盘

复盘人员在盘点前要对初盘结果进行分析，以便快速做出盘点对策。复盘一般按照先盘点差异大的货物、后盘点差异小的货物，再抽查无差异货物的方法进行。

复盘时要重点查找以下错误：货物储位错误、货物 SKU 错误、货物混装等，复盘有问题的需要找到初盘人员进行数量确认。

6. 查清账实不符的原因

当出现盘盈或盘亏时，应先分析盘点所得的数据与账簿数据之间的差异是否在容许误差内。若差异不在容许误差内，再分析是否由以下几方面的原因导致。

（1）是否存在出入库数据录入或记账错误。

（2）盘点前数据资料是否未结清。

（3）是否存在漏盘、重盘、错盘等情况。

（4）出入库作业是否存在错误。

（5）是否存在货物丢失、腐烂、自然损耗过大等问题。

扫一扫，查看"盘点结果处理"微课

7. 处理盘点结果

在对差异产生的原因追查后，应针对主要原因进行适当的调整与处理，至于呆废品、不良品减价的部分，则需与盘亏一并处理。

在盘点中一旦出现货物账实不符，就会产生数量的盈亏，即盘盈、盘亏。盘盈是实际数量大于账面数量，盘亏是实际数量小于账面数量，盘盈、盘亏不代表企业真实的盈亏。

对库存货物盘点中出现的盈亏，必须及时做出处理。凡是盘盈、盘亏的数额不超过合同约定的保管损耗标准的，可由仓储保管企业核销；对于超出合同约定的保管损耗标准的，则必须查明原因，做出分析，写出报告，承担责任；凡同类货物在不同规格上发生数量此多彼少，但总量相符的，可与货主根据仓储合同的约定直接协商处理。仓库根据处理结果，应及时调整账面、货卡上的数额，使账面、货卡、实物的数量保持一致。

知识拓展

按照价值高低，企业可以将货物分为 A 类、B 类和 C 类，不同类别的货物应该有不同的盘点策略。对于数量少、价值高的 A 类货物，应采用盲盘，然后将盲盘的结果与系统库存信息进行比对；对于 B 类和 C 类货物，应采用实盘，即盘点表上给出货物的编码和数量，然后与实物进行核对。

如果发现差异，对 A 类和 B 类货物进行检查，检查是否发错货，通过查询垛卡上记录的订单号追踪客户，打电话询问客户收到的货物是否有错；而对于 C 类货物，则不做追踪。如果是出库数量错误，则追究复核员的责任；如果是配件型号错误，则追究拣货员的责任。

不同类型的企业可以结合自身情况选择适合的盘点方法，处理各种仓储问题，通过详尽的盘点，可清楚在盘点周期内的亏盈状况、库存金额，发现并清除滞销品、临近过期商品，优化仓库环境，清除管理死角。

任务实施

某仓储中心的仓库管理人员小李在接到盘点任务后，开始制定电子产品盘点方案，并按照盘点流程开展盘点工作。

步骤一：盘点前准备

1．确定盘点方法

不同的仓储业务对应的盘点方法也有所不同。针对电子产品盘点任务，适逢月末，选择期末盘点的方法，即对所有电子产品进行全面的盘点。

2．确定盘点时间

选择在 5 月 28 日上午 8:30 开始进行电子产品的盘点工作。

3．培训盘点人员

盘点人员包括盘点组长小李、初盘人员小王、复盘人员小赵。

提前 1～2 天确定盘点人员，对其培训的内容主要包括以下几个方面。

（1）认识货物。在盘点过程中需要检查货物的质量、包装，尤其是复盘人员与监盘人员更需要加强对货物的了解。

（2）学习盘点方法。

① 点数，要掌握不同垛形的点数方法。

② 核对货物数量，即检查货卡上的数量与实物数量是否相符。

4．明确盘点对象

提醒货主，对盘点当天 8:30 以后到库的货物暂停验收，待处理的货物应先从库存货物中扣除。

5．清理仓库

清理仓库，使仓库井然有序，便于计数与盘点。库存账面、货物、货卡等整理就绪，未登账、销账的单据应处理完毕。仓库管理人员应于正式盘点前找时间自行盘点，若发现问题应做必要且适当的处理，以利于正式盘点工作的进行。

6．准备盘点工具

电子产品盘点首先需要准备计算器、签字笔等基本工具，其次需要准备盘点表和盘点盈亏表等单据。盘点盈亏表如表 5-8 所示。

表5-8　盘点盈亏表

盘点盈亏表										
盘点日期：								页数：		
序号	货物编号	品名	规格	单位	实盘数量	账目数量	差异数量	单价	差异金额	差异原因
主要事项说明：										
制表：						审核：				

步骤二：账面及实物盘点

1．系统生成盘点任务

（1）在仓储管理系统中单击"仓储管理"→"盘点管理"→"盘点任务"，单击"新增"按钮，新增一个盘点任务。

（2）在"基本信息"菜单下的"库房"字段选择"电子产品库"，在"盘点类型"中选择"月盘"，"盘点负责人"选择"小李"。单击"提交"按钮，生成本次盘点任务，并选中该任务，单击"提交处理"按钮。

2．冻结盘点货物

为了在盘点过程中确保数据的准确，必须先将盘点的货物进行冻结。具体操作是在仓储管理系统中单击"仓储管理"→"库存冻结"，单击"新增"按钮，填写完整信息后单击"提交"按钮。在对货物进行冻结前，分别选中需要冻结的货物，单击"执行冻结"按钮，完成盘点货物的冻结任务。

3．进行实物盘点

（1）划分盘点区域，并进行分工。

将仓库划分为几个区域，每个区域派两个人，一人负责初盘，另一人负责复盘。

（2）进行实物盘点，并填写盘点表和盘点盈亏表。

初盘计划：根据盘点工作量和盘点作业效率，初盘的具体时间为 5 月 28 日 8:30 至 22:00。具体作业计划如下。

（1）8:30 至 9:00，制单员制作盘点任务单。

（2）9:00 至 10:00，对所有参加盘点的人员进行培训，并对盘点人员进行分组、分工，双方财务人员对盘点全程进行监督，以确保数据的准确性。

（3）10:00 正式开始进行盘点，各盘点小组领取盘点任务，采用 PDA 逐件扫描的办法进行货物盘点，盘点实施小组在现场对异常情况、突发情况进行处理，确保盘点如期、有序地进行。

复盘计划：复盘定于 5 月 29 日的 9:00 至 14:00。具体作业计划：先对所有参加复盘的人员进行分组、分工，再针对初盘时出现差异的部分进行复核，若整箱数量存在差异，需要进行开箱盘点，最终确定实际数量。

根据盘点的实际情况填写盘点表及盘点盈亏表。

4．盘点结果反馈

在完成盘点任务后，在仓储管理系统中单击"仓储管理"→"盘点管理"→"盘点作业"，选中需要盘点的任务，单击"反馈"按钮，将实际盘点结果录入"实际正品量"和"实际次品量"，单击"反馈完成"按钮。

步骤三：盘点结果统计

1．统计盘点结果

盘点后将盘点表按编号收回，并根据每张盘点表的最终货物数量，统计出总量。收回后的盘点表应妥善保存，以便同账、卡核对。

2．核对盘点盈亏

将盘点所得的库存货物实存数量与库存账目数量进行核对：若发现库存货物实存数量大于库存账目数量或有物无账的情况，即发生了货物的盘盈；若发现库存货物实存数量小于库存账目数量或有账无物的情况，即发生了货物的盘亏。

步骤四：盘点结果处理

1．清查账实不符的原因

根据盘点的实际情况，找出账实不符的原因并记录在盘点盈亏表里面。

2．调整账面数量

仓库管理人员在仓储管理系统中单击"仓储管理"→"盘点管理"→"盘点调整"，接着单击"调整审核"，查看盘点结果：若问题较大，可以重新盘点；若盘点结果真实，可调整库存数量，签字加以确认。

3．盘点解冻

在完成盘点任务后，应对盘点前已冻结的货物进行解冻，以便促进流通。仓库管理人员在仓储管理系统中单击"仓储管理"→"库存冻结"→"库存解冻"，选中冻结的货物，单击"解冻"按钮，即可完成。

4．修补改善工作

依据盘点结果，进行赏罚工作；对于库存不足的货物，迅速开展采购业务；迅速处理呆料、废料。

同学们按照以上步骤进行盘点作业，并在任务完成后写出任务评价及总结。

任务评价

根据以上盘点工作，结合实际填写盘点作业任务评价表（见表 5-9）。

表 5-9　盘点作业任务评价表

姓名：			班级：		学号：			
项目	序号	考核项目	考核内容	分值	学生自评（30%）	学生互评（30%）	教师评价（40%）	分数
技术考评（80 分）	1	技能操作	盘点准备	10				
	2		账面及实物盘点	30				
	3		盘点结果统计	15				
	4		盘点结果处理	10				
	5		完成时间	5				
	6		安全操作	10				
非技术考评（20 分）	7	职业素养	态度端正	5				
	8		遵守纪律	5				
	9		团队合作	5				
	10		细心严谨	5				
总分：								

实战演练

扫一扫，检测你的学习效果

任务 3：智慧库存管理

任务目标

1. 了解库存管理的内容
2. 掌握几种常用的库存管理方法
3. 能够对库存货物进行 ABC 分类
4. 能够运用 EOQ 库存控制模型

任务导入

JY 物流公司 2 号库房内的库存货物情况如表 5-10 所示。经过一段时间的储存，货物出现了一系列问题。JY 物流公司之前对 2 号库房的所有货物都进行统一管理，半个月盘点一次，结果发现有些货物的数量不对，这不仅给公司的管理工作带来了麻烦，也给公司带来了一定的经济损失。JY 物流公司让小李解决该问题。小李应该如何解决该问题呢？

表 5-10　JY 物流公司 2 号库房内的库存货物情况

序号	货物名称	品种数/个	金额/万元
1	放射性材料	48	1264.00
2	精密仪器仪表	100	841.90
3	电工材料	25	72.52
4	电子工业产品	52	71.26
5	劳动保护用品	56	53.25
6	油品	14	48.69
7	轻纺产品	17	47.92
8	橡胶及其制品	10	46.60
9	重型汽车配件	103	31.52
10	杂品	63	25.02
11	通用化工产品	8	11.17
12	重型机械配件	30	9.47
13	一般汽车配件	62	9.24
14	工具器具	84	8.45
15	日用电器	48	5.26
小计		720	2546.27

任务分析

库存货物的种类和数量繁多，对其进行管理是一项复杂的工作。实践证明，保持合理的库存将会促进企业高效运转；反之，保持不合理的库存则会阻碍企业发展，影响企业的经济效益。因此，对企业来讲，根据自身特点选择合适的库存管理方法就显得非常重要。

思政小课堂

在库存管理中，同学们需要具备严谨、求真务实的职业态度，同时也应培养成本意识，增强思辨能力。

知识准备

3.1　库存管理的基础知识

1. 库存管理的概念

库存控制是指对原料、半成品、成品等各种物资进行管理和控制，使其库存水平经济合理，从而创造更多的价值。库存控制是库存管理的重要组成部分，企业必须在满足运营需求的前提下，对库存水平进行严格控制，避免库存因占用过多资金而成为企业的负担。

库存管理是根据外界对库存的要求及企业订货的特点，预测、计划和执行一种补充库存的行为，并对这种行为进行控制，重点在于确定如何订货、何时订货、订购多少货等。

2. 库存管理的内容

库存管理往往被误认为只是对库存货物数量的控制，保持一定的库存量，其实这只是库存管理的一项重要内容。具体来说，库存管理包括以下内容。

（1）库存信息管理。

库存信息既包括库存货物本身的信息，也包括市场、客户对库存货物的需求信息，又包括与库存业务有关的信息，如入库和出库日期、存货数量、库存成本等。

（2）库存决策。

库存决策主要决定与库存有关的业务如何进行，如库存货物的购入或发出时间、地点，以及库存货物的种类、数量、质量、构成、订货方式的确定等。

（3）库存管理水平的衡量。

企业应对一定时期内采用的库存管理方法是否恰当给予评价、衡量，便于决策者及时调整决策。这不仅关系到企业的经济效益，也关系到企业下一阶段所采用的库存管理策略。

3. 库存管理的意义

各行各业都存在不同程度的库存管理业务，实行库存管理具有以下重要意义。

（1）有利于资金周转。

在某些特殊情况下，企业可以实现零库存管理，把用于原材料、在制品、产成品等常备库存的资金用于经营其他项目，这就有可能使经营活动向更新、更高的阶段发展，也有利于加速资金周转。

（2）改善生产环境。

库存管理工作的好坏对改善企业生产环境起着举足轻重的作用。企业通过库存管理，将废旧物料堆放整齐，将报废的设备及时运走，将工厂的空地清理干净，从而使生产环境整洁一新，实现文明生产。此外，企业还可以把经常动用的货物及危险性货物分区保管，以保证工厂的安全生产。

（3）有利于生产管理合理化。

库存管理的目标之一就是使必需的货物在需要时得到按需供应。目前生产管理较为混乱的主要原因在于一些急需的货物无法得到及时供应，要想从根本上杜绝此类现象出现，就要认真做好库存管理工作。

3.2 库存控制的制约因素

企业的库存控制水平不仅受到内部因素影响，还受到外部因素的制约。其中，核心的制约因素就是信息准确度。

无论采用何种库存控制方法，都要求企业准确地掌握库存需求信息，从而确定库存量。但在供应链运营中，"牛鞭效应"导致需求信息扭曲变异，使得企业难以做出准确的需求判断。

牛鞭效应（Bullwhip Effect）是经济学中的一个术语，也被称作长鞭效应，指的是供应链上的一种需求变异被放大的现象，需求信息在从最终消费者到原始供应商的传递过程中，不断扭曲并逐级放大，最终处于越来越大的波动当中。

牛鞭效应如图5-5所示。需求信息的变异逐级放大，如同牛仔甩动起来的那条长鞭，虽然牛仔只是轻轻一甩，但长鞭的尾端剧烈地甩动起来。也正是因为牛鞭效应的影响，处于供应链上游的制造商和供应商，其库存水平往往数倍于供应链下游的分销商和零售商。从供应链的角度来看，对销售商（分销商、零售商）而言，制造商及其上游供应商都可以被看作"供应商"。

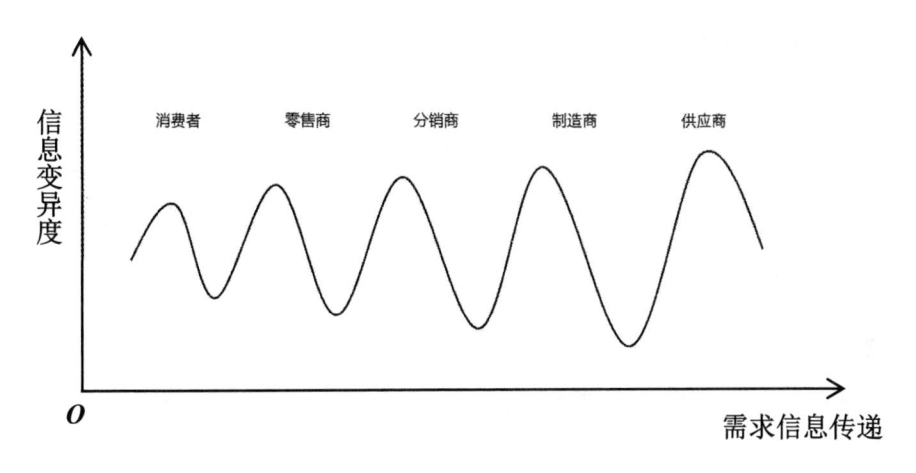

图 5-5　牛鞭效应

案例

当计算机市场的需求预测（稍微增长2%）到达戴尔时，该需求增幅则被放大至5%，当其到达英特尔时，则可能进一步被放大至10%，而在英特尔的供应商眼中，市场需求可能存在高达20%的增幅。

在这种情况下，供应链产能就会远超市场需求，造成产能过剩的问题。此时，过剩的产能会以库存的形式积压在供应链的各个环节，进而影响供应链的资金周转，最终全面波及营销、物流、生产等各领域，对供应链运作造成严重影响。

正是在牛鞭效应的影响下，当2000年互联网泡沫破灭时，思科不得不清理价值高达24亿美元的库存。而在整个半导体行业中，2000年前后积压的大量库存，直到2002年才处理完毕。在该过程中，各大公司清理的过期库存的价值动辄达到数千万元，大量供应商更是因此倒闭。

需求信息变异是库存控制的主要制约因素。但在实际管理中，只能缩小此类变异，却难以真正消除。这是因为，除客观存在的需求信息变异外，有很多零售商、分销商为了拿到更大份额的配给量或获取更优惠的价格，会故意夸大市场需求信息，从而影响供应链上游对市场需求信息的判断。

牛鞭效应造成的需求信息变异的加速放大，使得需求信息处于不断变异之中，使企业难以准确把握市场需求信息。其最终结果就是：当市场需求增加时，供应商往往来不及反应，来不及满足增加的市场需求；当市场需求减少时，供应商又可能过量生产，造成大量库存积压。

牛鞭效应在库存控制管理中极具"杀伤力"，它不仅可能造成大量库存积压，也会导致生产计划频繁波动、交货周期过短等各种问题。具体而言，牛鞭效应造成的危害主要有四个。

1. 生产计划失效

在需求信息变异被加速放大的过程中，供应链上游的企业接收到的需求信息与实际需求信息存在较大差距，这使得生产与市场脱节，既定的生产计划变得无效，生产过程也因此进入无序状态。

2. 库存无效积压

当市场需求出现大幅变动时，在需求信息的逐级传递过程中，企业的库存也难以及时变化，对供应链上游的供应商而言更是如此。无效的库存积压，也进一步导致资金利用率的降低。

3. 失去整体考虑

供应链上游企业的生产运作，在很大程度上取决于下游企业提供的需求信息。当需求信息处于持续变异中时，供应链上各节点的企业就会放弃对供应链的整体考虑，转而从自身利益出发，单纯追求局部最优。

4. 短期行为局限

在牛鞭效应的影响下，企业难以相信得到的需求信息，而这又进一步导致供应链各节点企业间的不信任。此时，企业间无法建立长期、稳定的合作关系，而是局限于短期行为，这也将影响供应链的稳定和发展。

3.3 库存需求预测

库存控制水平的提高，必然需要准确的库存需求预测，而这离不开数据的采集和信息的分析。此时，如果信息出现变异，那么库存控制管理的决策结果同样无法做到精准。

因此，在进行库存需求预测时，企业必须妥善应对供应链的牛鞭效应，弱化其负面影响。整体而言，准确地进行库存需求预测需要掌握六种方法。

1. 订货分级管理

当企业想要满足销售商的所有订货需求时，其需求预测修正造成的信息变异必将进一步得到放大，由此导致库存需求差异变大。

在供应链运作过程中，客户的地位和作用并不等同，正如"二八法则"说明的那样，20%的客户贡献了80%的销量。

因此，在应对牛鞭效应时，企业要对客户进行分类，如一般销售商、重要销售商、关键销售商等。在此基础上，企业可对客户的订货实行分级管理。

（1）对一般销售商的订货采取"满足"管理。
（2）对重要销售商的订货采取"充分"管理。
（3）对关键销售商的订货采取"完美"管理。
（4）当货物短缺时，优先满足关键销售商的需求。
（5）定期对销售商进行考查，在合适时机剔除不合格的销售商。

2. 合理分担库存责任

造成牛鞭效应不断加剧的一个重要原因就是库存责任失衡,库存积压风险几乎都由制造商和供应商承担,因而销售商敢于人为夸大需求信息。因此,供应链应当加强出入库管理,让各企业合理分担库存责任,促使下游企业向上游供应商提供真实的需求信息。

基于相同的原始需求资料,供应链上各节点企业也得以协同合作,制订相匹配的供需计划。此时,联合库存管理策略成为应对牛鞭效应的重要方法。

在库存责任失衡的状态下,即使销售商存在库存积压的问题,但由于销售商无须支付预付款,因此不用承担资金周转压力,大库存反而能够发挥融资作用,提高销售商的资本收益率。这背后的代价则是供应商的库存风险异常加大。

因此,供应链应当平衡销售商与供应商的责任,遵循风险分担的原则,在供应商与销售商之间建立合理的分担机制,尤其是在库存成本、运输成本及竞争性库存损失等方面,从而实现成本、风险与效益的平衡。

3. 缩短订货提前期

一般而言,订货提前期越短,需求信息就越准确。

📋 案例

> 根据沃尔玛的调查,当订货提前期为 26 周时,需求预测误差为 40%;当订货提前期为 16 周时,需求预测误差为 20%;当销售商按照当前需求实时订货时,需求预测误差仅为 10%。

因此,供应商应当鼓励销售商缩短订货提前期,采取小批量、多频次的实需型订货方式,以减小需求预测的误差。尤其是在当下,借助电子数据交换系统等现代信息技术,销售商完全可以及时将需求信息分享给供应商。

4. 规避短缺博弈

在短缺博弈中,销售商为了获取更多的供应份额,倾向于夸大需求信息,进而加剧牛鞭效应。为了规避短缺博弈,供应商应当更改供应策略,以销售商的历史订购数据为基础进行限额供应,而非将订购量作为供应标准。

📋 案例

> 假设市场总供应量是需求量的 50%,如果销售商的同期平均销售量为 1000 件,历史最高销售量为 1200 件,那么供应商就应当根据销售商的等级计算供应限额,如一般供应商 500 件,重要供应商 550 件,关键供应商 600 件。

5. 合理修正需求信息

供应链上的各节点企业对需求预测的夸大,是导致牛鞭效应的重要原因。因此,供应商在进行需求预测修正时,切忌一味地以订货量为基础进行放大,而应当根据历史资料和当前环境进行合理分析,从而真正发挥需求预测修正的效用。

与此同时，联合库存、联合运输和多批次发货等形式，也有助于供应商在控制成本的同时，满足销售商的需求。

6. 缩短回款期限

牛鞭效应的一个重要的负面影响，就是供应商的库存积压，以及随之而来的资金压力。对此，缩短回款期限是应对牛鞭效应负面影响的有效方法。

回款期限一般是供应链上各节点企业进行合作谈判的重要内容。具体而言，在合作谈判中，供应商一方面可以适当缩短回款期限，如定为 1 周或 10 天；另一方面可以出台价格优惠政策，鼓励销售商积极回款。

在供应链的放大效应下，需求信息变异被加速放大及其造成的短缺博弈或短期行为，都会损害供应链上各节点企业的利益。因此，供应链上各节点企业应当协同合作，借助现代信息技术，高效地整合供应链管理系统，并采用合适的分销与库存管理方法，以消除牛鞭效应的负面影响，做出准确的库存需求预测。

3.4 库存管理的方法

常用的库存管理方法有 ABC 分类法、EOQ 库存控制模型、MRP 库存控制法等，企业应根据实际情况选择合适的库存管理方法。

1. ABC 分类法

ABC 分类法是指按照库存货物的品种和金额的比重，将货物划分为 A、B、C 三类，有区别、有重点地加以控制的方法。

（1）ABC 分类法的原理。

ABC 分类法来源于帕累托原理。帕累托原理是由 19 世纪意大利经济学家维尔弗雷多·帕累托在研究人口理论时发现的，即"重要的少数和次要的多数"规律：20%的人拥有 80%的财富，而另外 80%的人只拥有 20%的财富。后来，人们发现这一规律也广泛存在于经济活动中，于是将其逐步运用到了仓储管理中。

ABC 分类法的原理类似于帕累托原理，即在库存管理中分清主次，先将货物划分为 A、B、C 三类，然后重点管理 A 类货物、常规管理 B 类货物、简易管理 C 类货物，以便提高管理效率，取得事半功倍的效果。

（2）ABC 分类法的操作步骤。

① 收集数据。

确定要分析的统计区间，根据 ABC 分类法的目的、对象和内容，确定分类标准并收集有关数据。应收集的数据包括每种库存货物的平均库存量、占用金额、年度需求量等。

② 制作 ABC 分析表。

对收集来的数据进行整理，将货物按照占用金额从大到小进行排列，并按要求进行计算和汇总，将有关数据填入 ABC 分析表（见表 5-11）中。

表 5-11 ABC 分析表

序号	货物名称	品种数	品种数比例/%	累计品种数比例/%	占用金额	占用金额比例/%	累计占用金额比例/%

③ 根据 ABC 分析表确定货物类别。

根据 ABC 分析表，观察每种货物的累计品种数比例和累计占用金额比例：将累计品种数比例为 5%~15%且累计占用金额比例为 60%~80%的货物确定为 A 类货物；将累计品种数比例为 20%~30%且累计占用金额比例也为 20%~30%的货物确定为 B 类货物；将累计品种数比例为 60%~80%且累计占用金额比例为 5%~15%的货物确定为 C 类货物。

④ 绘制 ABC 分析图。

以累计品种数比例为横坐标，以累计占用金额比例为纵坐标，根据 ABC 分析表中累计品种数比例和累计占用金额比例的数据，在坐标图上取点，将各点连接成曲线，并在图上标明 A、B、C，即绘制出 ABC 分析图，如图 5-6 所示。

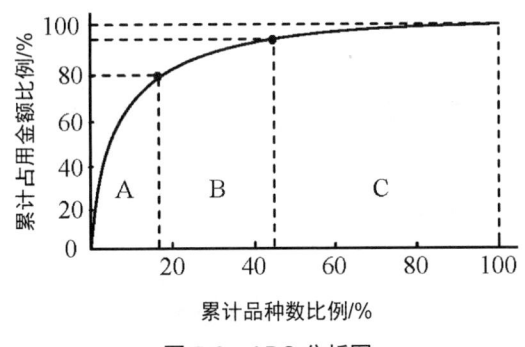

图 5-6 ABC 分析图

⑤ 制定实施对策。

在对库存货物进行分类后，企业需要根据经营策略，对不同类别的库存货物进行不同的管理，如表 5-12 所示。

表 5-12 不同类别库存货物的管理策略

库存货物类别	特点	管理策略
A 类	累计品种数比例为 5%~15%，累计占用金额比例为 60%~80%	进行重点管理：不设或只设少量安全库存；经常检查和盘点；现场管理更加严格；预测时更加仔细
B 类	累计品种数比例为 20%~30%，累计占用金额比例也为 20%~30%	进行次重点管理：设置一定比例的安全库存；现场管理不必投入比 A 类货物更多的精力；库存检查和盘点的周期可以比 A 类货物长一些

续表

库存货物类别	特点	管理策略
C类	累计品种数比例为60%~80%，累计占用金额比例仅为5%~15%	进行一般管理；设置较多的安全库存；现场管理可以更加粗放一些；定期进行库存检查和盘点，周期可以比B类货物长一些

提示：除占用金额外，企业还可以按照出库量、销售量、销售额、订货提前期、缺货成本等指标对库存货物进行分类。同时，在实际操作中，企业也可以根据需要将库存货物分成两类或三类以上。

2. EOQ库存控制模型

EOQ（Economic Order Quantity，经济订货批量）库存控制模型是指通过平衡订货成本和储存成本，确定一个最佳的订货数量来使库存总成本最低的方法。这里，我们只介绍EOQ基本模型下的EOQ算法。

（1）EOQ基本模型的假设条件。

EOQ基本模型的应用需要以下假设条件。

① 需求量已知、连续且均衡。
② 供货周期固定且已知。
③ 集中、一次性到货，而不是持续到货。
④ 订货提前期为零。
⑤ 不会出现缺货情况，即缺货成本为零。
⑥ 货物价格不变，不考虑现金折扣。
⑦ 只针对某一种货物的库存。
⑧ 企业资金充足，不会因资金短缺而影响进货。

（2）EOQ基本模型的原理。

在通常情况下，一种货物的年库存总成本由采购成本、订货成本、储存成本组成，各种成本与订货批量之间的关系如图5-7所示。

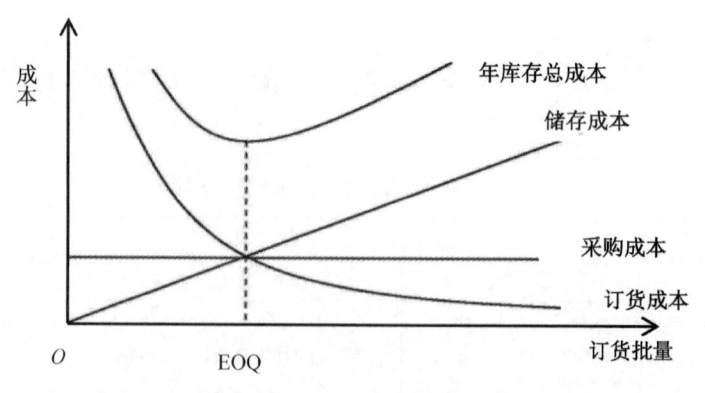

图5-7 各种成本与订货批量之间的关系

由上述分析可知，

年库存总成本＝采购成本＋订货成本＋储存成本

即

$$TC = DP + \frac{DC}{Q} + \frac{QH}{2}$$

式中：
TC——年库存总成本；
D——年需求总量；
P——单位货物的采购成本；
C——每次订货成本；
H——单位货物的年储存成本（H=PF，F为年储存费率）；
Q——订货批量；
Q/2——年平均库存量。

由上述公式推导出的经济订货批量（EOQ）的计算公式如下：

$$EOQ = \sqrt{\frac{2DC}{H}} = \sqrt{\frac{2CD}{PF}}$$

?思考：

仓库管理中所追求的"零库存"是不是指仓库中没有任何库存？

3．MRP库存控制法

MRP（Material Requirement Planning，物料需求计划）库存控制法是指通过计算物料的需求数量和需求时间，来解决企业内物料采购和库存问题的管理方法。

（1）MRP库存控制法的基本原理。

MRP库存控制法的基本原理就是企业根据客户的需求制订生产计划和进度，根据产品结构和当前库存状况，逐个计算出产品所需物料的数量和需求时间，从而确定物料的加工进度或订货日程，使所需物料在规定的时间内到达仓库，如图5-8所示。

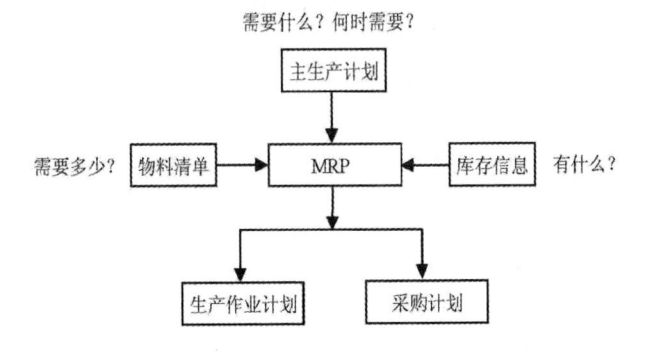

图5-8　MRP库存控制法的基本原理

由图5-8可以看出，MRP的基本任务主要有两个：一是根据最终产品的生产计划导出相关物料的需求量和需求时间；二是根据物料的需求时间和生产周期确定其开始生产（订货）的时间。MRP提供了物料的准确需求数量和需求时间，试图在保证足够的生产物流供应的前提下使库存量最小化，主要解决由某种特定的最终产品的需求所决定的原材料和中间产品的供应问题。

(2) MRP 的输入信息与输出信息。

① 输入信息。

MRP 是一个基于计算机的库存管理系统，其主要输入信息包括主生产计划、物料清单和库存信息。

- 主生产计划：主要描述主产品（即产成品）及其零部件在各时间段内的需求量。
- 物料清单：主要描述主产品的层次结构及其数量，它是确定主产品及其各个零部件的需求数量、所需时间和装配关系的基础。
- 库存信息：主要描述主产品及其所有零部件的现有库存量和计划接收量。这些信息主要包括现有库存量、在途库存、订货提前期、订货批量、安全库存、物料特性和用途、供应商资料等。

② 输出信息。

MRP 的输出信息较多，其中最关键的是生产作业计划和采购计划。

- 生产作业计划：根据 MRP 形成的产品制造任务单，主要描述需要企业内部生产的产品和零部件的数量及其生产时间。
- 采购计划：根据 MRP 形成的采购订单，主要描述需要外购的零部件的订货时间和数量。

(3) MRP 的运行步骤。

MRP 需要借助计算机来运行，其运行步骤大致如下。

① 根据市场预测和客户订单，正确编制可靠的生产计划，在计划中规定生产的品种、规格、数量和交货日期。同时，生产计划必须是同现有生产能力相适应的计划。

② 正确编制产品结构图和各种物料、零件的用料明细表。产品结构图从最终产品出发，把产品作为一个系统，其中包括产品由多少个零部件组成，每个产品从总装、部装、部件、零件可划分为几个等级层次，以及每一层次的零部件又由多少个小零件组成。

③ 正确掌握各种物料和零件的实际库存量、最大库存量和安全库存量等有关资料。

④ 正确规定各种物料和零件的采购交货期、订货周期和订货批量。

⑤ 根据上述资料，通过 MRP 的逻辑运算确定各种物料和零件的总需要量（按产品结构图和各种物料、零件的用料明细表逐一核算）和实际需要量。

⑥ 按照各种物料和零件的实际需要量，以及规定的订货周期和订货批量，向本企业生产车间发出生产指令或向采购部门发出采购通知单。

(4) 主产品的层次结构。

物料清单所描述的主产品的层次结构一般表现为树形结构，如图 5-9 所示。

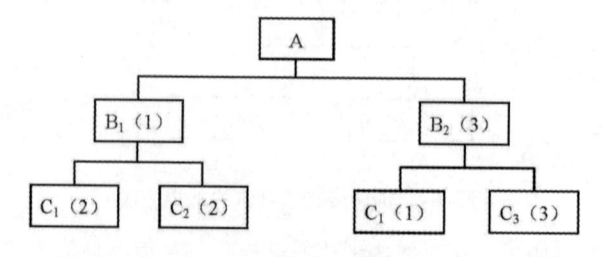

图 5-9 主产品的层次结构

图 5-9 所示的 A 表示主产品，A 由 1 个 B_1 和 3 个 B_2 组成。其中，每个 B_1 又由 2 个 C_1 和 2 个 C_2 组成，每个 B_2 又由 1 个 C_1 和 3 个 C_3 组成。

根据以上结构,可以计算出制造 1 个产品 A 所需的零部件的数量:

C_1 的数量＝2×B_1 的数量＋1×B_2 的数量＝2＋3＝5;

C_2 的数量＝2×B_1 的数量＝2;

C_3 的数量＝3×B_2 的数量＝3×3＝9。

由此可知,每生产一个产品 A,就需要 5 个 C_1、2 个 C_2 和 9 个 C_3。

扫一扫,查看"零库存与适当库存"微课

知识拓展

所谓零库存,是指物料(泛指原材料、在制品、产成品、外购件等)在采购、生产、销售、配送等一个或几个经营环节中均不以仓库储存的形式存在,而是处于周转状态。它并不是指仓库储存的某种或某些物料的库存数量真正为零,而是指通过实施特定的库存控制策略,实现库存量的最小化。

因此,零库存的内涵是以仓库储存形式存在的某种货物的数量为"零",即不包括周转库存。这是在物料有充分社会储备保证的前提下所采取的一种特殊供给方式。

企业所谓的零库存一般是指安全库存(Safety Stock,SS),安全库存(又称保险库存)是指为了应对未来物资供应或需求等的不确定因素(订货期间需求增长、大量突发性订货、交货意外中断或突然延期等)导致更高的预期需求或完成周期更长时的缓冲库存。安全库存用于满足提前期(送货周期)需求。在给定安全库存的条件下,平均存货可用订货批量的一半和安全库存来描述。

安全库存的多少取决于供应和需求的不确定性、客户服务水平(或订货满足率),以及缺货成本和库存持有成本。客户服务水平较高,则安全库存量增加,并导致缺货成本较低、库存持有成本较高;相反,客户服务水平较低,则安全库存量减少,并导致缺货成本较高、库存持有成本较低。

任务实施

JY 物流公司 4 号库房内的库存货物情况如表 5-13 所示,请采用 ABC 分类法对其进行分类。

表 5-13　JY 物流公司 4 号库房内的库存货物情况

货物代号	品种数/个	金额/万元
A	33	1055
B	106	80
C	190	23
D	98	120
E	410	9
F	80	90
G	260	11
H	41	630
I	40	710
J	40	200

步骤一:将全班学生分成若干小组,每组 3～5 人;

步骤二:小组经过讨论确定分类的依据,将相关数据输入 Excel 表中进行相应计算;

步骤三：将货物分成 A、B、C 三类，并说明原因；
步骤四：根据货物分类给出相应的库存管理建议。

任务评价

根据以上库存管理工作，结合实际填写库存管理作业任务评价表（见表 5-14）。

表 5-14　库存管理作业任务评价表

姓名：			班级：			学号：			
项目	序号	考核项目	考核内容	分值	学生自评（30%）	学生互评（30%）	教师评价（40%）	分数
技术考评（80分）	1	技能操作	数据分析	25				
	2		货物分类	25				
	3		管理建议	20				
	4		完成时间	10				
非技术考评（20分）	5	职业素养	态度端正	5				
	6		遵守纪律	5				
	7		团队合作	5				
	8		细心严谨	5				
总分：								

实战演练

扫一扫，检测你的学习效果

任务 4：智慧仓储 8S 精细化管理

任务目标

1. 掌握 8S 管理的内容
2. 掌握企业推行 8S 管理的意义和目的
3. 掌握企业推行 8S 管理的原则
4. 了解 8S 管理推行的常见问题与误区

项目 5　在库作业精细化管理

任务导入

在某仓储中心的月度总结会上，仓储主管指出："本月在仓储作业流程上出现了有员工找不到货、使用叉车时地面有阻挡物、个别物流器械出现生锈痕迹等，极大地阻碍了仓储作业的流畅性，也降低了员工的积极性，影响作业效率。"所以仓储中心准备实施 8S 精细化管理，并将此项工作交给仓库管理人员小李完成。如果你是小李，该怎样推行此项工作呢？

任务分析

作为仓库管理人员，小李需要掌握智慧仓储 8S 精细化管理的作业内容，提高作业效率，提高工作积极性，高效地完成库存作业。

思政小课堂

推广 8S 管理的理念，不但可以将企业文化和学习型组织的管理理念及管理方法融入仓储管理的实际工作中，有效提升仓储管理水平，而且有助于提高员工个人的素质和修养，把员工从常规性、事务性的工作中解放出来，在潜移默化中使员工的"习惯按章办事"逐步变为自觉行动，增强企业的凝聚力和战斗力。

知识准备

扫一扫，查看"智慧仓储 8S 精细化管理"微课

4.1　8S 管理的起源与发展

8S 管理是在 5S 管理的基础上延伸发展而得到的，5S 管理最早在日本出现，日本企业将 5S 管理作为管理工作的基础，在此基础上推行各种品质管理方法。

8S 是整理（Seiri）、整顿（Seiton）、清扫（Seiso）、清洁（Seiketsu）、素养（Shitsuke）、安全（Safety）、节约（Save）、学习（Study）这八个词的日文和英文单词缩写。其中，前五个单词是日文单词，后三个单词是英文单词。8S 管理不仅能够改善生产作业环境，而且能够提高生产效率和服务水平、鼓舞员工士气等，它是减少浪费、降低生产成本、提高生产力的重要手段，并可为员工创造良好的创新环境，鼓励员工对新知识、新技能的学习和应用，在不断地取长补短过程中完善企业自身的管理水平。

日本的企业正是因为持之以恒地推行 5S 管理，才提升了基础管理水平。5S 管理训练和培养了企业员工"认真对待每一件小事，有规定按规定做"的工作作风，改变了日本产品的品貌，为生产具备一流品质的工业产品奠定了良好的基础，为日本经济的迅速崛起注入了活力。

5S 管理指的是在生产现场对人员、机器、材料、方法和环境等生产要素进行有效管理。1955 年，日本 5S 管理的宣传口号为"安全始于整理、整顿，终于整理、整顿"，当时推行的只是前面的 2S，其目的仅为确保作业空间和安全，后因生产控制和质量控制的需要而逐步提出后续的 3S，即"清扫""清洁""素养"，从而使其应用空间及适用范围进一步拓展。20 世

纪 50 年代以来，以丰田、松下等为代表的日本企业的管理水平与发展能力获得世界公认，基于基础管理获得的效率、质量、安全成为这些企业享誉世界的核心能力。由于 5S 管理简单、适用、效果显著，在丰田公司的倡导推行下，5S 管理在日本企业中获得广泛应用，对塑造企业的形象、降低成本、准时交货、安全生产、高度的标准化、创造令人心旷神怡的工作场所、改善现场等发挥了巨大的作用，逐渐被各国的管理界所认识。

随着世界经济的发展，5S 管理成为企业管理的一股新潮流。日本企业成功推行 5S 管理所带来的巨大业绩引起全球企业管理人士的关注，我国很多企业（如青岛海尔、太原钢铁、宝钢集团等）通过参观学习日本 5S 管理的成功做法，并在企业内部逐步推行，获得了长足发展。

随着企业进一步的发展，有的企业在 5S 管理的基础上又增加了安全、节约和学习这三个要素，从而形成了现在的 8S 管理。

4.2　8S 管理的内容

8S 管理的理念是通过对现场进行科学、合理的归置及清理整顿，使现场的人流、物流、信息流通顺流畅，为企业创造一个安全、文明、整洁、高效、温馨、明快的工作环境，激发员工高昂的士气和责任感，树立企业良好的形象，形成优秀的企业文化。

8S 管理从制度上将企业管理要求提高到一个新的高度，因此，仓储 8S 精细化管理应设有责任人，负责主持与维护仓储 8S 精细化管理的长效执行工作，并及时反馈执行中的待改进环节，最终形成闭环管理。

1．8S 管理的基本内容

（1）整理——区分必要物与不必要物（1S）。

整理是整个 8S 管理的第一步，要进行的主要工作就是将工作场所中的相关物品区分为必要物和不必要物，除了必要的留下来，其他的都清除掉。实质上是彻底把需要与不需要的人、事、物分开，再将不需要的人、事、物加以处理。整理是改善生产现场的第一步。其要点是先对现场摆放和停滞的各种物品进行分类，再将不需要的物品清理出现场。

（2）整顿——整齐放置，清晰标识（2S）。

把留下来的必要物依照规定位置摆放，并放置整齐、加以标识。目的在于使工作场所一目了然，减少寻找物品的时间。实质上是把需要的人、事、物加以定量和定位，对现场需要留下的物品进行科学、合理的布置和摆放，以便最快速地取得所要之物，在最简洁有效的规章、制度、流程下完成事务。简言之，整顿就是将人和物的定位方法标准化。整顿的关键是要做到定位、定容、定量。抓住了上述三个要点，就可以制作看板，做到目视化管理，再提炼出适合本企业物品的放置方法，使该方法标准化。

（3）清扫——让工作现场与作业设备干净明亮（3S）。

将工作场所内看得见与看不见的地方清扫干净的目的在于保持工作场所干净、亮丽，稳定品质。清扫过程是指根据整理、整顿的结果，将不需要的部分清除掉，或者标识出来放在仓库中。清扫活动的重点是必须按照企业具体情况决定清扫对象、清扫人员、清扫方法，准备清扫器具，实施清扫的步骤，方能真正起到作用。

（4）清洁——用制度化带动常态化（4S）。

"整理、整顿、清扫"一时做到并不难，但要长期坚持非常不容易。在开始强调和实施 8S

管理时，应造一些声势，搞一些活动，让大家重视起来。然而活动的缺点就是来得快、去得也快，工作现场的良好状态是需要时刻保持的。要想做好长期贯彻，就应该将有关方法和要求总结出来，形成制度与规范。因此清洁就是将活动转化为常规行动，进行标准化，形成管理制度，长期实施，并不断检查改进。企业只有推行精益管理，才能让制度得到更好的执行。

（5）素养——形成习惯并持续改善（5S）。

素养是 8S 管理的最高层次，也是 8S 管理追求的目标。素养的形成要经历三个阶段：形式化——行事化——习惯化。所谓"习惯化"，其实就是"素养"相对应的最高表现。"素养"讲的是形成习惯并持续改善，所以，"习惯化"是"修养"和"坚持"追求的目标及结晶。很多东西相辅相成，前者是后者的因，后者是前者的果，二者相得益彰。

（6）安全——消除隐患，预防事故（6S）。

重视安全教育，每时每刻都要有安全第一的观念，防患于未然，目的在于创建安全的工作环境。安全贯穿于整个作业运营过程中，安全结果的前提是有安全的理念，在理念支配与规则引导下从事作业，才能获得安全的结果。为此，企业员工需要遵守安全规章制度并严格执行。在企业运营过程中重要的是发现安全隐患，消除一切不安全的行为、活动。实施 8S 管理的一个重要结果就是过程安全、结果安全，需要员工具有安全的生产运营理念，创造安全的工作环境。

（7）节约——降低成本，减少浪费（7S）。

节约的实质就是降低损耗，取得效益。实施节约，要从身边的小处着眼，从点滴做起，要通过精心设计、精益生产等，杜绝人力、能源、材料、时间的浪费。

（8）学习——学习长处，提升素质（8S）。

学习主要是指进行系统思考，加强团队学习。学习的实质是建设学习型团队，让每个员工都自觉养成学习、思考的习惯。通过多种渠道的学习和培训，员工能够不断提高职业技能，团队能够不断提升整体竞争力。

2. 8S 管理之间的关系

8S 管理是一个全方位的管理系统。"整理、整顿、清扫、清洁"的目的是优化工作环境，提升环境质量，为员工创造一个舒适的工作场所；"素养、安全、节约、学习"的目的是提升员工素质，提高工作效率，保障企业运营安全，降低运营成本，建设一支具有高素质的员工队伍，塑造良好的企业形象。

8S 管理中的 8 个"S"并不是各自独立、互不相关的，它们之间是一种相辅相成、缺一不可的关系。8 个"S"之间的关系如图 5-10 所示。

（1）整理是整顿的基础，整顿又是整理的巩固，清扫显现的是整理、整顿的效果，清洁、素养使企业形成整体改善的氛围。

（2）素养的形成进一步推进前 4 个"S"的深入开展。

（3）安全工作环境的形成使员工能够有序地开展作业，没有心理上的不适感。

（4）节约则是减少现场环境中的浪费现象，通过员工自觉的执行控制不必要的成本浪费。

（5）最后通过学习，对前 7 个"S"进行巩固，在实施过程中不断地取长补短，优化每一个环节的实施效果，从而提高管理水平。

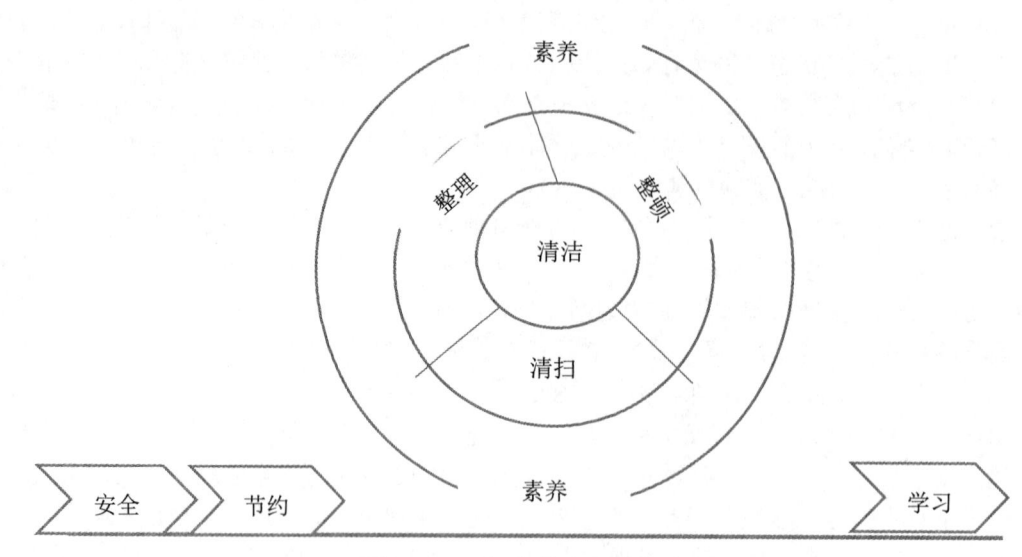

图 5-10　8 个 "S" 之间的关系

4.3　推行 8S 管理的意义和目的

近几年，8S 管理盛行于国内企业界。但从运营实际来看，很多企业实施 8S 管理的效果不尽如人意。其中，不明确 8S 管理推行的意义，无法系统地推行这种管理，是一个重要原因。

1. 企业推行 8S 管理的意义

对企业来讲，8S 是一种态度。把想到的事情做到，把做的事情做好，是执行力的基本要求。8S 管理的推行，是为了形成具有高效执行力的企业文化，如图 5-11 所示。

对"管理人员"来说

8S 管理是基本能力。现场每天都在发生变化，异常事件时时、处处都有可能发生。现场管理无非是管好人、机、料、法、环，让现场井然有序是管理人员的基本能力

对"员工"来说

8S 管理是每天必须做的工作。如果现场混乱，就难以避免工具找不着、设备经常坏、物资存放混乱、事故不断发生的现象，这样的现场，无法保证效率

对"日常工作"来说

8S 管理是基础，有了良好的 8S 管理，全员生产维护（TPM）、全面质量管理（TQM）等活动的推行就会事半功倍

对"企业"来说

8S 管理的效果快速而明显，但如果不能持续，退步也很明显，因而 8S 管理是企业管理水平的指示器。连 8S 管理都不能做好的企业，其持续竞争力值得怀疑

图 5-11　企业推行 8S 管理的意义

8S 管理是形成组织认同、理念与文化认同，进而产生一流企业文化的基础管理活动。8S 管理中的 8 个要素间有着内在的逻辑关系，并构成相对完备的体系，其中提升人的素养，形成追求卓越、精益的企业文化和形成企业人力的合力是 8S 管理的内核。

企业推行 8S 管理具有以下三个基本意义。

（1）基础管理提升和强化。

内部推进企业各项管理活动的深入，使管理更切合企业实际，和谐运营；外部树立良好的社会形象和社会美誉度。

（2）理念认同与素养形成。

形成企业合力，消除企业发展的内部障碍，激发企业员工的工作积极性、能动性和创造性，为社会提供优质的产品和服务，提升企业运营效率。

（3）责任意识培育与养成。

对岗位负责，对企业负责，消除责任区内的安全隐患，确保责任区内现场整洁与形象保持，确保责任区内的活动衔接不影响相邻环节的效率。

2．企业推行 8S 管理的目的

8S 管理的落脚点是安全、品质、效率与效益，这也是企业推行 8S 管理的目的。企业推行 8S 管理的目的主要有以下几个方面的内容。

（1）改善和提升企业形象。

整齐、清洁的工作环境，能够使服务对象树立对企业的信心；同时，由于口碑相传，企业会成为其他企业的学习对象。

（2）促进效率的提高。

良好的工作环境和工作气氛，有修养的工作伙伴，物品摆放有序，不用寻找，使得员工可以集中精力工作，提高工作效率。

（3）改善物资库存周转率。

整洁的工作环境，有效的保管和布局，进行最低库存量管理，能够减少寻找货物的次数，改善物资库存周转率。

（4）减少甚至消除故障，保障品质。

优良的产品品质来自优良的工作环境。通过经常性的清扫、检查，不断净化工作环境，避免污物损坏机器，维持设备的高效率运转，提高产品品质。

（5）保障企业安全运营。

储位明确，物归原位，工作场所宽敞明亮，通道畅通，地上不会随意摆放不该放置的物品。如果工作场所有条不紊，意外也会减少，安全也就有保障。

（6）促进企业运行的可视化。

随着企业各种场所、空间中杂物的减少，保管空间也会减少，这样相关人员就会对现场的情况一目了然，可以及早发现问题、解决问题。

（7）降低运营成本。

企业通过实施 8S 管理可以减少人员、设备、场所、时间等的浪费，从而降低运营成本。

（8）改善员工的精神面貌，增强员工的组织归属感，使组织活力化。

人人都变成有修养的员工，有尊严和成就感，对自己的工作尽心尽力，并具有改善意识。人人都乐于提供各种合理化的改善建议，增强企业的活力。

3. 企业推行 8S 管理的原则

企业推行 8S 管理的六大原则是领导作用、全员参与、过程管理、基于事实的决策、持续改进、系统思考。

（1）领导作用。

企业任何管理活动的开展与深入都离不开领导的重视与推进。企业的领导确立组织统一的宗旨及 8S 管理活动的方向，创造并保持员工能充分参与活动并实现组织目标的内部环境。在一个企业内部，若领导不重视 8S 管理的基础管理作用，则 8S 管理就无法推进。在组织的管理活动中，领导起着关键作用。企业的领导应该具有海纳百川的胸怀与敏捷的思维判断能力，能够面对复杂的问题做出快速的决策与反应，能够合理使用企业有限的资源，充分发挥人力资源的功能，为企业的高效运营营造一个良好的氛围。

（2）全员参与。

8S 管理是提升企业基础管理水平的一项管理活动，必须调动全员参与。只有全部员工充分参与，他们的才干才能为企业带来收益。企业的基础管理是通过企业内部各层次人员的参与才得以展开的。当企业各层次人员的能力和聪明才干得到充分发挥时，企业的管理水平才能上台阶，进而带来巨大的收益。企业的 8S 管理不仅需要最高管理者的正确领导，还需要全员的参与。企业必须对全员进行 8S 管理理念、职业道德、岗位技能、业务知识和敬业精神的教育，提升其素养，激发其工作积极性和责任感。

（3）过程管理。

8S 管理是一个动态改进与提升的管理活动。在企业的 8S 管理过程中，8 个管理项目是环环相扣的，企业应当适时进行必要的过程控制，以充分暴露管理中的不足与问题，及时采取必要的纠正措施。现场作业环境控制就是检查作业现场是否清洁、安全、布局合理，设备设施是否保养完好、物流是否畅通等，这不仅反映出现场工作人员的日常工作习惯和素养，还反映出 8S 管理的水平。8S 管理持续改进的控制就是指对现场管理中存在的缺陷与问题进行分析研究，采取必要的纠正措施，加以改进，以达到提升企业现场管理水平的目的。

（4）基于事实的决策。

有效决策是建立在数据分析和信息分析的基础上的。组织在进行决策前对收集的信息、资料、数据要进行综合的分析、评价，邀请更多的人员参加，也可请组织外的专家参加，通过头脑风暴法等，进行去伪存真的筛选，反复比较，评价论证，使决策既有前瞻性、科学性、及时性，又有操作性、实践性、发展性。凡事要取得成功，必须进行精心的策划和正确的决策。做出决策需要占有大量的信息和数据，通过调查研究和分析，确立若干方案，进行比较、论证、评价、分析，最后进行优化。

（5）持续改进。

持续改进总体业绩应当是组织的一个永恒的目标，8S 管理尤其强调持续改进与提升。任何事物都是不断发展的，都会经历一个从小到大、从弱到强、从不完善到完善的发展过程。8S 管理也是发展的、变化的、动态的，不会停留在一个水平上。8S 管理的持续改进与不断提升，可促进企业基础管理水平的有效提升。持续改进包括了解现状，分析原因，建立目标，采取措施，解决问题，测试、验证和分析结果，并把有效的措施和方法纳入更改文件中等活动。企业先通过一个 PDCA（计划、执行、检查、处理）循环，提高一步，再进行新一轮的 PDCA 循环，持续改进。

(6)系统思考。

将相互关联的过程作为系统加以识别、理解和管理,有助于组织提高实现目标的效率。管理的科学性在于不用单一的方法,而是经过系统的考虑,根据组织的目标,识别管理活动所形成的过程,分析这些过程的相互作用及重点,构建符合实际的 8S 管理系统。系统地实施对各个过程的控制,有助于实现管理目标,提高管理的效率和有效性,使产品和服务的质量满足社会的需求和期望,确保企业运营中的质量、安全、效率与效益的实现。

4.4 推行 8S 管理的常见问题与误区

1. 8S 管理推行的常见问题

由于社会文化和经济环境的影响,国内企业在推行 8S 管理时出现许多问题。

(1)企业管理层对 8S 管理认识不清。

企业管理层不重视是推行 8S 管理不成功的基本原因,企业中高层领导对 8S 管理认识不深,认为 8S 管理就是大扫除或者安排几个专员做就可以做好,舍不得做一些投入,如人力、物力等。

(2)企业不系统地把握和推行 8S 管理。

一些企业的管理层看到同行或外界都在推行 8S 管理或对 8S 管理略知一二,在没有对 8S 管理进行深入研究的情况下,匆忙推行 8S 管理。

(3)8S 管理推行、组织不得当。

8S 管理推行、组织不得当会给企业带来不少麻烦。企业需要让具有 8S 管理推行和组织经验的人,或者经过深入培训的人来主导这项管理活动的推进,并且管理层必须参加,树立起 8S 管理活动的威信。

(4)员工对 8S 管理的认识误区导致行动表面化。

由于员工对 8S 管理的认识存在误区,在推行 8S 管理的过程中,大家的意见很难统一,这样势必导致推行的力度和质量下降,甚至推行失败,毫无结果。

(5)企业对推行 8S 管理缺乏恒心。

推行 8S 管理是一项长期性的活动,要使推行工作持久、有效,必须在推行过程中加强执行力。有些企业推行 8S 管理虎头蛇尾,并且没有一套科学合理的考核评价体系,这样很难维持和开展下去。

(6)对 8S 管理的认识不到位。

企业员工,甚至是部分领导,对 8S 管理的实施意义认识不到位。

2. 8S 管理推行的误区

很多刚开始实施 8S 管理的企业认为:"8S 管理无非就是整天扫地、整理物品,以及将物品进行定位。"在这种想法的作用下,它们认为实施 8S 管理就是为了在有人来检查时,给外界留下一个良好的形象。总的来说,当前很多企业对 8S 管理的认识还存在不少误区,这些误区可归纳为如下几种。

(1)8S 管理就是大扫除。

很多企业的员工,包括领导,都认为 8S 管理仅仅是大扫除,只是为了改善企业形象所开展的活动。实际上,8S 管理不仅能够使工作现场保持整洁,更重要的是通过持续不断的改善活动，使工作现场的管理水平达到一定的高度，促使员工养成良好的工作习惯，提高员工的个人素养。

（2）搞好8S管理，企业就不会有任何问题。

很多企业在推行8S管理的时候总希望8S管理能够"包治百病"，解决企业内部所有的问题。实际上，8S管理只是企业修炼的一个基本功，它产生的效果仅包括管理现场的整洁及员工素养的提高。一个企业要想获得盈利，除了开展8S管理，还需要在战略管理、流程管理、绩效管理、营销管理等方面下功夫。期待8S管理是包治百病的灵丹妙药是不切实际的。

（3）8S管理只花钱不赚钱。

企业存在的根本目的是追求效益，很多企业没有远见，认为开展8S管理需要较多的投入，8S管理的推行是赔本生意，因而不愿意实施。一般来说，8S管理的推行初期需要投入较多的资金，并且很难在短期内形成收益，但只要企业能够持续开展这项活动，就会获得长远的发展效益。

（4）由于太忙，没有时间推行8S管理。

企业管理现场的状况一般都比较复杂，经常出现很多预想不到的问题。员工除了要从事正常的工作，还需要花费相当多的精力解决工作现场出现的各种问题。很多员工认为目前的工作已经非常繁重，实施8S管理增加了自己的工作负担。实际上，8S管理的实施正是为了提前发现问题、解决问题，防止突发事件的发生，在实施8S管理之后，员工的工作反而会变得轻松。

（5）8S管理是形式主义。

有人认为整理、整顿、清扫、清洁等活动过于注重形式，缺少实质性的内容，因而对8S管理的实施效果始终持怀疑态度。一般来说，8S管理的实施确实需要一些形式，如标准、宣传、培训等，但是推行8S管理的目的是使员工通过不断的重复，养成良好的工作习惯。

（6）推行8S管理主要靠员工的自发行为。

很多企业将8S管理推行失败的原因归结为员工不愿意参与。准确地说，8S管理的实施，并不能靠员工的自发行为，而是靠带有强制性的执行标准，员工在8S管理的实施过程中必须按照8S管理的要求来行事。8S管理的实施虽然强调员工的全体参与，但依然应该由企业的高层由上而下地加以推动和监督。

任务实施

调查一家物流企业的仓库管理活动，制作一张8S精细化管理评价表，对企业8S管理的推行情况进行分析。

具体实施步骤如下。

步骤一：将学生分组，学生可根据自己对物流企业的认识寻找相应的企业进行调查；

步骤二：从仓库8S管理的目标着手，在调查中掌握一定的资料和数据，并进行分析汇总，填写8S精细化管理评价表；

步骤三：在课堂上阐述观点并用PPT展示调查结果；

步骤四：师生共同分析及评价实训结果；

步骤五：教师汇总各组的结果并评分。

任务评价

根据以上实训任务，结合实际调研填写 8S 精细化管理任务评价表（见表 5-15）。

表 5-15　8S 精细化管理任务评价表

姓名：			班级：		学号：			
项目	序号	考核项目	考核内容	分值	学生自评（30%）	学生互评（30%）	教师评价（40%）	分数
技术考评（80分）	1	技能操作	整理作业考评	10				
	2		整顿作业考评	10				
	3		清扫、清洁作业考评	15				
	4		安全、节约作业考评	15				
	5		素养、学习作业考评	15				
	6		完成时间	5				
	7		安全操作	10				
非技术考评（20分）	8	职业素养	态度端正	5				
	9		遵守纪律	5				
	10		团队合作	5				
	11		细心严谨	5				
总分：								

实战演练

扫一扫，检测你的学习效果

任务 5：智慧仓储安全精细化管理

任务目标

1. 掌握仓库安全精细化管理的内容
2. 掌握仓库安全精细化管理的基本任务和目标
3. 了解仓库安全管理信息系统
4. 了解仓库消防管理

任务描述

在某仓储中心接待客户参观时，客户发现该仓储中心存在严重的安全隐患，如工作人员在作业时未佩戴安全帽、仓库有些区域照明不够、有些搬运机械有生锈的痕迹。该仓储中心负责人在听取意见后承诺，为避免事故发生，将拟定库房安全管理制度，为客户带来更好的服务，保证货物安全。

任务分析

为了更好地完成仓储作业，仓库管理人员需要掌握仓储安全工作的基本内容、任务和目标。

思政小课堂

安全对所有企业都很重要，只有在保证安全的情况下才能实施项目，才能创造效益。在仓储管理中更是如此，一旦仓库发生安全事故，往往就会给企业带来不可弥补的损失，所以安全管理不容忽视。同学们要在学习的过程中树立对安全的责任心和担当。

在仓储安全管理中，企业要根据自身特点及常见事故做好预防措施，借助仓库安全管理信息系统，不断改善，促进安全作业。

知识准备

扫一扫，查看"智慧仓储安全精细化管理"微课

5.1 仓储安全精细化管理的内容

仓储安全精细化管理是指对货物在仓储环节的综合性安全管理，包含仓库建筑、照明、货物摆放、消防、事故应急救援等多项内容。

1. 走出安全管理的误区

一说到安全，很多人在认识上会有一个误区，认为企业安全管理"只有投入，没有产出"，是一桩赔本的买卖。这是对安全管理的一个极大误解。

这些人之所以产生这样的误解，主要有三个方面的原因。

（1）忽视安全效益。把安全与生产、质量、成本等相提并论，把安全看作单纯的投入。安全看似对企业的效益没有贡献，但其实无论是对企业还是对个人，安全是最根本的基础和前提。

（2）只顾眼前利益。因被眼前利益蒙蔽、对安全工作的漠视而招来灭顶之灾的例子比比皆是。

案例

某皮革企业不重视环境空气质量，导致员工瘫痪或得尘肺病等。这类安全事故是由企业造成的，而员工有时是不知情的。

（3）安全责任感淡薄。企业的安全工作者一直在讲"人的生命是无价的""安全是最大的效益"等，但具体到安全管理能给企业带来的好处都有哪些，除对人的生命和健康有好处以外还有什么好处，就没有清楚的认识了，安全责任感淡薄。

需要指出的是，以消除缺陷和现场浪费为抓手的仓库安全管理，带来的好处不仅是人的安全意识的提高、隐患的排除和事故的减少，还有相应的经济效益的增加。

2. 仓储安全精细化管理的关键

仓储安全精细化管理直接关系到货物的安全、作业人员的人身安全，以及作业设备和仓库设施的安全，因此，仓储安全精细化管理是企业经济效益管理的必然组成部分。

具体而言，仓储安全精细化管理主要包含四个方面的内容。

（1）安全管理制度化。

仓储安全精细化管理是仓库日常管理的重要项目，企业必须制定科学合理的作业安全制度、操作规程，并明确安全责任制度，从而通过严格监督，确保仓库安全管理制度的落地。

（2）加强劳动安全保护。

劳动安全保护着重于作业人员的人身安全，企业应当采取各种直接或间接的措施对员工进行保护。《中华人民共和国劳动法》（以下简称《劳动法》）是劳动安全保护的底线，企业必须遵守《劳动法》的相关规定。

加强劳动安全保护主要可以从四个角度出发，如图 5-12 所示。

① 控制员工的工作时间，避免员工疲劳作业，如每周工作不可超过 44 小时、依法安排加班、保证足够的休息时间等。

② 提供合适和足够的劳动保护用品，如工作鞋、安全帽、安全手套等，并督促员工正确使用劳动保护用品。

③ 确保作业场地适合仓储作业，保证通风、照明、防滑等，并采用具有较高安全系数的作业设备、机械及工具。

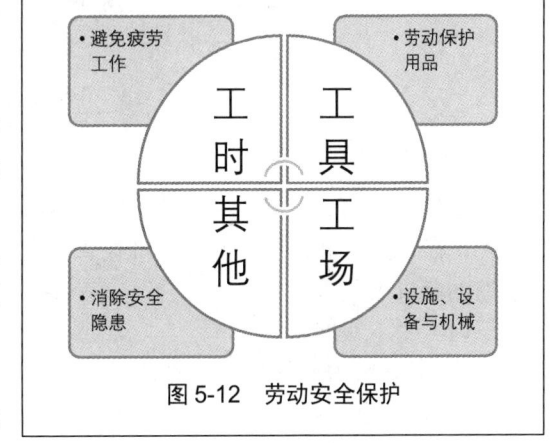

图 5-12 劳动安全保护

④ 消除其他安全隐患，如在不安全的环境中作业或冒险作业等，尤其要规避员工带伤、带病作业。

（3）加强安全培训和资质管理。

仓储安全精细化管理是一项长期性的工作，必须融入每位员工的工作习惯当中。因此，企业必须定期或不定期组织安全培训，进行安全作业宣传和教育，并通过严格的检查强化安全培训效果。

与此同时，对于某些特种作业，员工必须经过专门培训取得相关资质，避免无资质作业。

（4）安全监控电子化。

信息技术的不断发展，使得仓库安全管理得以运用更多的信息手段，尤其是安全监控技术的应用，能够增加安全管理的科技含量。企业通过监控电子化对安全作业进行严格监督和检查，如果发现违章或无视安全的行为，可以给予严厉的惩罚，从而强化员工的安全责任心。

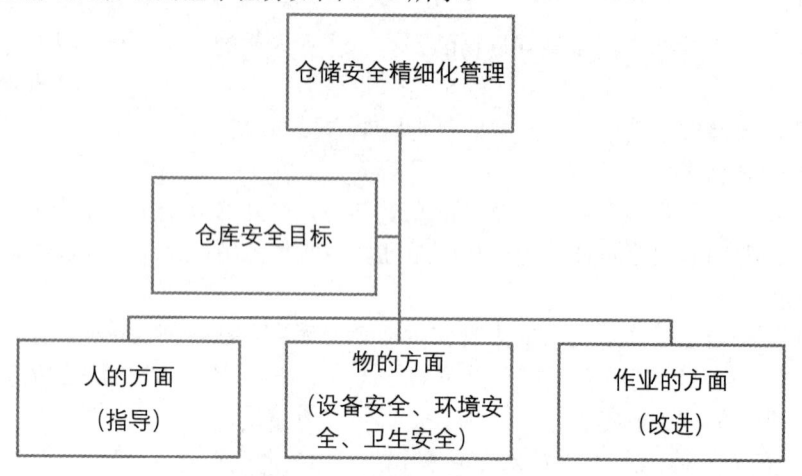

5.2 仓储安全精细化管理的基本任务和目标

仓储安全精细化管理旨在保障员工人身安全，保证安全作业，减少各种事故的发生。在这样的目标下，仓储安全精细化管理必须着眼于仓库中的每一个细节，识别安全风险，做好安全保护，确保每个环节都符合企业安全要求。

具体而言，根据管理对象的不同，仓储安全精细化管理可以从人、物、作业三个角度出发。仓储安全精细化管理的基本任务如图 5-13 所示。

图 5-13 仓储安全精细化管理的基本任务

1. 人的方面

仓储安全精细化管理目标的实现，需要由上而下的层层推动，以及日常的监督与指导。因此，在人的方面，仓储安全精细化管理着重考查管理人员对下级、作业、安全教育及钻研、创造的指导。

（1）对下级的指导。

① 对下级的要求是否了解？
② 对安全教育的必要性是否努力去发现？
③ 是否有教育计划？
④ 是否根据教育计划进行了指导和教育？如新职工教育、特别教育、其他教育、作业内容变更教育等。
⑤ 对危险和有害作业是否进行了重点教育？
⑥ 有没有教材？
⑦ 对执行结果有无评价？
⑧ 有无补充指导？
⑨ 对合作公司和包工单位是否进行了指导和教育？
⑩ 是否保存了教育结果？

（2）对作业的指导。

① 是否按计划巡视了现场？例如，是否有整洁的作业服装？员工是否遵守安全操作？安全用具、保护用具是否便于使用？员工是否清楚安全标准？是否约定好了共同作业时的联系、

打招呼方式？是否有好的作业位置、作业姿势？员工是否遵守了岗位纪律？
② 管理人员对新员工是否关心？
③ 在工作岗位上是否有好的人际关系？
④ 所下的指示、命令是否适当？
⑤ 在语言使用、语气上是否符合要求？
⑥ 是否关心下级的健康状况？
（3）对安全教育的指导。
① 有目的的安全教育活动的效果如何？
例如，宣传画、标语、早会、安全值班、岗位会议、安全作业会议、安全作业表彰。
② 是否有计划地持续实行安全教育？
③ 是否动员员工积极参加事故预防活动、危险预报活动和安全作业会议？
（4）对钻研、创造的指导。
① 工作时是否愿意抱着发现问题的态度？
② 是否努力去培养改进小组？
③ 合理化建议制度的执行效果如何？
④ 工作场所会议和安全作业会议是否经常召开？

2．物的方面

物的方面主要关注仓库中的设备、环境及卫生的安全管理。
（1）机械设备、装置的安全化。
① 机械设备、装置是否安全？
② 防护用具是否有好的性能？
③ 设备是否有安全装置？
④ 机械装置管理得如何？例如，动力传导装置保护得如何？吊车的安全管理做得如何？装卸运输机械的维护管理做得如何？电器设备、电动工具的安全使用及保养措施如何？对可燃性气体及其他易爆物的防护措施如何？排、换气装置是否有故障？
（2）作业环境条件的保持和改进。
① 工作场所的布局是否合理？
② 是否搞好了整理、整顿？
③ 放置方法是否合适？如高度、数量、位置等。
④ 地方是否合适？
⑤ 是否有好的保管方法？尤其是针对危险品、有害物品、重要物品、超长超大物品。
⑥ 地面有无油、水、凹凸不平的现象？
⑦ 亮度是否足够？
⑧ 温度是否适当？
⑨ 有害气体、水蒸气、粉尘是否在允许的浓度范围内？
⑩ 防止噪声的措施如何？
⑪ 安全通道和场所是否有保证？
⑫ 安全标识是否科学？
⑬ 是否努力改进环境？

（3）安全卫生检查。
① 是否制订定期自主检查计划？
② 是否定期进行自主检查？
③ 在作业开始前是否进行了检查？
④ 是否根据检查标准进行了检查？是否有检查表？检查日期、检查者、检查对象（机器）、检查部位（地方）、检查方法是否正确？
⑤ 是否有判断标准？
⑥ 是否规定了检查的负责人？
⑦ 是否改进了不良地方（部位）？
⑧ 是否保存了检查记录？

3. 作业的方面

作业方面的管理核心就是改进，通过对作业流程、作业人员及异常情况的关注，不断排除作业环节的安全风险。

（1）作业方面的改进。
① 是否抱着发现问题的态度在管理作业？
例如，需要付出力气的作业、危险岗位的作业、长时间的紧张作业、有害健康的作业。
② 在作业方法上是否同下级商量了？
③ 对不恰当的作业是否进行了改进？
④ 在研究改进方案时是否把安全作为了优先考虑的内容？

（2）适当安排作业者的工作。
① 是否有无资格（条件）者在做危险的工作？
② 是否有中高年龄层的人从事高空作业的情况？
③ 是否有让经常发生事故者从事危险作业的情况？
④ 是否有让没有经验的人从事危险作业的情况？
⑤ 是否有让身体情况异常者工作的情况？

（3）发生异常情况时的措施。
① 是否努力及早发现异常情况？
② 是否规定了对异常情况的处理措施？
③ 是否掌握异常情况及其处理方法？
④ 是否掌握非常情况下的停止方法？
⑤ 是否有非常情况下的躲避标准？
⑥ 下级是否掌握发生紧急情况时的处理方法（急救措施）？
⑦ 是否有事故的原因分析方法？
⑧ 是否保存了对异常事故的记录？

5.3 仓库安全管理信息系统

智能时代的到来，以及计算机、网络技术的发展，为仓库安全管理提供了新的手段。通过搭建一套完善的仓库安全管理信息系统，可以将当下各自独立的功能系统（如防盗系统、环境监控系统等）整合，从而形成一个一体化的自动管理系统。

目前，国内的仓库安全管理信息系统性能较差且不完备，需要大量的人工操作，并且操作不便，甚至存在故障率高的问题。

因此，企业亟须搭建一套低成本、高性能、便于使用、功能完善的仓库安全管理信息系统。

1. 仓库安全管理信息系统的基本功能

仓库安全管理信息系统应当包括门禁系统、环境监控系统、财务管理系统、报警控制系统和数据处理系统等。

在物联网技术的支撑下，借助音频、视频，以及红外线、雷达、震动等传感器，仓库安全管理信息系统可以实时监控仓库内开门、取物、检修等各种操作，如发现违反规则的操作，则立即发出警报，由人工核实。

具体而言，一套完善的仓库安全管理信息系统应当包含九大基本功能。

（1）实时测量和记录仓库的温度和湿度，如超出既定范围就会发出警报。

（2）连接多类型的防区，如震动、雷达、红外线灯等类型。

（3）结合仓库结构图，当发出警报时，指出相应地点，并启动警号、灯光等报警设备，甚至自动拨号给主管人员。

（4）门禁系统能够自动记录开门时间和进入者的身份。

（5）对钥匙拿取设置权限，并记录拿取钥匙者的相关信息。

（6）自动记录交接班日志。

（7）自动记录仓库作业操作记录。

（8）可根据需求检索历史记录，并生成报表。

（9）可随时对权限、密码、传感器参数等数据进行更新。

2. 仓库安全管理信息系统的架构

仓库安全管理信息系统的架构主要分为六层，如图5-14所示。

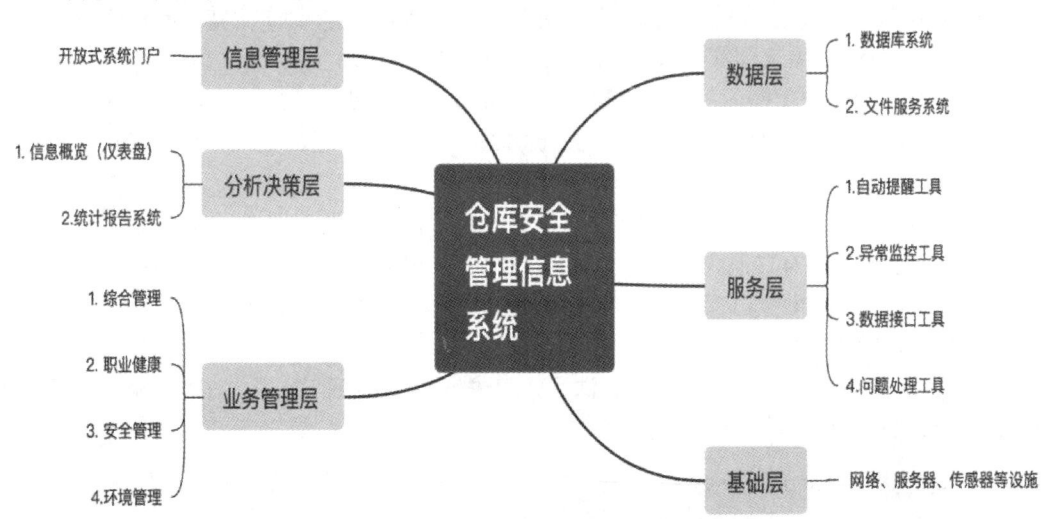

图 5-14 仓库安全管理信息系统的架构

仓库安全管理信息系统应当采取结构化和面向对象的设计技术，根据仓库安全管理需求，设置功能相对独立的若干子模块，并根据作业需求灵活调整和授权。

需要注意的是，设计仓库安全管理信息系统时应当考虑操作便捷性，尽量将其设计得简单易学，方便员工上手。

5.4 仓库消防管理

1. 仓库火灾知识

（1）燃烧的基本知识。

燃烧是一种放热、发光的化学反应。燃烧有四种类型，即闪燃、着火、自燃和爆炸。闪燃是指可燃液体挥发的蒸气与空气混合达到一定浓度时遇明火发生的一闪即逝的燃烧；着火是可燃物在空气中受到火源作用而发生的持续燃烧的现象；自燃是可燃物在没有直接火源作用的情况下，由于自身的物理、生物、化学反应，温度不断积聚升高，达到燃点（指可燃物开始持续燃烧所需要的最低温度）发生燃烧的现象；爆炸形式主要有物理爆炸、化学爆炸和核爆炸。

物质燃烧需要具备的三个条件是可燃物、助燃物和着火源。

（2）仓库火灾隐患。

绝大多数的火灾隐患是由违反消防法规、消防技术标准造成的，大致有三类情形。一是增大了发生火灾的危险性，如违反规定储存、使用、运输易燃易爆危险品及用火、用电、用气，明火作业等。二是发生火灾时会增加对人身财产的危害。例如，建筑物的防火分隔，建筑结构、防火、防烟排烟设施等被随意改变，失去应有作用；建筑物的安全出口、疏散通道堵塞，不能畅通无阻；消防设施、器材不完好、无效；建筑内部的装修、装饰违反规定，使用易燃、可燃材料等。三是发生火灾时会影响灭火救援行动。例如，缺少消防水源；消防通道堵塞；消火栓、水泵结合器、消防电梯等不能使用或不能正常运行等。发现并及时消除火灾隐患是仓库管理人员一项重要的消防安全职责。

（3）仓库的设置规定。

储存和装卸易燃易爆危险品的仓库和专用车站、码头，必须设置在城市的边缘或相对独立的安全地带。易燃易爆气体和液体的充装站、供应站、调压站，应当设置在合理的位置，符合防火防爆要求。原有的生产、储存和装卸易燃易爆危险物品的工厂、仓库和专用车站、码头，易燃易爆气体和液体的充装站、供应站、调压站，不符合上述规定的，有关单位应当采取措施，限期加以解决。核电厂、大型发电厂、民用机场、大型港口，生产、储存易燃易爆危险品的大型企业，储备可燃的重要物资的大型仓库、基地，除上述以外的火灾危险性较大、距离当地公安消防队较远的其他大型企业，距离当地公安消防队较远的列为全国重点文物保护单位的古建筑群的管理单位，都应当建立专职消防队，承担本单位的火灾扑救工作。

（4）仓库灭火的基本方法。

仓库灭火的基本方法有四种，即隔离法、窒息法、冷却法和抑制法。消防水源一般可分为人工水源和天然水源两大类。消防通道不应短于 3.5m。

2. 仓库消防管理的方针和制度

仓库消防管理的方针是"预防为主，防消结合"。重视预防火灾管理，以不存在火灾隐患为管理目标。

消防工作应该采用严格的责任制，采取"谁主管谁负责，谁在岗谁负责"的制度。每个岗位上每名员工的消防责任都要明确落实，并采取有效的措施督促执行。仓库需要制定严格和科学的消防规章制度，制定火源、电源和易燃易爆物品的安全管理和值班巡逻制度，确保各项规章制度被严格执行。仓库还需要制定相应的奖罚制度，激励员工做好消防工作。

任务实施

调查一家物流企业的仓库，分析其在在库作业工作中是否存在安全隐患。具体实施步骤如下。

步骤一：将学生分组，学生可根据自己对物流企业的认识寻找相应的企业进行分析；

步骤二：从仓库安全目标着手，在调查中掌握一定的资料和数据，并进行分析汇总，形成仓库安全评价表；

步骤三：在课堂上阐述观点并用PPT展示调查结果；

步骤四：师生共同分析及评价实训结果；

步骤五：教师汇总各组的分析结果并评分。

任务评价

根据以上仓库安全调研工作，结合实际填写仓储安全精细化管理任务评价表（见表5-16）。

表5-16 仓储安全精细化管理任务评价表

姓名：			班级：		学号：		
项目	序号	考核项目	考核内容	分值	学生自评（30%）	学生互评（30%）	教师评价（40%）	分数
技术考评（80分）	1	技能操作	安全制度合理	25				
	2		物资安排恰当	25				
	3		安全作业	15				
	4		汇报讲解思路清晰	15				
非技术考评（20分）	5	职业素养	态度端正	5				
	6		遵守纪律	5				
	7		团队合作	5				
	8		绿色环保	5				
总分：								

实战演练

扫一扫，检测你的学习效果

学习心得

学习回顾

通过对本项目内容的学习，我有哪些收获？

1. _____
2. _____
3. _____
4. _____
5. _____

自我反思

我还有哪些不足？

1. _____
2. _____
3. _____
4. _____
5. _____

行动计划

我要从以下几个方面做好在库作业精细化管理工作。

1. _____
2. _____
3. _____
4. _____
5. _____

项目 6
出库作业精细化管理

‖ 任务 1： 常见的出库形式 ‖

任务目标

1. 了解智能出库作业的概念
2. 掌握货物出库的基本要求
3. 理解常见的出库形式
4. 掌握出库前的准备工作
5. 了解出库作业的岗位职责及管理制度

任务导入

某仓储中心为电商企业提供一站式电商物流服务，包含仓储及配送，广告推广渠道、订单及存货管理的后台技术支援，甚至包含直播硬件配套等整体解决方案。2022 年 6 月 5 日，该仓储中心收到客户企业在电商平台发过来的提货单（见表 6-1），要求自提该批货物。仓库主管要求小李负责此批货物的出库工作，小李应该如何制订出库计划呢？

表 6-1　提货单

1. 货主信息		2. 提货信息			
名称		提货地点	（自提）		
电话		提货时间	2022 年 6 月 6 日 18:00		
传真		联系人	张××	电话	××××××××××××
3. 收货方信息		4. 司机信息			
名称		司机		电话	
电话		工号			

续表

传真		车牌号	
5. 提货产品信息			

序号	产品编号	产品名称	提货数量	包装规格	总重	备注
1	B20200605	白砂糖	150 件	20 件/箱	20kg	需拆箱
2	B20200607	康师傅方便面	100 件	20 件/箱	15kg	
3	C20210403	复印纸	200 件	500 件/箱	15kg	需拼箱

制单人： 复核人： 提货人签字：

任务分析

为了更好地提供仓储出库服务，仓库管理人员需要完成出库工作。这就需要同学们学习货物出库的基本要求、出库形式、出库前的准备工作和出库各岗位的职责等相关知识。

思政小课堂

仓库管理人员对出库环节一定要高度重视，要耐心、仔细地对出库凭证进行核对和检查，并制订出库计划，做好出库准备，否则可能导致出库效率低、发货信息错误等问题，对企业经营造成较大影响。同学们在学习过程中要逐步培养、细心、严谨、求真务实的职业态度。

知识准备

扫一扫，查看"常见的出库形式"微课

1.1 智能出库作业的概念

智能出库作业是指根据业务部门或存货单位开具的出库凭证，利用智慧仓储系统，从对出库凭证审核开始，进行备货、复核、包装，直到把货物交给要货单位或发运部门的一系列智能作业过程。

货物出库的主要任务是将货物准确、及时、保质保量地发给收货单位，包装必须完整、牢固，标示必须正确清楚，核对必须仔细。出库作业是仓储作业过程的最后阶段，其业务水平和工作质量在一定程度上代表了仓储企业的形象，直接影响仓储企业的信誉和效益。

1.2 货物出库的基本要求

1. 凭证发货

凭证发货是指货物出库必须依据一定格式的出库凭证进行，任何非正式的出库凭证均被视为无效凭证，不能作为出库的依据。由于不同的仓库有不同的要求，出库凭证的格式也可能不同，但不论采用何种格式，出库凭证都必须符合要求且真实、有效。特殊情况下的发货必须符合仓库有关规定，严禁白条、无证、电话、口授发货。

2. 坚持先进先出的原则

为避免货物因长期储存而超过储存期限、增加自然损耗，出库时必须坚持先进先出的原则。也就是先入库的货物先出库，进而保持库存货物供应的完好状态。一般情况下，在保证货物使用价值不变的前提下，必须坚持先进先出的原则。对于有保质期限的货物，距保质期限最近的应先出库；包装简易的先出库；易变质、易损坏、易腐败、功能易退化、易老化的货物先出库。

3. 严格遵守仓库有关出库的各项规章制度

货物出库必须遵守各项规章制度，发出的货物必须与提货单、领料单或调拨通知单上所列的名称、规格、型号、单价和数量相符合，未验收的货物和有问题的货物不得发放出库。货物出库检验的方法与入库检验应保持一致，以避免人为的库存盘亏。超过提货单有效期但尚未办理提货手续的，不得发货。

4. 贯彻"三不、三核、五检查"

"三不"是指没接到出库凭证不翻账册、出库凭证未经审核不备货、货物未经复核不出库。
"三核"是指在发货时要核实出库凭证、核对账卡和核对实物。
"五检查"是指要检查出库凭证和货物实物的品名、规格、数量、重量和包装等。

> **思考：**
> 当前不同仓储企业制作的出库凭证的格式并不统一，请问出库凭证应当包含哪些内容？如何核实和检查？

5.保证服务质量，满足客户需要

货物出库要求做到及时、准确、保质、保量，防止差错、事故发生。工作尽量一次完成，提高作业效率，为客户提货创造各种方便条件，协助客户解决实际问题。及时是指仓储部门在接到货物的出库凭证后，应及时联系业务单位、办理相关手续并组织货物出库。准确是指仓储部门应按照出库凭证上的货物信息发货，并当面点清货物数量和检验货物质量，以确保出库货物数量准确、质量完好、包装牢固、标志清楚等。

此外，仓储部门还应及时、准确地做好出货记录，核销保管账目。

1.3 常见的出库方式

货物的出库方式主要有送货、自提、代办托运、过户、转仓和取样等。

1. 送货

送货是指仓储部门根据出库凭证，直接将货物送到客户指定的地点的出库方式。在送货前，仓库管理人员必须事先了解出库货物的性质、数量、重量、体积等信息，以便合理地选择运送工具和安排人力。

2. 自提

自提是指客户或其代理人持出库凭证，自备运输工具直接到仓库取货的方式。仓库管理人员根据出货凭证将货物当面点清并交给提货人员，并在库内办理交接手续，以划清责任。

自提方式具有"提单到库，随到随发，自提自运"的特点，是货物出库的重要方式。

3．代办托运

代办托运是指仓储部门接受客户的委托，先根据客户所开的出库凭证办理出库手续，再通过运输部门把货物发运到客户指定的地方。

代办托运的操作方式：先由仓储部门将发货凭证送到运输部门，再由运输部门办理托运。运输部门批票后派车派船，或委托承运单位去仓库办理提货手续。

这种出库方式常用于内、外贸储运公司所属的仓库和口岸批发企业所属的仓库，是仓库推行优质服务的措施之一，适用于大宗、长距离的货物发运。

4．过户

过户是指在货物并未实际出库的情况下，将货物所有权就地转移给新客户的出库方式。在采用这种出库方式时，仓储部门必须以原客户开出的正式过户凭证为依据办理过户手续。采用这种方式可以省去很多日常的出库作业活动，能够节省时间、人力和物力。

5．转仓

转仓是指仓储部门根据客户或业务部门改变仓储条件等需要，将货物从一个仓库转移到另一个仓库的方式。在将货物转仓时，仓储部门必须以客户或业务部门开出的正式转仓单为依据，组织货物出库并办理转仓手续。

6．取样

取样是指客户出于货物质量检验、样品陈列等需要，到仓库提取货样的出库方式。在客户取样时，仓储部门必须根据客户填制的正式取样凭证发放样品，并做好详细的账务记录。

1.4 出库前的准备工作

要货单位一般会提前一天将提货通知发给仓库，仓库在接到提货通知后，需要制订出库作业计划，做好出库前的准备工作，如图 6-1 所示。

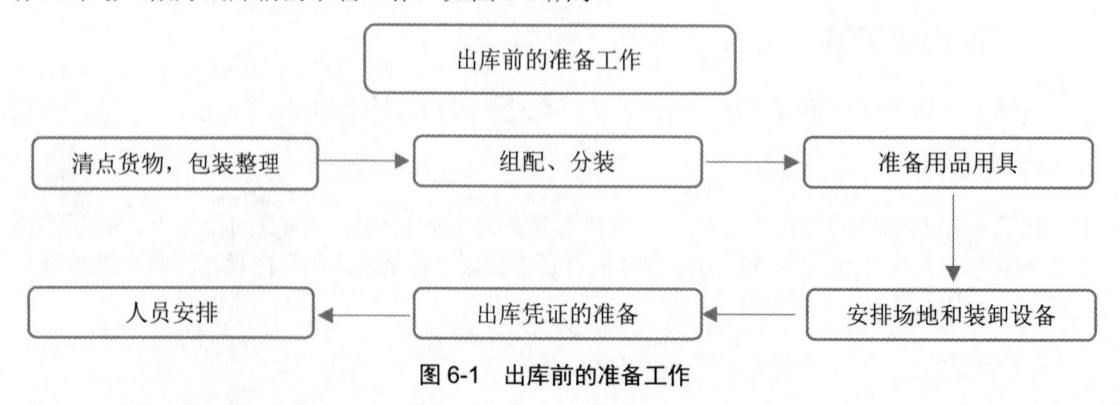

图 6-1 出库前的准备工作

1. 清点货物，包装整理

货物经过运输、装卸、搬运、堆码、倒垛、拆检等作业，部分包装会出现受损、标识脱落等现象，在出库前，应检查货物包装的状态是否良好，若有受损、不适宜运输的，应进行加固或者更换包装。

2. 组配、分装

根据要货单位的需求，有些货物可能需要拆零后出库，仓库应事先做好相应的准备，备足零散货物，以免临时拆零影响出库发货时间；有些货物可能需要在出库前进行拼箱，仓库应事先做好拣选、分类、整理和组配等工作。

3. 准备用品用具

有装箱、拼箱或改装业务的仓库，在发货前要根据储存货物的性质及运输要求，准备好包装材料、衬垫物，刷写包装标识用的器具、标签、颜料，封箱用的胶带、箱钉、剪刀、打包带等。

4. 安排场地和装卸设备

在出库货物从办理托运到出库的付运过程中，仓库需要安排一定的仓容或站台等理货场所，进行出库货物的包装、组配、拼箱、周转等。

出库作业需要调配必要的装卸机具，如叉车、托盘、货架、纸箱固定设备，便于运输人员提货发运、及时装卸货物，加快发货速度。

5. 出库凭证的准备

要货单位凭盖有财务专用章和有关部门签章的领料单等出库凭证（一式四联，一联存领用部门，一联交财务，一联交仓库作为出库依据，一联留存统计）办理货物出库手续。仓库管理人员在发货时，应根据领料单，填写货物出库单。

6. 人员安排

由于出库作业比较细致、复杂，工作量也大，仓库应事先对出库作业合理组织，安排好作业接运人员、验收人员、包装人员、检验人员、远程管理人员等专业人员，将各个环节紧密衔接，确保按时发货，减少错发或串货等现象。

案例

苏州新导智能科技有限公司为企业有效应用信息化手段提升管理水平和工作效率，满足"统一指挥、反应迅速、运转高效"的物资供应体系的需求，打造了一套利用物联网技术来全力推进物流仓储工作智能化的现代化智能物流仓储系统。该仓储系统应用 RFID 技术，使物资、设备的出入库实现批量、非接触式一次识别，加快了物资的出入库速度，可以十分明显地降低企业成本，增强企业竞争力。

1.5　出库作业岗位的职责范围

1．出库管理员的职责范围

（1）根据出库量安排搬运工具与调派工作人员；

（2）严格按照客户订单，遵循先进先出的原则进行出货，并及时进行记录，做到卡、账、物相符；

（3）对出库货物进行二次复核，当发现出库货物与订单内容不符时应及时处理，视具体情况对出库货物进行加工包装或整理；

（4）严格监督货物的装载上车，进行现场指挥管理。

2．理货员的职责范围

（1）负责货物出库和入库的检查与核对，严格按单核对货物品种、货号、数量、规格、等级、型号等内容是否一致；

（2）对货物进行搬运、分类、整理、堆码；

（3）根据客户订单的要求，把出库货物分拣、组配、整理出来，经过严格复核后，进行加固包装，在包装明显处标注货物名称、货号、规格等相关标识，并贴上唛头；

（4）根据货物的流向和收货地点，将出库货物放在指定的备货区；

（5）办理货物交接手续。

3．运输调度员的职责范围

（1）协助运输主管制定运输规章制度和安全管理制度，并向公司内部的司机分配车辆，以完成载货任务；

（2）根据业务量的变化，认真编制日班计划；

（3）根据行驶里程、客户的数量及为客户送货时等候的时间等，合理进行车辆和人员的调度，合理选择运输线路和方式，确保运输效率；

（4）记录各车辆的出发及返回时间、运输终点，监督、检查、评估运输方面的工作质量、及时性等；

（5）监督检查运输计划的执行情况，与司机、客户经常进行沟通，及时发现问题、解决问题；

（6）定期汇总运输资料。

4．装卸专员的职责范围

（1）做好与前一道工序的衔接，保证货物入库和出库的移动和搬运，减少不合理的停顿；

（2）严格按照货物包装上的标识进行搬运，做到轻拿轻放，不能出现扔货、摔货等不合理的行为；

（3）根据货物的特性，合理选择搬运作业方式、设备和工具；

（4）对于在装卸搬运方面有特殊要求的货物，事先做出搬运作业设计，合理安排搬运人员和工具；

（5）加强搬运作业的安全管理，减少事故发生；

（6）负责货物装载后的加固防护工作。

5. 客户服务人员的职责范围

（1）按照公司和客户的需求对客户档案进行分类和管理，建立客户档案数据库；
（2）通过信息平台，调查客户服务满意度、经营状况等信息；
（3）根据客户档案，定期与新、老客户联系，了解客户的需求，及时向相关部门反馈；
（4）及时处理客户提出的有关问题，维护与客户的良好关系；
（5）对客户的投诉认真做好记录，及时处理，并上报相关部门和有关领导。

知识拓展

出库业务管理制度示例

一、订单处理管理制度

1. 当在库货物出库时，必须有客户授权的单据，如授权签字、印章等，作为发货的依据；
2. 当接到客户订单或出库通知时，订单处理人员进行单据审核（检查单据的正确性，以及是否有充足的库存），审核完毕后，通知运输部门安排车辆；
3. 订单处理人员依据不同的单据处理办法将审核的单据录入系统，制作送货单，再依据货物或客户的要求制作拣货单；
4. 将拣货单交仓库管理人员备货。

二、备货管理制度

1. 备货人员严格依据备货单（出库单或临时出库单）拣货，如发现备货单或货物数量有任何问题，必须及时通知库存控制人员、主管和经理，并在备货单上注明问题，以便及时解决；
2. 在将货物按备货单备好后，根据要求按车辆顺序对货物进行二次分拣，将货物根据装车顺序按单排列；
3. 每单备货必须注明送货地点、单号，以便发货，各批备货之间需要留出足够的操作空间；
4. 在备货分拣完毕后，将备货单交还，确认订单，并通知运输部门。

三、发货管理制度

1. 发货人员依据发货单核对备货数量，依据派车单核对提货车辆，在检查承运车辆的状况后方可将货物装车；
2. 发货人员按照派车单顺序将每单货物依次出库，并与司机共同核对出库货物的型号、数量、状态等；
3. 装车后，司机应在出库单上写明车号、姓名，同时发货人员在出库单上签字，并将完整的出库单交给接单人员进行出库确认。

任务实施

某仓储中心的仓库管理人员小李在接到提货单后，按照出库前的准备工作开始制订出库计划。

步骤一：仓储中心客服组在接到提货通知后，进行库存查询，生成出库通知单，出库通知单如表6-2所示。

步骤二：客服组将出库通知单下发给出库组，出库组在接到出库通知单后，清点拣货区内货物的数量，并进行包装检查，发现有两箱康师傅方便面的包装破损，需要重新包装，做好包装准备。

步骤三：分析分装和拼装的要求。根据调拨要求，部分货物可能需要拆零或者拼装后出库，做好拆零和拼装的准备。

表6-2 出库通知单

出库日期：	年 月 日		分拣人		复核人			
产品名称	产品编号	存放位置	规格	库存数量	出库数量	备注
白砂糖	B20200605	1-1-1	20件/箱	3000件	150件	需拆箱
康师傅方便面	B20200607	5-4-2	20件/箱	5000件	100件	—
复印纸	C20210403	3-2-1	500件/箱	6000件	200件	需拼箱

步骤四：在拣货完成后，出库货物需由人力用托盘搬运到出库待运区，准备设备，安排搬运人员。

步骤五：形成出库前准备方案。

（1）制定包装方案，根据拆零、拼装和重新包装的要求，列出需要准备多少箱子、衬垫物料，以及准备哪些封箱用品等。

（2）列出需要准备哪些搬运设备和安排哪些人员。

步骤六：呈现结果，班级内交流。

任务评价

根据以上出库准备工作，结合实际填写出库准备作业任务评价表（见表6-3）。

表6-3 出库准备作业任务评价表

姓名：			班级：		学号：			
项目	序号	考核项目	考核内容	分值	学生自评(30%)	学生互评(30%)	教师评价(40%)	分数
技术考评(80分)	1	技能操作	包装整理	10				
	2		组配、分装	15				
	3		准备用品用具	15				
	4		设备调配	15				
	5		人员组织	10				
	6		完成时间	5				
	7		安全操作	10				
非技术考评(20分)	8	职业素养	态度端正	5				
	9		遵守纪律	5				
	10		团队合作	5				
	11		细心严谨	5				
总分：								

实战演练

扫一扫，检测你的学习效果

任务2：智能出库作业流程

任务目标

1. 掌握出库作业的一般流程
2. 掌握货物出库的基本要求
3. 理解分拣作业的概念、分拣作业的方式
4. 了解复核的方式
5. 了解清点交接的注意事项

任务导入

2022年6月7日9时30分，顺丰重庆分拨中心的运输车辆到达顺丰双流集散中心，在办理完相应手续后，提货人员携带调拨单前来提货，请模拟办理出库作业。

任务分析

作为仓库管理人员，需要掌握出库作业流程，高效地完成出库作业。

思政小课堂

货物出库的流程往往需要多人合作完成，同学们在学习过程中要培养协助他人、包容团结、与人为善、合作共赢等集体主义精神，掌握多种分拣方式和智能化的分拣作业方法，逐步具备精益求精、追求卓越的职业规范和职业操守。

扫一扫，查看"智能出库作业流程"微课

知识准备

出库作业的一般流程如图6-2所示。

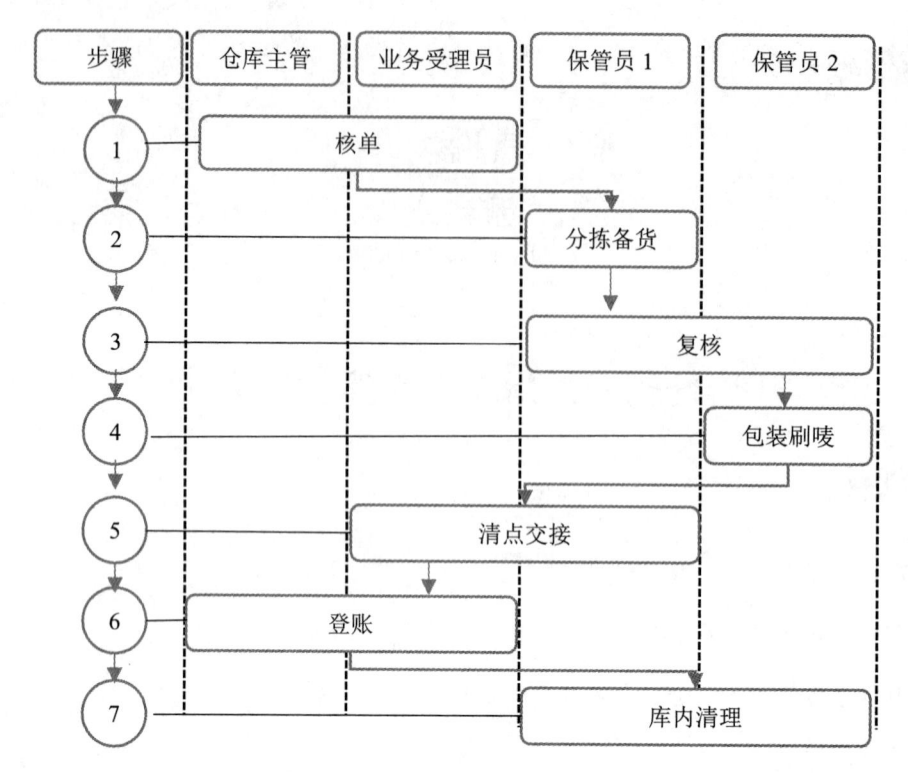

步骤	仓库主管	业务受理员	保管员1	保管员2
1		核单		
2			分拣备货	
3				复核
4				包装刷唛
5		清点交接		
6	登账			
7			库内清理	

图 6-2　出库作业的一般流程

2.1　核单

出库凭证包括提货单（主要用于不同企业之间）、领料单（主要用于企业内部）等。仓库在接到出库凭证后，必须对出库凭证进行审核。审核的内容如下。

（1）审核出库凭证的合法性、真实性。
（2）核对货物的名称、型号、规格、单价、数量和提货日期等有无错误。
（3）检查出库凭证有无涂改、损坏现象。
（4）进行签章核对、提货人身份核对等。

仓库在审核无误后方可组织出库作业，否则应拒绝发货。

提示：

> 仓库如果发现出库凭证有问题，需经原开证单位进行更正并加盖公章后，才能安排发货，但在特殊情况下（如救灾、抢险等），可经领导批准先发货，事后再及时补办手续。

2.2　分拣备货

仓库管理人员按照出库单所列货物去相应的货位取货，若规定了发货批次，则应按规定发货；若没有规定，备货时应遵循"先进先出、推陈储新"的原则。备好的货物应放于相应的区域，等待出库。同时，出库货物应附有质量证明书或抄件、装箱单等文件；机电设备、仪器仪表等货物的说明书及合格证应随货同行；进出口货物还要附有海关证明和货物检验报告等材料。

> **思考**：
> 如果同一时段有多个出库凭证，应该如何提高备货效率？

1. 分拣作业的概念

分拣作业是指按照客户订单的要求或出库单的要求将货物挑选出来，并放在指定的位置的出库作业活动。货物的入库是批量到货的，并且相同的品种存放在一起，而客户的出库订单包含多个不同的货物品种。分拣作业就是要按照订单的要求，用最短的时间和最少的作业将货物准备好。分拣作业的主要环节如图 6-3 所示。

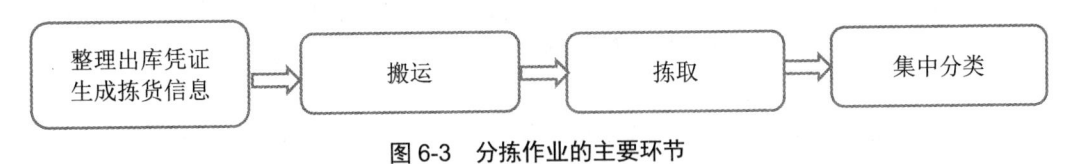

整理出库凭证生成拣货信息 → 搬运 → 拣取 → 集中分类

图 6-3　分拣作业的主要环节

2. 分拣作业的方式

分拣作业的方式有三种：按订单分拣（摘果式分拣）、按批量分拣（播种式分拣）和复合拣取。

（1）按订单分拣。

这种作业方式按照每一张订单的品种和数量要求，依次将客户所需要的货物从存放位置挑选出来，是较传统的分拣方式，也叫摘果式分拣。

这种方式适用于订单大小差异较大、订单数量变化频繁、季节性强的货物的分拣。在货物外形变化较大、货物差异较大的情况下，宜采用按订单分拣的方式，如家具、百货、高级服饰等。

按订单分拣的优点：作业方法简单；实施容易且弹性大；分拣后不用再进行分类作业，适用于大订单的处理；作业人员责任明确；相关文件准备时间较短。

按订单分拣的缺点：当分拣区域大时，补货及搬运的系统设计困难；当货物品种多时，分拣行走路径加长，分拣效率降低。

（2）按批量分拣。

按批量分拣是指把多张订单汇集成一批，按货物类别及品种将数量相加后先进行初次分拣，然后按照单一订单的要求将货物分配至每一张订单，也叫播种式分拣。

在大多数情况下，采用按批量分拣时行走的路线比较长，并且要搬动货物两次。这种方式适合订单变化较小、订单数量稳定的配送中心，以及外形较规则、固定的货物的出货，如箱装、袋装的货物，特别是当采取人工和自动化配合分拣时会考虑采用此种方式。需要流通加工的货物也适合按批量分拣，先批量进行加工，然后分类配送，有利于提高作业效率。

按批量分拣的优点：可以缩短分拣时行走搬运的距离，增加单位时间的分拣量。

按批量分拣的缺点：对订单无法快速反应，必须等订单累积到一定数量时才做一次性处理，因此容易出现停滞现象（只有根据订单到达的情况做等候时间分析，并决定适当的批量大小，才能将停滞时间减到最短）；在将货物按批量分拣后还要进行再分配，增加人工搬运次数。

（3）复合拣取。

为了克服按订单分拣和按批量分拣的缺点，也可以采取将按订单分拣和按批量分拣组合起来的复合拣取方式。

复合拣取就是根据订单的品种、数量及出库频率，确定哪些订单适合按订单分拣，哪些订单适合按批量分拣，分别采取不同的分拣方式。

3．分拣作业方法

（1）人工分拣。

人工分拣是指所有分拣作业过程全部由人工根据单证或其他传递过来的信息进行拣取货物，在分拣作业完成后由人工将客户订购的货物放到已标示好的区域或容器中。

（2）运用电子标签拣选系统。

电子标签拣选系统又称半自动拣选系统，是计算机辅助拣选工具之一。为了提高拣选作业的效率，很多仓库引进了半自动拣选系统。

（3）运用自动分拣系统。

自动分拣系统（Automatic Sorting System），又叫全自动分拣系统，是先进配送中心所必需的设施之一，具有很高的分拣效率，通常每小时可分拣货物 6 000~12 000 箱。

自动分拣机是提高物流配送效率的一项关键因素，是自动分拣系统的一个主要设备。它本身需要建设短则 40~50 m、长则 150~200 m 的机械传输线，还有配套的机电一体化控制系统、计算机网络及通信系统等。这一系统不仅占地面积大（动辄 20 000 m^2 以上），而且还需要 3~4 层楼高的立体仓库和各种自动化的搬运设施（如叉车）与之相匹配。

📖 案例

自动分拣系统是在第二次世界大战后被广泛采用的，该系统目前已经成为大中型仓储中心不可缺少的一部分。该系统作业过程的简单描述如下：仓储中心每天接收成百上千家供应商或货主通过各种运输工具送来的成千上万种货物，将从不同储位上取出的不同数量的货物按订单地点的不同运送到不同的理货区域或配送站台集中，在最短的时间内将这些货物按品种、货主、储位或发送地点进行快速准确的分类，将这些货物运送到指定地点（如指定的货架、加工区域、出货站台等），以便装车出库。

自动分拣系统的主要特点如下。

① 能连续、大批量地分拣货物。

由于采用大生产中使用的流水线自动作业方式，自动分拣系统不受气候、时间、人的体力等的限制，可以连续运行。同时，自动分拣系统在单位时间内的分拣件数多，每小时可分拣 7 000 件货物，其可以连续运行 100 小时以上。如果用人工，则每小时只能分拣 150 件左右，同时分拣人员也不能在这种劳动强度下连续工作 8 小时。

② 分拣误差率极低。

自动分拣系统的分拣误差率主要取决于所输入分拣信息的准确性，所输入分拣信息的准确性又取决于分拣信息的输入机制。如果采用人工键盘或语音识别方式输入，则误差率在3%以上；如果采用条形码扫描输入，除非条形码的印刷有差错，否则不会出错。目前自动分拣系统主要采用条形码技术来识别货物。

③ 分拣作业基本实现无人化。

自动分拣系统能最大限度地减少人员的使用，基本做到了无人化，人员的使用仅局限于以下工作：送货车辆抵达自动分拣线的进货端时，由人工接货；由人工控制自动分拣系统的运行；自动分拣线末端由人工将分拣出来的货物进行集中、装车；自动分拣系统的经营、管理与维护。

2.3 复核

1. 复核的内容

为保证出库货物与出库凭证所列的货物相符，避免发错货，仓库管理人员在备货后应立即进行复核。复核的内容如下。

检查待出库货物的名称、规格、型号、批次、数量等是否与出库凭证所列的内容一致。

检查出库货物的外观质量是否完好。

检查包装是否符合要求。例如，检查易损品是否有衬垫物，易受潮货物的包装是否严密，运输标识是否清晰，收货人、箱号、危险品标识、易碎品标识等是否齐全、清晰。

检查货物随附文件、单证是否齐全。每件包装都有装箱单，检查装箱单所列货物是否与实物相吻合等。

2. 复核的方式

根据出库货物的多少、复核工作的复杂程度及仓库的规模，复核工作可以采取以下不同的方式进行。

（1）专人复核。

当仓库规模较大、分工较细时，可设置专职复核员，专门负责出库货物的复核工作。专职复核员与出库员共同对出库货物的质量、数量、正确性负责。这种方式有利于提高复核工作的效率，适用于出库量大的综合型仓库。

（2）交叉互核。

交叉复核又叫保管员互核，是指两名出库员交叉对对方的出库货物照单复核，复核后在对方的出库单上签字，与对方共同承担责任。这种方式更容易发现问题，适用于出库货物种类繁多的仓库。

（3）自我复核。

出库员对自己所发的货物进行复核，自己对自己所发货物的数量、质量、正确性负责。这种方式适用于专业化程度高，储存货物品种比较单一、同一品种发货量较大，仓库工作人员比较紧张的情况。

2.4 包装刷唛

出库货物的包装如果不能满足运输部门或客户的要求，应在出库前进行重新包装。包装要根据货物的外形特点，选择适宜的包装材料，包装尺寸要便于货物的装卸和搬运，符合货物的运输要求。同时要注意，性质相抵触和会产生相互影响的货物不能混装在一起。

刷唛是在外包装上刷印各种标记，如图 6-4 所示。例如，对于易碎品，应在其外包装上刷红杯标记；对于怕潮、怕雨淋的货物，应刷怕湿标记；对于有堆码限制的货物，应刷堆码极限标记等。

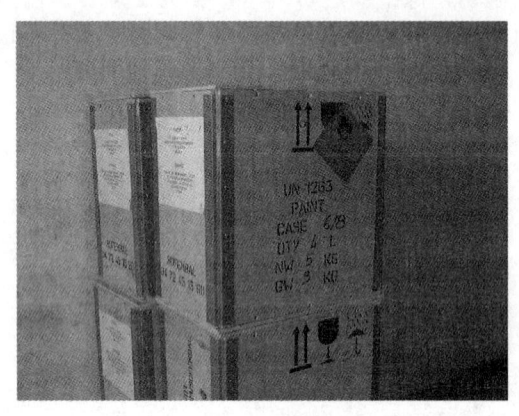

图 6-4 外包装标记

刷唛时应注意的事项如下。
（1）置唛应在外包装的两头，图像、字迹清晰，不错不漏。
（2）旧包装重复使用的，应清除原标识。
（3）要在外包装上粘贴标签的，粘贴要牢固。标签上主要印有收货单位名称、到站、发货总件数、箱号、发货单位等信息。

2.5 清点交接

在对出库货物进行复核且查对无误后，即可办理清点交接手续，以完成货物出库并划清责任。若客户自提货物，则仓库管理人员应将出库货物当面点清交给提货人，并办理交接手续；若仓储部门自行送货或者办理托运，则仓库管理人员应将出库货物当面点清交给提货人或承运人，并办理交接手续。进行清点交接时应注意以下事项。

（1）仓库管理人员应主动将重要货物或特殊货物的保管要求、运输注意事项等向提货人或承运人交代清楚。

（2）在交接完毕后，仓库管理人员应做好出库记录，由提货人或承运人在出库单上签字确认，然后将相关联次同有关证件交给提货人或承运人。

2.6 登账

仓库管理人员在做好出库记录后，应根据自留的一联出库单登记实物明细账目，做到随发随记，日清月结，账面余额与实际库存、货卡相符。在仓库发货业务中，有先登账后付货和先付货后登账两种做法。

先登账后付货：根据出库单登账，除了必须认真审核出库单，还要根据仓储账页在出库单上批注账面结存数，配合仓库管理人员的付货工作，起到预先把关的作用。

先付货后登账：要求记账员必须做好出库单的全面控制和回笼销号工作，防止单证遗失。仓库管理人员在付货前缺少预先把关的机会，但对发货频繁、出库单较多的仓库来说，这种做法可缩短零星客户的提货等候时间，提高仓库服务质量。

2.7 库内清理

在货物发运之后，仓库管理人员要做好库内的清理工作，包括现场清理和销账、存档。

现场清理：根据储存规划要求，对库存货物进行并垛、移位，腾出空的货位，以备新来的货物使用。对腾出的货位进行卫生清理，调整货位上的吊牌，保持账、卡、物一致等。

销账、存档：在发货完毕后，应及时将出库货物从保管账目上核销；将留存的出库凭证、货物单证资料、相关记录等归档，将已经空出的货位在库位图上标注出来。

知识拓展

特种货物的出库作业

一、危险品的出库

在危险品出库时，仓库管理人员必须认真核查出库凭证，仔细核对货物的品名、标识、数量，检查包装是否符合出库及运输要求，协调提货人、承运司机查验货物，确保出库无差错，并做好出库登记，详细记录危险品的数量和流向。当一次提货量超过 0.5t 时，要发放出门证。另外，仓库管理人员应按"先进先出"的原则组织危险品出库，并认真做好出库清点工作。当用车辆运送危险品时，仓库管理人员还应严格按危险品的分类要求分别装运，对怕热、怕冻的危险品需按有关规定办理。

二、冷藏货物的出库

在冷藏货物出库时，仓库管理人员应认真核对出库凭证或提货单，要对出库货物的标识、编号、数量、质量、所有人、批次等项目认真核对，防止错取、错发、漏发。对于出库时需要升温处理的货物，应按照作业程序进行加热处理，不得采用自然升温的方式。

为了减少冷耗，冷藏货物的出库作业应选择在气温较低的时间段进行，如早晨、傍晚、夜间。出库作业时应集中库内的作业力量，尽可能缩短作业时间，要使装运车辆离库门距离最近，缩短货物的露天搬运距离，防止隔车搬运。若货物出库时库温升高，应停止作业，封库降温。

三、医药货物的出库

（1）医药货物出库应遵循"先产先出"、"近期先出"和"批号发货"的原则。"先产先出""近期先出"是为了保证药品在有效期内使用；按"批号发货"是为了保证出库药品有可追踪性，便于药品的质量追踪。

（2）在医药货物出库时，仓库管理人员必须进行复核和质量检查，应按发货凭证对实物进行质量检查和数量、项目的核对，做到出库医药货物质量合格且货单相符。麻醉药品、一类精神药品、医疗用毒性药品等特殊药品出库时应双人复核。

（3）在对医药货物进行出库复核时，为保证能快速、准确地进行质量跟踪，必须做好医药货物质量跟踪记录，即出库检查与复核记录。所做记录应包括购货单位、品名、剂型、规格、批号、有效期、生产企业、数量、销售日期、质量状况和复核人员等项目。出库检查与复核记录应保存至超过医药货物有效期1年，保存时间不得少于3年。

（4）在对医药货物出库的发货凭证与实物进行质量检查和数量、项目核对时，如果发现以下问题应停止发货，并报企业质量管理部门处理：包装内有异常响动和液体渗漏；外包装出现破损、封口不牢、衬垫不实、封条严重损坏等现象；包装标识模糊不清或脱落；药品已超出有效期等。

任务实施

步骤一：核单

仓库管理人员审核提货人提交的调拨单（见表6-4）上的提货人、货物名称、提货数量、包装规格等信息，审核收货单位的签章是否清晰、合法、有效。

表6-4 调拨单

调出仓库：	双流集散中心	调入仓库：重庆分拨中心		2022年6月7日	
序号	货物名称	提货数量	包装规格	提货时间	备注
1	金多多营养米粉	200件	8件/箱	12:00	
2	休闲黑瓜子	300件	20件/箱	12:00	
3	康师傅冰红茶	100件	12件/箱	12:00	
调入单位：		调出单位：		提货人：	

步骤二：分拣备货

在审核调拨单无误后，仓库管理人员审核财务收费凭证，生成出货单，如表6-5所示。分拣人员按照出货单到分拣区取货物，集中搬运到待发货区。

表6-5 出货单

出货单号：A2022060701　　　出货日期：2022年6月7日
收货单位：重庆分拨中心　　　提货人：小李　　　联系电话：×××××××××

序号	货物编码	货物名称	包装规格	订货数量	实发数量	备注
1	6944848456599	金多多营养米粉	8件/箱	25箱		
2	6944848450350	休闲黑瓜子	20件/箱	15箱		
3	6932410061891	康师傅冰红茶	12件/箱	8箱+4件		
备货人：		复核人：		提货人：		

步骤三：复核

在备好出库货物后，安排专人进行出库复核，核对相关单据，核对实物是否和出库单据所列内容相符。

步骤四：包装刷唛

对包装破损的货物更换包装，用胶带封箱，粘贴运输标签。对需要拼箱的货物，实施拼箱操作，用胶带封箱，粘贴运输标签。

步骤五：清点交接

在包装刷唛完成后，仓库管理人员和提货司机进行点数交接，并在出货单上填写实发数量，双方分别在调拨单和出货单上盖章、签字。

步骤六：登账

在清点交接完成后，仓库管理人员填写垛卡，将出库货物登记到仓库明细账上。

步骤七：库内清理

清理库内相应货位，进行并垛、移位、腾整，以补充新来的货物。

任务评价

根据以上出库业务工作，结合实际填写出库作业任务评价表（见表6-6）。

表6-6 出库作业任务评价表

姓名：			班级：		学号：			
项目	序号	考核项目	考核内容	分值	学生自评（30%）	学生互评（30%）	教师评价（40%）	分数
技术考评（80分）	1	技能操作	提货员工作流程处理	10				
	2		仓库主管工作流程处理	10				
	3		拣货员工作流程处理	15				
	4		理货员工作流程处理	15				
	5		出库员工作流程处理	15				
	6		完成时间	5				
	7		安全操作	10				
非技术考评（20分）	8	职业素养	态度端正	5				
	9		遵守纪律	5				
	10		团队合作	5				
	11		细心严谨	5				
总分：								

实战演练

扫一扫，检测你的学习效果

任务 3：出库异常情况处理

任务目标

1. 理解货物出库过程中可能会产生的问题
2. 掌握货物出库过程中产生问题的原因
3. 掌握货物出库过程中问题的处理方法

任务导入

小李在王师傅的指导下完成了货物出库作业，可是出库时出错了货位，那么出库的异常情况该如何处理呢？

任务分析

仓储企业由于储存的货物量大、品种多，而且货物属于若干不同的客户，在货物出库过程中难免会遇到问题，应针对货物出库过程中产生的不同问题，采取相应的处理办法。

思政小课堂

仓库管理人员应该对出库异常情况预先制定应对措施，事后分析其发生的原因，经过总结和反思，提出今后的预防措施，逐步培养分析问题和解决问题的能力。

知识准备

在出库作业过程中，通常会出现一些问题，如出库凭证问题、提货数与实存数不符、包装破漏、串发货和错发货、漏记账和错记账等。对于以上问题，仓储企业应根据实际情况采取相应的措施进行处理。

扫一扫，查看"出库异常情况处理"微课

3.1 出库凭证问题

在出库作业过程中，出库凭证通常易出现以下几种问题。

1. 出库凭证超过提货期限

当提货人持超过提货期限的出库凭证来提货时，仓库管理人员应告知其必须先办理相关手续并按规定缴足逾期的仓储保管费用。待提货人办理好相关手续并缴足费用后，仓库方可发货。

2．出库凭证有疑点或者情况不清楚

如果发现出库凭证因制单员填写不规范，导致信息遗漏或者不清楚时，仓库管理人员应当及时与制单员联系，查明情况并予以更正。

3．出库凭证的真实性异常

若发现出库凭证有假冒、复制、涂改的现象，仓库管理人员应及时联系保卫部门和出具出库凭证的单位或部门，以妥善处理。

4．出库凭证上的信息与货物的实际信息不相符

若出库凭证上的货物名称、规格等信息与货物的实际信息不相符，仓库管理人员不得自行换货，而应先告知提货人到相关单位或部门重新开具出库凭证，然后根据新的出库凭证发货。

5．出库凭证遗失

若客户遗失了出库凭证，仓库管理人员应告知其立即办理挂失手续。如果挂失时货物没被提走，经仓库管理人员和财务人员查证属实后，由仓储部门办理挂失登记手续，将原出库凭证作废，并缓期发货；如果挂失时货物已经被提走，则仓储部门不承担责任，但有义务协助客户找回货物。

6．货物入库未验收，或所提货物未入库

若提货人持出货凭证要求提前出库，且该货物尚未验收入库，仓库管理人员应告知提货人待货物验收后再发货，并暂缓办理发货手续。

3.2 串发货和错发货

串发货和错发货是指发货人员不熟悉货物的品种和规格，或者由于工作中的疏漏，将规格、数量错误的货物发出的情况。这种情况发生后就会使一种货物的实际库存数量少于账面数量，而另一种货物的实际库存数量多于账面数量。

如果货物尚未离库，应组织重新发货；如果货物已经出库，仓库管理人员应根据库存实际情况，如实向主管部门和货主通报串发货和错发货的品名、规格、数量等情况，通过与货主协商解决问题。

📝 案例

各电商企业在大促期间由于订单量剧增，错发货问题频发。浦东云仓开发了OMS（订单管理系统），这种无缝对接客户的电商系统，可以实现对订单的智能追踪、记录及整理分析，即使订单数量再多，也可以快速找到其中任意一条，方便发货。

浦东云仓为了提高发货工作的效率和精准度，在货物扫描上下了很大的功夫，还要求员工分批次分拣货物，将发货任务进行拆解，从而提高了精准度，避免少发、漏发、错发货物。

3.3 包装破漏

包装破漏是指在发货过程中，因货物外包装破损引起的渗漏等问题。这类问题主要是在储存过程中由堆垛挤压、装卸操作不慎等原因引起的，发货时包装破漏的货物应经过整理或更换包装方可出库，否则造成的损失应由仓储企业承担。

3.4 漏记账和错记账

漏记账是指在出库作业中，由于没有及时核销明细账而造成账面数量多于或少于实存数的现象。错记账是指在货物出库后核销明细账时没有按实际发货出库的货物名称、数量等登记，从而造成账物不相符的情况。

无论是漏记账还是错记账，一经发现，除及时向有关领导如实汇报情况外，还应根据原出库凭证查明原因，调整保管账，使之与实际库存数保持一致。由于漏记账和错记账给货主单位和承运单位造成损失的，仓储企业应给予赔偿，同时应追究相关人员的责任。

思考：

> 如果发现提货数与实存数不符，但并没有漏记账或者记错账，也有可能是由仓储过程中的损耗造成的，需要考虑该损耗是否在合理范围内，并与货主单位协商解决。在合理范围内的损耗，应由货主单位承担；超过合理范围的损耗，应由仓储企业负责赔偿。

知识拓展

货物出库后产生的问题的处理

1. 在货物出库后，若有客户反映规格混淆、数量不符等情况，如确属保管员的差错，应予以纠正、致歉；反之，则应耐心向客户解释清楚。对于易碎品，在发货后客户要求调换的，应以礼相待，婉言谢绝。如果客户要求帮助解决易碎配件，仓储部门要积极协助解决。

2. 凡属客户原因规格型号开错、要求退换的，保管员应按入库验收程序重新验收入库。如属包装或产品损坏要求退货的，不予以退货，待修好后按有关入库质量要求重新入库。

3. 凡属产品内在质量问题，客户要求退货和换货的，应由质检部门出具质量检查证明、实验记录等书面文件，经货品主管部门同意后，方可退货或换货。

4. 退货或换货产品必须达到验收入库的标准，否则不能入库。

5. 在货物出库后，保管员发现账实（结存数）不符，属于多发或错发的，要派专人及时追回以减少损失。

任务实施

为了改进服务质量，双流集散中心每月进行一次出库异常情况统计分析，表 6-7 所示是 6 月的出库异常情况记录结果。作为仓库管理人员，请你给出对每种异常情况的处理措施，并对异常情况产生的原因进行分析，说明仓库可以采取哪些措施避免或减少这些异常情况的产生。

表 6-7　6 月的出库异常情况记录结果

序号	时间	责任人	异常情况及损失描述	处理措施	原因分析	预防措施
1	6月2日	张三	出库时叉车叉破产品，损失 500 元			
2	6月8日	张三	出货时出错库位，应该出 B1 库位，实际出的是 B2 库位			
3	6月10日	王五	叉车转弯速度过快，造成托盘倒货，部分产品报废，损失 2000 元			
4	6月11日	张三	出错货，将产品编号 1003 看成编号 2003			
5	6月20日	李四	冰红茶应出 2 箱，实际出库 4 箱，多出 2 箱			
6	6月23日	王五	发错货，损失 6000 元			
7	6月26日	李四	C1 与 C2 两个库位，不按操作规定双层叠垛，导致货垛倒塌，撞到铁栏杆旁的叉车上，致使货物受损，损失 10 000 元			

步骤一：针对每种异常情况给出处理措施

造成产品报废的，应按照经济损失给予赔偿；出错货的，没有造成经济损失，与客户协商退换货；多发货的，应要求客户退货；发错货，造成生产延误并产生经济损失的，应给予赔偿，将处理措施填到表 6-7 中。

步骤二：对异常情况产生的原因进行分析，提出今后的预防措施

在表 6-7 中，情况 1、情况 3 属于叉车操作失误造成的异常情况，应对叉车操作人员加强教育和培训，强化安全意识，提升叉车操作技能，使其严格遵守叉车作业规范。

在表 6-7 中，情况 2、情况 4、情况 5 属于拣货、复核操作失误造成的异常情况，复核人员没有仔细核对，没能及时发现差错。应该改进拣货环节的作业质量，加强复核人员的责任意识，运用培训、考核、奖惩等措施改进作业质量。

经查，情况 6 是对应库位的码垛板放错位置导致的发错货，应追究储存人员的责任。可通过加强仓库日常巡查和盘点，及时发现该类错误。

情况 7 属于不按照堆码限制作业，超限堆码导致的货物倒塌事故，应追究入库人员的责任。仓库应将堆码要求、堆码方法等上墙，严格要求相关人员按照规范作业。

任务评价

根据以上出库异常情况及其处理措施，结合实际填写出库异常处理作业任务评价表（见表 6-8）。

表 6-8　出库异常处理作业任务评价表

姓名：			班级：			学号：			
项目	序号	考核项目	考核内容	分值	学生自评（30%）	学生互评（30%）	教师评价（40%）	分数
技术考评（80 分）	1	技能操作	处理措施	30				
	2		原因分析	20				
	3		预防措施	15				
	4		完成时间	5				
	5		安全操作	10				

续表

姓名：			班级：			学号：			
项目	序号	考核项目	考核内容	分值	学生自评（30%）	学生互评（30%）	教师评价（40%）	分数
非技术考评(20分)	6	职业素养	态度端正	5				
	7		遵守纪律	5				
	8		团队合作	5				
	9		细心严谨	5				
总分：								

实战演练

扫一扫，检测你的学习效果

学习心得

学习回顾

通过对本项目内容的学习，我有哪些收获？

1. _____
2. _____
3. _____
4. _____
5. _____

自我反思

我还有哪些不足？

1. _____
2. _____
3. _____
4. _____
5. _____

行动计划

我要从以下几个方面做好出库作业精细化管理工作。

1. _____
2. _____
3. _____
4. _____
5. _____

项目 7

智慧仓储成本精细化管理

任务 1：智慧仓储成本管理

任务目标

1. 掌握智慧仓储成本管理的内容及作用
2. 明确智慧仓储成本的构成
3. 了解智慧仓储成本的核算范围
4. 掌握智慧仓储成本的核算方法

任务导入

顺丰在几年前就借鉴国内外物流公司的先进经验，结合自身的优势，制定了自己的仓储物流改革方案。首先，顺丰成立了仓储调度中心，对全国市场区域的仓储活动进行重新规划，对产品的仓储、转库实行统一管理和控制。其次，顺丰引进了现代物流理念和技术，并完全按照市场机制运作。最后，顺丰筹建了技术中心，将物流、信息流、资金流全面统一在计算机网络的智能化管理之下，建立起各分公司与总公司之间的快速信息通道，及时掌握各地最新的市场库存、货物和资金流动情况，为制定市场策略提供了准确的依据，并且简化了业务运行程序，提高了销售系统的工作效率，增强了企业的应变能力。

任务分析

为了更好地对物流企业进行运营管理，仓库管理人员需要对智慧仓储成本进行核算并处理相关结果，这就需要同学们学习智慧仓储成本的核算方法、流程、结果处理等相关知识。

思政小课堂

很多人都有一个误区，以为物质越多、选择越多，生活质量就越高。他们秉承"多多益善"的信念，高喊"买买买"的口号，新的东西被带回家，却只在最初时能得到青睐，接着就被束之高阁，不见天日。无形中产生了大量的物流成本，生活环境里充斥了太多不必要的东西。其实，好的生活并不需要太多物质的支撑，我们应该继续弘扬勤俭节约的传统美德，因此我们每个人都应该具有成本管理意识。

知识准备

传统仓储管理模式普遍存在成本高、效率低的缺点，已经不能满足现阶段的仓储管理需求。各大企业都在积极构建新的智能仓储管理平台，来协调各个经营环节的运作，提高仓储管理效率，节省劳动力和库存空间，从而降低运营成本，增强企业的市场竞争力。物流过程需要经过各个环节的运作才能完成，其中仓储过程是物流过程必不可少的环节之一。从传统的货物仓储发展到现代物流，仓储成为物流的核心环节，正在发挥着协调整体物流的作用。

1.1 智慧仓储成本管理的内容及作用

智慧仓储成本管理就是用最经济的办法实现储存的功能，即在保证实现储存功能的前提下，如何尽量减少投入。智慧仓储成本管理的任务是用最少的费用在合适的时间和合适的地点取得适当数量的存货。在企业的物流总成本中，仓储成本是一个重要组成部分，对各种仓储成本的合理控制能增加企业的利润；反之就会增加物流总成本，减少企业的利润。

1. 智慧仓储成本管理的内容

智慧仓储成本管理包括以下五个方面的内容。

（1）仓储时间。

经过一定的时间，被储存货物可以获得"时间效用"，这是储存的主要物流功能。随着仓储时间的延长，有形及无形的消耗相应增加，这是"时间效用"的效益背反问题，因而仓储的总效用是确定最优仓储时间的依据。

（2）仓储数量。

仓储数量过多或过少都会影响成本。一定数量的存货可以使企业具有保证供应、生产、消费的能力。仓储数量过多，仓储的持有成本就相应增加；仓储数量过少，会严重削弱仓储对供应、生产、销售等环节的保证能力，其损失可能远远超过减少仓储数量、防止仓储损失、减少利息支出等方面的收益。

（3）仓储条件。

仓储条件不足主要是指仓储条件不能满足被储存货物所要求的良好的仓储环境和必要的管理措施，因而造成被储存货物的损失，从而增加仓储成本，如仓储条件简陋、仓储设施不足、维护保养手段及措施不力等。仓储条件过剩主要是指仓储条件大大超过需求，从而使被储存货物过多地负担仓储成本，造成不合理的费用支出。

(4)仓储结构。

仓储结构失衡主要是指被储存货物的品种、规格等失调，以及被储存货物的各个品种的仓储期限、仓储数量失调。

(5)仓储地点。

由于土地价格的差异，仓储地点选择不合理也会导致仓储成本上升。

2. 智慧仓储成本管理的作用

(1)通过仓储控制降低存货风险。

在一般商品的生产过程中，需要进行适量的安全储备，这是保证生产稳定的重要手段，也是应付交通堵塞、不可抗力、意外事故的应急手段。但存货就意味着资金成本、保管费用的增加，并产生损耗、浪费等风险。通过存量控制、仓储点安排等仓储控制工作，可以降低存货风险。

(2)有利于降低系统物流成本。

智慧仓储成本降低有利于系统物流成本的降低：合理的仓储会减少货物的换装，减少作业次数；机械化和自动化的仓储作业会降低智慧仓储成本；对货物实施有效的保管和养护，大大降低了风险成本。

(3)有利于实现增值服务。

众多物流增值服务在仓储环节进行。通过流通加工提高产品的质量，实现产品个性化；通过控制仓储时间，实现产品的时间效用价值，从而有利于实现增值服务。

1.2　智慧仓储成本核算与分析

1. 智慧仓储成本核算

智慧仓储成本的高低直接影响企业的利润水平，其核算数据可以为企业各个层次的经营管理者提供物流管理所需的成本资料，为编制物流预算、进行预算控制、制订物流计划提供依据。在核算智慧仓储成本之前，首先需要明确智慧仓储成本的核算范围和具体的核算项目。

(1)智慧仓储成本的核算范围。

核算范围取决于成本核算的目的。目的不同，核算范围不同，结果也不同。在核算智慧仓储成本时，原始数据主要来自财务部门，因此首先要掌握按支付形态分类的成本。由于智慧仓储成本在财务会计中没有直接对应的科目，而是与其他部门产生的费用混合在一起的，因此，计算智慧仓储成本既要分析其构成，又要考虑将智慧仓储成本与其他费用分离的方式。智慧仓储成本主要包括材料费、人工费、物业费、管理费、营业外费用、对外支付的保管费用等方面的内容，此外还包括仓库内的装卸搬运成本等。在计算智慧仓储成本时，可以将各项成本分离出来并汇总。如果采取一定的分配方法，还可以计算出单位智慧仓储成本。

(2)智慧仓储成本的核算项目。

具体来讲，智慧仓储成本是由投入仓储生产中的各种要素的成本和费用构成的，如表 7-1 所示。智慧仓储成本是仓储经营过程中各项成本的总和。仓储企业必须通过智慧仓储成本核算，为制订合理的仓储计划、控制智慧仓储成本提供依据。

表7-1 智慧仓储成本的构成

序号	名称	具体内容
1	固定资产折旧	库房、堆场和道路等基础设施建设的投资,以及仓储机械设备的投入
2	工资和福利费用	仓储企业内各类人员的工资、奖金和各种补贴,以及由企业缴纳的住房公积金、医疗保险和退休基金等
3	能源费、水费、材料耗损费	动力、电力、燃料、生产设备等,以及仓库用水和装卸、搬运、生产使用的工具所产生的费用,绑扎、衬垫、苫盖材料的耗损等
4	设备维修费用	大型设备的维修费用每年从经营收入中提取,提取额度一般为设备投资额的3%~5%,专项用于设备大修
5	管理费用	仓储企业为组织和管理仓储生产经营所产生的费用,包括行政办公费用、公司经费、工会经费、职工教育费、排污费、绿化费、咨询审计费、土地使用费、业务费、劳动保护安全费和坏账准备等
6	资金利息	企业使用投资资金所要承担的利息,即资金成本。当资金为借款时,直接支付利息;如果使用自有资金,应当支付利息
7	保险费用	仓储企业对储存的货物按其价值和储存期限投保,对于因意外事故或自然灾害造成的仓储货物损害所要承担的赔偿责任投保所支付的费用
8	外部协作费用	仓储企业在提供仓储服务时使用外部服务所支付的费用,包括业务外包,以及与其他相关单位合作发生的成本,如铁路、码头、汽车等设施和设备的租用费
9	税费	经营过程中仓储企业承担的各种税金
10	营销费用	企业宣传、业务广告和仓储促销活动的费用支出
11	保管成本	因存储货物支出的货物养护和保管的费用,包括用于货物保管的货架和托盘等的费用、为保管货物所消耗的相应耗材的费用、仓库堆场的房地产税等
12	货物搬运和装卸成本	在仓库内移动、装卸货物产生的成本
13	流通加工成本	货物包装、选择、整理和成组等业务所产生的费用

(3) 智慧仓储成本的核算方法——作业成本法。

作业成本法(Activity-Based Costing),是一种通过对所有作业活动进行追踪和动态反映,计量作业和成本对象的成本,评价作业业绩和资源利用情况的成本计算和管理方法。

传统成本核算法对直接费用的核算较为明确,对间接费用的核算采用分配的方式进行,具有较大的随意性。作业成本法就是基于对传统成本核算法中的间接费用分配问题的深入思考而产生的。其基本思想如下:物流作业成本计算根据物流作业动因将物流资源分配到各个物流作业,形成作业成本库;根据物流作业动因,建立物流作业与物流成本对象之间的因果联系,把物流作业成本库中的成本分配到成本对象,计算出成本对象总成本和单位成本。

以下请跟随案例详细了解作业成本法的应用。

案例

某仓储企业A同时服务于甲乙两个客户(甲客户自营业务,乙客户为第三方卖家),月末时其物流总成本、资源成本库、员工总工作时间、甲乙客户订单数及占用资源、作业动因如表7-2至表7-6所示。

表 7-2　物流总成本

支付形态	支付明细	相关费用/元
维护费	固定资产折旧	80 000
人工费	单证处理人员（3人）	7 500
	货物验收人员（3人）	6 000
	货物进出库作业人员（4人）	10 000
	仓库管理人员（3人）	6 000
材料费	办公费	10 000
一般经费	辅助材料费	5 000
合计		124 500

表 7-3　资源成本库

费用	订单处理/元	货物验收/元	仓储管理/元	货物进出库/元	合计/元
人工费	7 500	6 000	6 000	10 000	29 500
折旧费	7 000	7 000	29 000	37 000	80 000
办公费	3 000	1 000	3 000	3 000	10 000
水电费	600	600	1 200	2 600	5 000
合计/元	18 100	14 600	39 200	52 600	124 500

表 7-4　员工总工作时间

员工类别	总工作时间（小时/月）
单证处理人员（3人）	500
货物验收人员（3人）	500
货物进出库作业人员（4人）	800
仓库管理人员（3人）	500

表 7-5　甲乙客户订单数及占用资源

项目（单位）	甲客户	乙客户	合计
月订单总数/份	200	120	320
占用托盘总数/个	700	300	1 000
货物进出库总工时/小时	500	300	800
租赁仓库面积/平方米	10 000	6 000	16 000

表 7-6　作业动因

作业	成本动因
订单处理	订单数
货物验收	托盘数
货物进出库	人工工时
仓储管理	租赁仓库面积

作业成本法的计算步骤如下。

① 确定作业内容。本案例包括订单处理、货物验收、货物进出库和仓储管理四项作业。
② 确定资源成本库。本案例的已知资源成本如表 7-3 所示。

③ 确定作业动因。注意作业动因必须是可量化的，如人工工时、距离、时间、次数等，本案例的作业动因如表 7-6 所示。

④ 计算作业成本。首先计算作业分配系数，再根据作业分配系数求出计算对象的某一项作业成本，然后求和得到计算对象的作业成本。

$$作业分配系数=作业成本÷作业量$$

$$某一项作业成本=作业分配系数×作业动因数$$

根据案例数据，可求出作业分配系数，如表 7-7 所示。

表 7-7 作业分配系数

作业	订单处理	货物验收	货物进出库	仓储管理	合计
作业成本（A）	18 100 元	14 600 元	52 600 元	39 200 元	124 500 元
作业量（B）	320 份（订单数）	1 000 个（托盘数）	800 小时（人工工时）	16 000 平方米（租赁仓库面积）	—
作业分配系数（A/B）	56.5625	14.60	65.75	2.45	—

作业量是根据表 7-4 所示的员工总工作时间、表 7-5 所示的甲乙订单数及占用资源和表 7-6 所示的作业动因共同确定的。由表 7-6 可知，订单处理作业量的作业动因是订单数，因此，只需计算甲乙客户的订单总数即可。

根据表 7-7 所示的作业分配系数，即可求得甲乙客户的实际服务成本，如表 7-8 所示。

表 7-8 甲乙客户的实际服务成本

作业	作业分配系数	实际耗用成本动因数 甲	实际耗用成本动因数 乙	实际成本/元 甲	实际成本/元 乙
订单处理（订单数）	56.5625	200	120	11 312.5	6 787.5
货物验收（托盘数）	14.60	700	300	10 220	4 380
货物进出库（人工工时）	65.75	500	300	32 875	19 725
仓储管理（租赁仓库面积）	2.45	10 000	6 000	24 500	14 700
合计/元				78 907.5	45 592.5
总计/元				124 500	

思考：

在通过作业成本法将成本计算出来后，如何对成本进行控制呢？控制的措施有哪些？

1.3 智慧仓储成本控制及优化

1. 储存合理化的主要标志

（1）质量标志。

货物的质量是货物价值实现的基础。货物的质量包括物理性质和化学性质两方面。

（2）数量标志。

智慧仓储成本随着储存数量的变化而变动，储存数量越大，所产生的智慧仓储成本就越高。确定合理的储存数量是提高保证能力并降低智慧仓储成本的关键。

（3）时间标志。

时间标志反映的是货物在仓储中的周转速度，它和储存数量有关。

（4）结构标志。

结构标志反映的是货物在品种、规格、花色等方面的比例关系。

（5）分布标志。

由于货物的需求在不同的地区会呈现一定的差异，从而仓储数量的需求也是不一样的。通过分析不同地区储存货物的数量比例关系，判断其对当地需求的保障情况。

（6）费用标志。

适当的储存费用也是反映仓储合理化的一个标志。仓租费、维护费、保管费、损失费、资金占用利息支出等是否适当，都能反映储存的合理与否。

2．不合理储存的主要表现

（1）储存条件不足或过剩。

储存条件不足是指不能为货物提供所需要的储存环境，往往造成储存货物的质量和数量的损失，或者由于缺乏必要的储存管理措施，使储存工作不能顺利进行，出现混乱。

储存条件过剩指的是现提供的储存条件大大超过货物的需要，使储存成本增加，这样单位产品将负担较高的储存成本，从而降低了产品的价格竞争优势。

（2）储存数量不当。

① 储存数量偏多。

② 储存数量偏少。

（3）储存时间过长。

合适的储存时间将使被储存的货物获得时间价值，但是随着时间的延长，货物的损耗也在加大，货物所占成本也随着增加。

④ 储存结构失衡。

储存结构反映的是储存货物之间的比例关系。

⑤ 储存分布不合理。

在需求旺盛的地区储存数量较少，在需求低迷的地区储存数量过多，都是储存分布不合理的表现。

⑥ 储存费用过高。

储存费用的出现是以获取储存货物的时间价值为目的的，如果储存费用大于货物所创造的利润，则是不合理的。

知识拓展

通过运用作业成本法计算智慧仓储成本，结合企业的实际情况，可以通过以下途径进行仓储成本控制，尽可能地节约成本。

1. 集中储存

集中储存可节省仓库空间，降低仓储保管费用；通过使用专用运输工具，可降低运输成本，实现企业的低成本运营，提高企业和产品的市场竞争力。

2. 采用特定方式，减少货物的保管风险

"先进先出"是储存管理的准则之一，它能保证每种储存货物的储存期不至于过长，减少货物的保管风险。有效的先进先出的方式主要有如下几种。

（1）重力式货架系统。

（2）混仓法储存。

（3）计算机存取系统。

3. 加大储存密度，提高仓容利用率

加大储存密度，提高仓容利用率，能减少对储存设备的投资，提高单位储存面积的利用率，降低成本，减少土地占用。具体做法如下。

（1）采取高垛法，增加储存的高度，如采用高层货架仓库、集装箱等。

（2）缩小库内通道的宽度以增加有效储存面积，具体方法有采用窄道式通道配以轨道式装卸车辆，以减少车辆运行宽度，采用侧移式叉车、推拉式叉车，以减少叉车转弯所需的宽度。

（3）减少库内通道的数量以增加有效储存面积。具体方法有采用密集型货架、不依靠通道可进车的可卸式货架、各种贯通式货架、不依靠通道的桥式起重机等。

4. 采用科学的储存定位系统，提高仓储作业效率

（1）"四号定位"方式。

（2）电子计算机定位系统。

5. 采用有效的监测清点方式，提高仓储作业的准确程度

对储存物资数量和质量的监测有利于掌握仓储的基本情况，也有利于科学控制库存。在实际工作中稍有差错，就会使账物不符，所以必须及时、准确地掌握实际储存情况，将之经常与账、卡核对，确保仓储物资的完好无损，这是人工管理或计算机管理必不可少的。此外，经常地监测清点也是掌握储存物资数量的重要工作。监测清点的有效方式主要有如下几种。

（1）"五五化"堆码。

"五五化"堆码是手工管理中采用的一种科学方法。在将货物堆垛时，以"五"为基本计数单位，堆成总量为"五"的倍数的垛形，如梅花五、重叠五等。在堆码后，有经验者可过目成数，大大加快了人工点数的速度，并且差错少。

（2）安装光电识别系统。

在货位上安装光电识别系统，该系统对货物进行扫描，并将准确数目自动显示出来。这种方式不需要人工清点就能准确掌握库存的实有数量。

（3）运用电子计算机监控系统。

根据电子计算机的指示存取，可以防止人工出错。

6. 加快周转，提高单位仓容产出

储存现代化的重要课题是将静态储存变为动态储存。周转速度一快，就会带来一系列的好处：资金周转快、资本效益高、货损货差小、仓库吞吐能力增强、成本下降等。具体做法有采用单元集装储存、建立快速分拣系统，这些都有利于实现快进快出、大进大出。

7. 采取多种经营方式，盘活资产

仓储设施和设备的投入巨大，只有在被充分利用的情况下才能给仓储企业带来收益，如果不能被投入使用或只是被低效率使用，只会造成成本的增加。仓储企业应及时做出决策，采取出租、借用、出售等多种经营方式盘活这些资产，提高仓储设备的利用率。

8. 加强劳动管理

工资是智慧仓储成本的重要组成部分。劳动力的合理使用，是控制人员工资的基本原则。我国是具有劳动力优势的国家，劳动力成本较低，较多地使用劳动力是合理的选择。但是对劳动力进行有效管理，避免人浮于事、出工不出力及效率低下也是成本管理的重要方面。

9. 降低经营管理成本

经营管理成本是企业经营活动和管理活动的成本支出，包括管理费、业务费、交易成本等。加强对该类成本的管理，减少不必要的支出，也能降低成本。

任务实施

顺丰仓储中心的核算专员小王接到上级下达的任务，任务要求准确核算仓储作业成本，为分析成本支出和更好地控制成本提供基础数据。

步骤一：对物流成本进行分类

小王首先把公司的物流成本分成了三种类型，并明确了每种物流成本的计算对象。

1. 成本项目类别物流成本

成本项目类别物流成本以物流成本项目为物流成本计算对象，具体包括物流功能成本和存货相关成本。

2. 范围类别物流成本

范围类别物流成本以物流活动的范围为物流成本计算对象，具体包括供应物流、销售物流、回收物流和废弃物物流等不同阶段的物流所产生的各项成本支出。

3. 形态类别物流成本

形态类别物流成本以物流成本的支付形态为物流成本计算对象，具体包括委托物流成本和企业自营物流成本。

步骤二：分离并核算物流成本

接下来，小王需要分离公司的物流成本，并进行物流成本核算。具体做法是根据企业确定的成本计算对象，采用相适应的成本计算方法，按规定的成本项目，通过一系列的费用汇集与分配，计算出各成本计算对象的实际总成本和单位成本。通过成本计算，可以知晓生产经营过程中的实际耗费，同时可以对各种费用的实际支出进行控制。

1. 成本计算思路和方法

按照能否从现行成本核算体系中予以分离的思路，将物流成本分成可以从现行成本核算体系中予以分离的物流成本、无法从现行成本核算体系中予以分离的物流成本两类，分别采用不同的成本计算方法来核算。

（1）可以从现行成本核算体系中予以分离的物流成本。

对于现行成本核算体系中已经反映且分散于各会计科目之中的物流成本，企业在按照会计制度的要求进行正常成本核算的同时，可根据实际情况，选择在期中同步登记相关物流成本辅助账户，通过账外核算得到物流成本资料，或者在期末（月末、季末、年末）对成本费用类科目进行归类整理，从中分离出物流成本。

（2）无法从现行成本核算体系中予以分离的物流成本。

对于现行成本核算体系中没有反映但应计入物流成本的费用，如存货占用自有资金所产生的机会成本，根据有关存货统计资料按规定的公式计算。

2. 物流直接成本和间接成本处理

在计算物流成本时，对于直接为物流作业及相应的物流功能作业所消耗的费用，直接记入物流成本及其对应的物流功能成本。

对于间接为物流作业所消耗的费用，可按照从事物流作业或物流功能作业的作业人员比例、物流工作量比例、物流设施面积或设备比例，以及物流作业所占资金比例等确定。作业成本法就是一种可以用来核算间接成本的方法。

步骤三：用作业成本法核算间接成本

在核算间接成本时，小王发现作业成本法是一种有效核算间接成本的方法。对于间接成本，小王可以根据资源耗用的因果关系，利用作业成本法进行成本核算：先根据作业活动耗用资源的情况，将资源耗费分配给各项作业活动；再依照成本计算对象在作业消耗中使用资源的情况，把作业成本分配给成本计算对象，从而计算出间接成本。

步骤四：填写物流成本表

最后，小王将各类物流成本填入物流成本表的主表和附表。由于生产企业、流通企业、物流企业的业务活动不同，在填写物流成本表的主表和附表时，所填的项目也有所不同。

任务评价

根据以上智慧仓储成本的核算工作，结合实际填写智慧仓储成本核算任务评价表（见表7-9）。

表7-9 智慧仓储成本核算任务评价表

姓名：			班级：		学号：			
项目	序号	考核项目	考核内容	分值	学生自评（30%）	学生互评（30%）	教师评价（40%）	分数
技术考评（80分）	1	技能操作	对物流成本进行分类	10				
	2		分离并核算物流成本	15				
	3		用作业成本法核算间接成本	30				
	4		填写物流成本表	10				
	5		完成时间	5				
	6		安全操作	10				
非技术考评（20分）	7	职业素养	态度端正	5				
	8		遵守纪律	5				
	9		团队合作	5				
	10		细心严谨	5				
总分：								

实战演练

扫一扫，检测你的学习效果

任务2：智慧仓储绩效管理

任务目标

1. 理解仓储绩效管理的意义及仓储绩效考核指标的制定原则
2. 掌握仓储绩效考核指标体系
3. 了解仓储绩效考核的方法

任务导入

在某仓储部门进行2022年工作总结时，小李发现只有成本信息还不够，还有很多信息，如客户满意度、准时交货率等，也能够反映仓储部门的运营情况，小李该怎么总结仓储部门本年度的业绩呢？

任务分析

成本管理不能够完全反映仓储部门的具体运营情况,我们还需要对该部门的经营绩效进行正确、全面的评价。

思政小课堂

在仓储绩效管理中,确定绩效指标体系、统计各项指标数值及形成报告,需要收集大量正确的数据和信息,这个过程能够逐步培养同学们科学严谨、实事求是、吃苦耐劳的工作作风。

知识准备

2.1 仓储绩效管理的意义

仓储绩效考核指标是指反映仓库生产成果及仓库经营状况的各项指标。它是仓储管理成果的集中体现,是衡量仓库管理水平高低的尺度。利用指标进行仓储绩效管理的意义在于对内加强管理,降低仓储成本,对外进行市场开发,接受客户评估。

1. 对内加强管理,降低仓储成本

物流企业可以利用仓储绩效考核指标对内考核仓库各个环节的计划执行情况,纠正运行过程中出现的偏差,具体表现如下。

(1)有利于提高仓储管理水平。

仓储绩效考核指标体系中的每一项指标都反映了某部分工作或全部工作的一个侧面。通过对指标的分析,能发现工作中存在的问题,特别是通过对几个指标的综合分析,能找到彼此间的联系和关键问题之所在,从而为计划的制订、修改及仓储生产过程的控制提供依据。

(2)有利于落实岗位责任制。

仓储绩效考核指标是实行经济核算的根据。因此,对仓储的各个环节进行绩效考核有利于落实岗位责任制,实行按劳取酬和各种奖励的评定。

(3)有利于仓库设施设备的现代化改造。

一定数量、水平的设施和设备是保证仓储生产活动高效进行的必要条件。通过对比作业量系数、设备利用率等指标,可以及时发现仓库作业流程的薄弱环节,以便仓储部门有计划、有步骤地进行技术改造和设备更新。

(4)有利于提高仓储经济效益。

经济效益是衡量仓储部门工作的重要标志,通过指标考核与分析,可以对仓库的各项活动进行全面的检查、比较、分析,确定合理的仓储作业定额指标,制定优化的仓储作业方案,从而提高仓库的利用率,提高服务客户的水平,降低仓储成本,以合理的劳动消耗获得理想的经济效益。

2. 进行市场开发，接受客户评估

物流企业还可以充分利用仓储生产绩效考核指标对外进行市场开发和客户关系维护，给客户提供相对应的质量评估指标和参考数据，具体表现如下。

（1）有利于说服客户，扩大市场占有率。

客户在仓储市场中寻找供应商的时候，在同等价格的基础上，最看重的因素是服务水平。如果物流企业能够提供令客户信服的服务指标体系和数据，就会在竞争中获得有利地位。

（2）有利于稳定客户关系。

在我国目前的物流市场中，以供应链方式确定下来的供需关系并不太多。供需双方的合作通常以 1 年为期，到期客户将对物流供应商进行评估，以决定今后是否继续合作。这时如果客户的评估指标反映良好，则将使物流企业继续拥有这一合作伙伴。

2.2 仓储绩效考核指标的制定原则

仓储是物流活动中的重要组成部分，而物流活动是一个整体，为了保证仓储绩效管理发挥作用，必须建立一个层次清晰、关系合理的仓储绩效考核指标体系作为衡量标准。在制定仓储绩效考核指标时应遵循如下原则。

1. 科学性

科学性原则要求所制定的指标能够客观地、如实地反映仓储生产的所有环节和活动要素。

2. 可行性

可行性原则要求所制定的指标便于工作人员掌握和运用，容易获得数据，便于统计计算、分析比较。

3. 协调性

协调性原则要求各项指标之间相互联系，相互制约，但是不能相互矛盾和重复。

4. 可比性

在对指标进行分析的过程中，很重要的是对指标进行比较，如实际完成与计划相比、现在与过去相比、与同行相比等，所以可比性原则要求指标在时间、内容等方面一致，具有可比性。

5. 稳定性

稳定性原则要求指标应在一定时期内保持相对稳定，不宜经常变动和频繁修改。在执行一段时间后，经过总结再对指标进行改进和完善。

案例

WMS 可以被用来进行仓库工作人员绩效的考核吗？

WMS 不仅能够提高仓储各项作业管理的水平，也能够为绩效管理提供资源数据、经营数据、操作人员作业过程的采集和记录等信息，这使得绩效考核变得智能、全面、标准，并且客观、公

正。管理人员可灵活设定各环节的KPI，由系统自动整理和分析在各个操作过程中采集的信息，并生成绩效考核报表。这样不仅实现了对仓库工作人员操作和执行效率的全面监控，避免了管理人员的徇私舞弊，调动了作业人员的工作积极性，还使得绩效考核变得轻松简单和准确可靠。

2.3 仓储绩效考核指标体系

1. 反映仓库生产成果数量的指标

反映仓库生产成果数量的指标主要有吞吐量、库存量、存货周转率、库存品种数。

（1）吞吐量。

吞吐量是指计划期内仓库中转供应物品的总量，计量单位通常为"t"，计算公式为：

$$吞吐量 = 入库量 + 出库量 + 直拨量$$

入库量是指经仓库验收入库的货物的数量，不包括到货未验收、不具备验收条件、验收发现问题的货物的数量；

出库量是指按出库手续已经点交给客户或承运单位的货物的数量，不包括待发运的货物的数量；

直拨量是指在车站、码头、机场、供货单位等提货点办理完提货手续后，直接从提货点分拨转运给客户的货物的数量。

（2）库存量。

库存量通常指计划期内的月平均库存量。该指标也是同时反映仓库平均库存水平和仓容利用状况的指标，其计量单位为"t"，计算公式为：

$$库存量 = (月初库存量 + 月末库存量) / 2$$

库存量是指仓库内所有纳入仓库经济技术管理范围的本单位和代存单位的货物的数量，不包括待处理、待验收的货物的数量。月初库存量等于上月月末库存量，月末库存量等于月初库存量加上本月入库量再减去本月出库量。

（3）存货周转率。

库存量反映的是相对静止的库存状态，而存货周转率更能体现仓库空间的利用程度和流动资金的周转速度。从现代仓储经营角度来看，仓库中货物的停留时间应越短越好。存货周转率的计算公式为：

$$存货周转率 = (存货销售成本 / 存货平均余额) \times 100\%$$

其中，存货平均余额为年初数加年末数的和除以2。

2. 反映仓库生产作业质量的指标

仓库生产作业质量是指货物经过仓库储存阶段，其使用价值满足社会生产的程度和仓储服务工作满足客户需要的程度。由于库存货物的性质差别较大，客户所要求的物流服务内容也不尽相同，因此，各仓库反映生产作业质量的指标体系的繁简程度会有所不同。在通常情况下，反映仓库生产作业质量的指标主要有收发差错率（收发正确率）、业务赔偿费率、货物损耗率、账实相符率、缺货率等。

（1）收发差错率（收发正确率）。

收发差错率是以收发货所发生差错的累计笔数占收发货总笔数的百分比来计算的。此项指标反映仓库收发货的准确程度，计算公式为：

收发差错率=（收发差错累计笔数/收发货总笔数）×100%

收发正确率=1-收发差错率

收发差错包括因验收不严、责任心不强而造成的错收、错发，不包括丢失、被盗等因素造成的差错，这是仓库管理的重要质量指标。在通常情况下，收发差错率应控制在 0.5%的范围内。对于一些单位价值高的货物或具有特别意义的货物，客户将会要求仓库的收发正确率达到 100%，否则将根据合同予以索赔。

（2）业务赔偿费率。

业务赔偿费率是以仓库在计划期内产生的业务赔罚款占同期业务总收入的百分比来计算的。此项指标反映了仓库履行仓储合同的质量，计算公式为：

业务赔偿费率=（业务赔罚款总额/业务总收入）×100%

业务赔罚款是指仓库在入库、保管、出库阶段，由于管理不严、措施不当而造成仓储货物损坏或丢失所支付的赔款和罚款，以及为延误时间等所支付的罚款，意外灾害造成的损失不计；业务总收入是指在计划期内仓库在入库、储存、出库阶段提供服务所收取的费用之和。

（3）货物损耗率。

货物损耗率是指在保管期间某种货物自然减少的数量占这种货物入库数量的百分比。这项指标反映了仓库货物保管和维护的质量和水平，计算公式为：

货物损耗率=（某种货物的损耗量/期内货物的入库总量）×100%

货物损耗率=（货物损耗额/货物保管总额）×100%

货物损耗率指标主要用于易挥发、易流失、易破碎的货物，仓库应与客户根据货物的性质在仓储合同中规定一个相应的损耗上限。若实际的货物损耗率高于合同中规定的货物损耗率，说明仓库管理不善，对于超限损失部分，仓库要给予赔付；反之，说明仓库管理很有成效。

（4）账实相符率。

账实相符率是指在进行货物盘点时，仓库保管的货物在账面上的结存数与库存实有数量的相互符合程度。在对库存货物进行盘点时，要求根据账目逐笔与实物进行核对。账实相符率的计算公式为：

账实相符率=（账实相符笔数/储存货物总笔数）×100%

要求整进整出的仓库的账实相符率不低于 99.5%，整进零出的仓库的账实相符率不低于 98.5%。通过对这项指标的考核，可以衡量仓库账面货物的真实程度，检查保管工作的完成质量和管理水平，从而避免货物损失。

3. 反映仓库生产物化劳动和活劳动消耗的指标

反映仓库生产物化劳动和活劳动消耗的指标包括：材料、燃料和动力等库用物资的消耗指标；平均验收时间、整车（零担）发运天数、作业量系数等劳动消耗指标；单位进出库成本、单位仓储成本等综合反映人力、物力、财力消耗水平的成本指标等。

（1）库用物资的消耗指标。

库用物资的消耗指标是指库用材料（如防锈油等）、燃料（如汽油和机油等）、动力（如耗电量）的消耗定额。

（2）平均验收时间。

平均验收时间就是每批货物的平均验收时间，计算公式为：

平均验收时间=各批验收天数之和/验收总批数（天/批）

每批货物的验收天数是指从货物具备验收条件的第二天起，至验收完毕单据返回财务部门的累计天数，当日验收完毕并退单的按半天计算。入库验收批数以一份入库单为一批计算。

（3）发运天数。

仓库发运的形式主要分为整车、集装箱整箱发运和零担发运，其发运天数的计算公式也不同，计算公式分别为：

整车（箱）平均发运天数=［各车（箱）发运天数之和］/发运车（箱）总数

整车（箱）发运天数是从调单到库第二日起，到向承运单位点交完毕止的累计天数。对于在库内专用线上发运的货物，其发运天数是从调单到库第二日起至车皮挂走止的累计天数。

零担平均发运天数=（各批零担发运天数之和/零担发运总批数）

发运天数不仅可以反映仓库在组织出库作业时的管理水平，而且可以反映当期的交通运输状况。

（4）作业量系数。

作业量系数反映了仓库实际发生的作业与任务之间的关系，计算公式为：

作业量系数=装卸作业总量/进出库货物总量

作业量系数为1是最理想的，表明仓库的装卸作业组织合理。

（5）单位进出库成本和单位仓储成本。

单位进出库成本和单位仓储成本综合反映了仓库物化劳动和活劳动的消耗。

单位进出库成本=进出库总费用/进出库货物总量

单位仓储成本=仓储总费用/各月平均库存量之和

4．反映仓库生产作业物化劳动占用的指标

反映仓库生产作业物化劳动占用的指标主要有仓库面积利用率、仓容利用率、设备利用率等。

（1）仓库面积利用率。

仓库面积利用率的计算公式为：

仓库面积利用率=（库房货棚货场占地面积之和/仓库总占地面积）×100%

（2）仓容利用率。

仓容利用率的计算公式为：

仓容利用率=（仓库平均库存量/最大仓容量）×100%

（3）设备利用率。

设备利用率的计算公式为：

设备利用率=（设备作业总台时数/设备应作业总台时数）×100%

设备作业总台时数是指各台设备每次作业时数的总和，设备应作业总台时数是指各台设备应作业时数的总和。计算设备利用率的设备必须是在用的完好设备。

5．反映仓库生产劳动效率的指标

反映仓库生产劳动效率的指标主要有全员劳动生产率。全员劳动生产率可以用平均每人每天完成的出入库货物量来表示，计算公式为：
$$全员劳动生产率=全年货物出入库总量/全员年工作日总数$$

6. 反映仓储生产经济效益的指标

反映仓储生产经济效益的指标主要有人均利税率等。

仓库生产绩效考核指标的运用，会由于各个仓库服务对象的不同，而使管理的重点产生较大的差异。

7. 反映客户服务水平的指标

（1）订单准确率。

订单准确率的计算公式为：
$$订单准确率=1-（差错次数/客户委托订单总数）$$

（2）客户投诉率。

客户投诉率的计算公式为：
$$客户投诉率=（客户投诉次数/客户业务委托次数）\times 100\%$$

（3）准时交货率。

准时交货率的计算公式为：
$$准时交货率=（准时交货次数/客户业务委托次数）\times 100\%$$

（4）缺货率。

缺货率反映了仓库保证供应、满足客户需求的程度，其计算公式为：
$$缺货率=（缺货次数/客户要求次数）\times 100\%$$

通过对这项指标的考核，可以衡量仓库进行库存分析和及时组织补货的能力。

知识拓展

仓储绩效考核的方法

1. 对比分析法

对比分析法是将两个或两个以上有内在联系的、可比的指标（或数量）进行对比分析，从而认识仓储企业的现状及其规律性。对比分析法是绩效考核指标分析法中使用最普遍、最简单和最有效的方法，包括计划完成情况的对比分析、纵向动态对比分析、横向类比分析和结构对比分析。

2. 因素分析法

因素分析法是分析影响指标变化的各个因素及其对各自指标的影响程度。因素分析法的基本做法是，在分析某一因素的变动对总指标变动的影响时，假定只有这一个因素在变动，而其余因素都必须是同度量因素（即固定因素），然后逐个因素进行替代，从而得到每个因素对该指标的影响程度。

3. 价值分析法

所谓价值分析法，就是通过综合分析系统的功能与成本的相互关系，寻求系统整体最优化途径的一种技术经济分析方法。

任务实施

1. 背景资料

小李所在的仓储部门占地总面积为 38 271m^2，其中，库房、货棚、货场的占地面积为 24 596m^2，有员工 52 人，2022 年总共完成了 841 万吨的进出库业务（其中入库量为 422 万吨，出库量为 419 万吨），业务总收入为 506 万元，收发货总笔数为 1104 笔（收 412 笔，发 692 笔），其中收发差错累计有 8 笔，赔偿客户 4.35 万元，货物损耗率平均为 1%，储存货物总笔数 432 笔，账实相符笔数为 424 笔，客户投诉 12 次，全年燃料、动力、库用材料等的消耗为 53 万元，进出库总费用为 135 万元，仓储总成本为 306 万元，每笔业务的平均验收时间为 0.5 天，年发运整车数为 658 车，零担车数为 349 车，整车发运的平均时间为 0.8 天，零担发运的平均时间为 0.67 天，装卸搬运作业总量为 839 万吨，设备作业总台时数为 34 215 小时，设备应作业总台时数为 35 632 小时，工作时间为每天 3 班制，每班 8 小时，月库存量记录如表 7-10 所示。

表 7-10 月库存量记录

序号	月初库存量/万吨	月末库存量/万吨
1	28	34
2	34	18
3	18	40
4	40	74
5	74	36
6	36	26
7	26	58
8	58	46
9	46	62
10	62	58
11	58	42
12	42	28

请对该仓储部门 2022 年的绩效进行分析，写出分析报告，提出优化措施。建议以小组合作的方式完成。

2. 引导任务操作提示

步骤一：计算库存量；

步骤二：计算收发差错率；

步骤三：计算业务赔偿费率；

步骤四：计算账实相符率；

步骤五：计算平均验收时间；

步骤六：计算发运天数；

步骤七：计算仓库面积利用率；

251

步骤八：计算设备利用率；

步骤九：计算全员劳动生产率；

步骤十：计算客户投诉率；

步骤十一：根据上述计算结果撰写该仓储部门 2022 年的绩效分析报告，提出相应的优化措施。

任务评价

根据以上工作，结合实际填写仓储绩效分析任务评价表（见表 7-11）。

表 7-11 仓储绩效分析任务评价表

姓名：			班级：		学号：			
项目	序号	考核项目	考核内容	分值	学生自评(30%)	学生互评(30%)	教师评价(40%)	分数
技术考评(80 分)	1	技能操作	绩效指标计算	30				
	2		绩效分析报告	20				
	3		小组汇报	15				
	4		完成时间	5				
	5		安全操作	10				
非技术考评(20 分)	6	职业素养	态度端正	5				
	7		遵守纪律	5				
	8		团队合作	5				
	9		细心严谨	5				
总分：								

实战演练

扫一扫，检测你的学习效果

学习心得

学习回顾

通过对本项目内容的学习，我有哪些收获？

1. _____
2. _____
3. _____

4. _____
5. _____

自我反思

我还有哪些不足？

1. _____
2. _____
3. _____
4. _____
5. _____

行动计划

我要从以下几个方面做好智慧仓储成本管理工作。

1. _____
2. _____
3. _____
4. _____
5. _____

项目 8

智慧仓储运营管理

||| 任务 1：智慧仓储合同管理 |||

任务目标

1. 了解仓储合同的概念和种类
2. 熟悉仓储合同的基本内容
3. 熟悉订立仓储合同应遵循的原则
4. 掌握仓储合同的订立、预防与解决纠纷的方法

任务导入

2021 年 12 月 23 日，JY 物流公司与 SD 粮油进出口有限公司就一项仓储业务进行了洽谈。双方经过协商达成以下约定：由 JY 物流公司为 SD 粮油进出口有限公司保管小麦 60 000kg，小麦包装为袋装，每袋 100kg；保管期限为 2022 年 1 月 15 日至 2022 年 6 月 14 日；仓储费用为 5 万元，任何一方违约，均按仓储费用的 20% 支付违约金；若无特殊情况，双方将于一周后签订正式合同。在洽谈结束后，JY 物流公司业务部经理让小李就以上约定起草一份仓储合同。小李应该如何起草仓储合同呢？

任务分析

为了更好地提供仓储保管服务，仓库管理人员需要准确地拟订仓储合同，这就需要同学们了解仓储合同的主要条款及当事双方的权利和义务等相关知识。

思政小课堂

合同的准确订立对企业管理有很大影响。因此，仓库管理人员一定要高度重视，在拟订合同过程中要耐心，仔细。同学们在学习过程中要有法律意识、权利意识和责任意识。

知识准备

1.1 仓储合同概述

仓储合同是保管人储存存货人交付的仓储物，存货人支付仓储费的合同。提供储存保管服务的一方称为保管人，接受储存保管服务并支付报酬的一方称为存货人，交付保管的货物称为仓储物。仓储合同属于保管合同的一种特殊类型，因此仓储合同也被称为仓储保管合同。仓储合同具有以下特点。

（1）仓储合同是一种给付劳务合同，即以保管人向他人提供仓储保管服务为合同标的，由存货人支付报酬。

（2）涉及的仓储物必须是动产。

（3）合同一方主体必须是以仓储保管业务为其主营业务的人。

（4）仓储合同是有偿合同、承诺合同。

1.2 仓储合同的种类

根据不同的标准，可对仓储合同进行分类。

（1）一般保管仓储合同。仓储物为确定物，在保管期限届满，保管人将原先收保的仓储物原样返还。

（2）混藏式仓储合同（如粮食、油品、矿石或保鲜期较短的商品的保管合同）。这类合同具有保管仓储物价值的功能，在保管期限届满，保管人不需要归还原物，只要求归还相同种类、品质和数量的商品，如粮食、矿石、油品或一些保鲜期较短的商品。这类仓储合同的标的物为确定的种类物，要求保管人严格按照约定数量、质量承担责任，保管人没有合理损耗的权利。

（3）消费式仓储合同（保管人掌握商品所有权，如加油站）。在保管期限届满时，保管人将相同种类、品质、数量的替代物归还存货人。存放期间的仓储物的所有权由保管人掌控，保管人可以行使仓储物的所有权。这种保管人一般具有商品消费能力，如经营期货的保管人、加油站的油库仓储和粮食加工站的粮食仓储的保管人等。因为仓储物的所有权转移至保管人，所以保管人需要承担所有权人的权利和义务。

（4）仓库租赁合同。仓库所有人将所拥有的仓库以出租方式开展仓储经营。仓储方只提供基本的仓储条件，进行一般的仓储管理，不直接对所存放的货物进行管理。从严格意义上说，这不是仓储合同，而是财产租赁合同，但是由于仓储方具有部分仓储保管责任，因此仓储租赁合同具有仓储合同的一些特征。

1.3 仓储合同的双方当事人

仓储合同的双方当事人是存货人和保管人。

1. 存货人

存货人是将仓储物交付仓储的一方，是对仓储物具有占有、使用、收益、处分权利的人。承运人是受让仓储物但未实际占有仓储物的拟似所有人，也可称为存货人。存货人可以是自然人、法人、非法人单位、国家机关、群众组织等。

2. 保管人

保管人是保管仓储货物的一方。保管人必须具有仓储设备设施，如仓库、场地、货架、装卸搬运设施、安全消防设施等，而且具备经营资格。保管人对这些仓储设施设备必须具有有效的经营使用权，并取得相应的公安、消防部门的许可。保管人可以是独立的企业法人、企业的分支机构，或者个体工商户、其他组织等，也可以是专门从事仓储业务的仓储经营者，还可以是贸易货栈、车站、码头的兼营机构及从事配送经营的配送中心等。

3. 仓储合同的标的和标的物

合同的标的是指合同关系指向的对象，即合同双方当事人的权利和义务指向的对象。仓储合同约定的是仓储物的保管事项，标的是仓储保管行为，包括仓储空间和时间。保管人提供保管的空间和时间来保管仓储物，存货人为使用保管人的仓储服务支付仓储费。因此，从这个意义上来说，仓储合同是一种行为合同，是一种双方当事人都需要有行为表现的双务合同。

标的物是合同标的的载体和表现形式。仓储合同的标的物就是存货人交存的仓储物。仓储物可以是生活资料，也可以是生产资料，还可以是特定物和种类物，但仓储物必须是动产，不动产不能成为仓储物。

1.4 仓储合同的订立

1. 要约与承诺

《中华人民共和国民法典》（以下简称《民法典》）规定，当事人订立合同，可以采取要约、承诺方式或者其他方式。仓储合同的订立要求存货人和保管人之间依法就仓储合同的具体内容进行要约和承诺。只要双方的意思表示达成一致，仓储合同就可以订立。

2. 要约与要约邀请

要约是希望和他人订立合同的意思表示。仓储合同的要约是存货人或保管人任何一方当事人，向另一方发出订立仓储合同的意思表示，包括仓储物的名称、数量、质量、仓储时间等，并且以具体的、足以使合同成立的主要条件为内容。对方一经承诺，要约人即受该意思表示的约束。

要约邀请是希望他人向自己发出要约的意思表示。例如，寄送价目表、商业广告都属于要约邀请。依据仓储的现实情况和仓储合同的特点，要约邀请最好是书面形式的。

3. 承诺

承诺是受要约人同意要约的意思表示。仓储合同的承诺与要约的内容完全一致。但存货人或保管人作为受要约人，对要约内容的任何扩充、限制或其他变更，如仓储物、仓储费、交付时间等的变更，都只能构成一项新要约，而非有效承诺。

4. 合同的订立

仓储合同是不以仓储物的交付为条件的，这也是其与普通保管合同的区别。因此，仓储合同一旦订立，双方当事人的权利和义务也就确定了。仓储物的交付是存货人的一项重要义务，存货人若不及时交付仓储物应负违约责任，但不影响合同订立。

5. 订立仓储合同的原则

订立仓储合同应当遵循一定的原则，才可以规范合同双方的行为。

（1）平等原则。平等原则是指地位平等的合同当事人，在权利和义务对等的基础上，经充分协商达成一致，以实现互利互惠的经济利益目的的原则。这一原则包括三个方面的内容。第一，合同当事人的法律地位一律平等。在法律上，合同当事人是平等主体，没有高低、主从之分，不存在命令者与被命令者、管理者与被管理者。这意味着不论所有制性质，也不论单位大小和经济实力的强弱，其法律地位都是平等的。第二，合同中的权利和义务对等。所谓"对等"，是指当事人所取得的财产、劳务或工作成果与其履行的义务大体相当，一方不得无偿占有另一方的财产，侵犯他人权益。第三，合同当事人必须就合同条款充分协商，取得一致，合同才能成立。

（2）自愿原则。合同当事人通过协商，自愿决定和调整相互的权利义务关系。自愿原则体现了民事活动的基本特征，是民事关系区别于行政法律关系、刑事法律关系的特有原则。民事活动除法律强制性的规定外，由当事人自愿约定。自愿原则也是发展社会主义市场经济的要求，随着社会主义市场经济的发展，自愿原则变得越来越重要。自愿原则是贯彻合同活动的全过程的，具体包括：第一，订不订立合同自愿，当事人依自己意愿自主决定是否签订合同；第二，与谁订立合同自愿，在签订合同时，当事人有权选择对方当事人；第三，合同内容由当事人在不违法的情况下自愿约定；第四，在合同履行过程中，当事人可以协议补充、变更有关内容；第五，双方也可以协议解除合同；第六，双方可以约定违约责任，在发生争议时，当事人可以自愿选择解决争议的方式。总之，只要不违背法律、行政法规的强制性规定，合同当事人就有权自愿决定相关事项。

（3）公平原则。公平原则要求合同双方当事人之间的权利和义务要公平合理，要大体上平衡，强调一方给付与对方给付之间的等值性，以及合同上负担和风险的合理分配。公平原则具体包括：第一，在订立合同时，要根据公平原则确定双方的权利和义务，不得欺诈，不得假借订立合同恶意进行磋商；第二，根据公平原则确定风险的合理分配；第三，根据公平原则确定违约责任。公平原则是社会公德的体现，符合商业道德的要求，将公平原则作为合同当事人的行为准则，可以防止当事人滥用权力，有利于保护双方当事人的合法权益，维护和平衡双方当事人之间的利益。

(4) 诚实信用原则。诚实信用原则要求当事人在订立、履行合同，以及合同终止后的全过程中，都要诚实、讲信用、相互协作。诚实信用原则具体包括：第一，在订立合同时，当事人不得有欺诈或其他违背诚实信用的行为；第二，在履行合同义务时，当事人应当遵循诚实信用的原则，根据合同的性质、目的和交易习惯履行及时通知、协助、提供必要的条件、防止损失扩大、保密等义务；第三，在合同终止后，当事人也应当遵循诚实信用的原则，根据交易习惯履行通知、协助、保密等义务，这些义务称为后合同义务。

6．仓储合同的主要条款

仓储合同的条款是检验仓储合同的合法性、有效性，以及合同双方民事责任的重要依据。仓储合同一般应包括以下条款。

(1) 当事人。

仓储合同的当事人包括保管人和存货人，他们是履行仓储合同的主体。在订立仓储合同时，若保管人或存货人为企业，则应注明企业的法定代表人、注册名称和地址；若保管人或存货人为个人，则应注明个人的姓名、身份证号码、户籍地址或常住地址，必要时还应在合同中注明紧急通知人。

(2) 仓储物。

该条款一般应写明以下内容。

① 品名：仓储物的完整名称。
② 种类：仓储物的类别。
③ 数量：用法定的计量单位写明仓储物的数量。
④ 质量：仓储物具有何种标准（国家标准、行业标准、约定标准或质量检验报告显示的标准）的质量。
⑤ 包装：仓储物采用的是何种标准（国家标准、专业标准或约定标准）的包装。
⑥ 标记：仓储物外包装上的标志或拴挂的标签。

(3) 仓储作业。

仓储作业条款一般应包括以下几方面的内容。

① 验收期限：由双方根据需要或者仓储物的性质约定，并在合同中写明。
② 验收内容：写明验收的具体内容，如仓储物品名、种类、数量和质量等。
③ 验收标准：写明验货的标准，如双方约定的标准、国家规定的相关标准等。
④ 验收方法：由双方当事人确定并在合同中写明。

7．仓储合同的效力

仓储合同的效力是指仓储合同生效、无效、变更、解除的情形及其所产生的效力。

(1) 仓储合同的生效。

仓储合同是诺成合同，在订立后立即生效。仓储合同生效的常见情形有以下几种。

① 双方签署合同书。
② 将受要约人的承诺送达要约人。
③ 将合同确认书送达对方。
④ 存货人将货物交付给保管人，保管人在行动上接受货物并表示确认。
⑤ 保管人签发格式合同或仓单等。

在仓储合同生效后，存货人和保管人便开始受其约束。若存货人拒绝交付货物、保管人拒绝接收货物，或者某一方违反合同约定的条款，则违约方应承担违约责任。

（2）仓储合同的无效。

仓储合同的无效是指已经订立的仓储合同因违反了法律规定而被认定无效。若存货人和保管人在订立仓储合同时存在以下情形之一，则可认定仓储合同无效。

① 一方以欺诈、胁迫手段订立合同，损害国家利益的。

② 恶意串通，损害国家、集体或第三人利益的。

③ 以合法形式掩盖非法目的的。

④ 损害社会公共利益的。

⑤ 违反法律、行政法规的强制性规定的。

（3）仓储合同的变更。

合同的变更是指在合同订立后，当事人在原合同的基础上对合同内容进行修改或补充。由于订立合同时不可能对仓储合同所涉及的所有问题都做出明确规定，因此，若在合同履行过程中出现新情况，当事人有必要根据需要对双方的权利和义务进行重新调整或规定。

合同的变更必须由双方当事人本着协商的原则进行。若双方当事人就变更事项达成了一致意见，变更后的内容就取代了原合同内容，双方应按照变更后的合同履行，但变更后的合同条款对已经履行的权利和义务不产生效力。若一方当事人拒绝变更，则合同变更不成立。

（4）仓储合同的解除。

合同的解除是指在合同有效订立后，在一定条件下通过当事人的单方行为或双方意愿终止合同效力或消灭合同关系的行为。仓储合同的解除主要有两种方式。

① 协议解除。协议解除是指双方当事人通过协商或者通过行使约定的解除权而导致仓储合同的解除。解除合同可以在合同生效后、履行完毕之前，双方协商达成解除合同的协议；也可以在订立合同时订立解除合同的条款，当约定的解除合同的条件出现时，一方通知另一方解除合同。

② 法定解除。法定解除是指在仓储合同有效订立后，且尚未履行或尚未完全履行之前，当事人一方行使法律规定的解除权而使合同效力归于消灭。仓储合同的一方当事人所享有的这种解除权是由法律明确规定的，只要法律规定的解除条件成立，依法享有解除权的一方就可以行使解除权。

在仓储合同解除后，尚未履行的部分，终止履行；已经履行的部分，根据履行情况和合同性质，当事人可以要求采取补救措施，如保管人可要求存货人偿付额外支出的仓储费、保管费、运杂费等，存货人可要求保管人恢复原状，返还原物。此外，在仓储合同解除后，存货人或保管人应当承担由于合同解除而给对方造成的损失。

8. 合同的形式

合同的形式是指合同双方当事人关于建立合同关系的意思表示的方式。我国的合同形式有口头合同、书面合同和经公证、鉴证或审核批准的书面合同等。

（1）口头合同是以口头（包括电话等）意思表示而建立的合同。但当发生纠纷时，难以举证和分清责任。不少国家对责任重大的或一定金额以上的合同，限制使用口头合同的形式。

（2）书面形式是指以文字的意思表示方式（包括书信、电报、契券等）而订立的合同，或者把口头的协议做成书契、备忘录等。书面形式有利于分清是非责任、督促当事人履行合同。

我国法律要求法人之间的合同除即时结清者外，应以书面形式签订。

（3）经公证、鉴证或审核批准的书面合同。合同公证是国家公证机关根据合同当事人的申请，对合同的真实性及合法性所做的证明。经公证的合同，具有较强的证据效力，可作为法院判决或强制执行的根据。对于依法定或依约定须经公证的合同，不经公证则无效。合同鉴证是国家工商行政管理机关和国家经济主管部门应合同当事人的申请，依照法定程序，对当事人之间的合同进行的鉴证。当鉴证机关认为合同内容有修改的必要时，有权要求当事人双方予以改正。鉴证机关还有监督合同履行的权力，故鉴证具有行政监督的特点。目前，我国合同鉴证除部门规章或地方性法规有明确规定的以外，一般由当事人自愿决定是否鉴证。合同的审核批准是指按照国家法律或主管机关的规定，某类合同或一定金额以上的合同，必须经主管机关或上级机关审核批准，这类合同非经上述单位审核批准则不能生效。例如，对外贸易合同应依法进行审核批准。

1.5　仓储合同的特点

仓储合同具有以下几个特点。

（1）仓储合同的保管方一般为经国家有关管理机关审核批准而设立的专业仓储公司和商业部门、物资部门等从事仓储业务的法人组织。《仓储保管合同实施细则》规定，该实施细则适用于经工商行政管理机关核准，依法从事仓储保管业务的法人同委托储存货物的法人之间签订的仓储合同。当前，在经济体制改革中，农村出现的经营粮食等农产品仓储业务的专业户，也可以成为仓储合同的主体，不过这是仓储合同中的一种特殊情况。

（2）仓储合同的标的是保管方提供的劳务活动。仓储合同与货物运输合同的标的一样，是保管方使用自己的设备和人力等条件为对方所提供的劳务活动，而不是被保管的物品本身。

（3）仓储合同的标的物是特定物或特定化的种类物。所谓特定物，是指特别指定的物品。特定化的种类物是指物品在被储存保管前不属于特定物，但在储存保管以后，该物品就具有了特定化的性质。因此，被储存保管的物品应该是特定物或特定化的种类物。

1.6　仓储合同的内容

仓储合同的具体内容可参见仓储合同范本。

仓储合同范本

存货方：_____住所：_____

保管方：_____住所：_____

签订地点：

根据《中华人民共和国民法典》的有关规定，存货方和保管方根据委托储存计划和仓储容量，经双方协商一致，签订本合同。

第一条　储存货物的品名、品种、规格、数量、质量、包装。

1. 货物品名
2. 品种规格
3. 数量

4．质量

5．货物包装

第二条　货物验收的内容、标准、方法、时间、资料。

第三条　货物保管条件和保管要求。

第四条　货物入库、出库的手续、时间、地点、运输方式。

第五条　货物的损耗标准和损耗处理。

第六条　计费项目、标准和结算方式。

第七条　违约责任。

1．保管方的责任

（1）在货物保管期间，未按合同规定的储存条件和保管要求保管货物，造成货物灭失、短少、变质、污染、损坏的，应承担赔偿责任。

（2）对于危险和易腐物品等未按国家和合同规定的要求操作、储存，造成毁损的，应承担赔偿责任。

（3）由于保管方的责任，造成退仓不能入库的，应按合同规定赔偿存货方运费和支付违约金____元。

（4）由保管方负责发运的货物，不能按期发货，应赔偿存货方逾期交货的损失；错发到货地点，除按合同规定无偿运到规定的到货地点外，还应赔偿存货方因此而造成的实际损失。

（5）其他约定责任。

2．存货方的责任

（1）由于存货方的责任造成退仓不能入库的，存货方应偿付相当于相应保管费____%（或____%）的违约金。超议定储存量储存的，存货方除交纳保管费外，还应向保管方偿付违约金____元，或按双方协议办理。

（2）易燃、易爆、易渗漏、有毒等危险货物以及易腐、超限等特殊货物，必须在合同中注明，并向保管方提供必要的保管运输技术资料，否则造成的货物毁损、仓库毁损或人身伤亡，由存货方承担赔偿责任。

（3）货物临近失效期或有异状的，在保管方通知后不及时处理，造成的损失由存货方承担。

（4）未按国家或合同规定的标准和要求对储存货物进行必要的包装，造成货物损坏、变质的，由存货方负责。

（5）存货方已通知出库或合同已到期，由于存货方（含客户）的原因致使货物不能如期出库，存货方除按合同的规定交付保管费外，还应偿付违约金或因调拨凭证上的差错所造成的损失。

（6）对于按合同规定由保管方代运的货物，存货方未按合同规定及时提供包装材料或未按规定期限变更货物的运输方式、到站、接货人，应承担延期的责任和增加的有关费用。

（7）其他约定责任。

第八条　保管期限。

　　年　　月　　日起，至　　　年　　月　　日止。

由于不可抗力事故，致使直接影响合同的履行或者不能按约定的条件履行合同时，遇有不可抗力事故的一方，应立即将事故情况通知对方，并说明履行、部分不能履行、需要延期履行的理由和提供有效证明文件，证明文件应由事故发生地区的_____机构出具。按照事故对履行合同影响的程度，双方协商解决是否解除合同，或者免除部分履行合同的责任，或者延期履行合同。

第十条 解决合同纠纷的方式。

执行本合同发生的争议，由双方当事人协商解决。协商不成，双方同意由仲裁委员会仲裁（双方当事人不在本合同中约定仲裁机构，事后又没有达成书面仲裁协议的，可向人民法院起诉）的，由双方当事人申请仲裁委员会裁定。

第十一条 货物商检、验收、包装、保险、运输等其他约定事项。

第十二条 本合同未尽事宜，一律按《中华人民共和国民法典》处理。

存货方（章）：	保管方（章）：
地址：	地址：
法定代表人：	法定代表人：
委托代理人：	委托代理人：
电话：	电话：

1.7 仓储双方的权利与义务

1. 保管人的义务与存货人的权利

（1）保证货物完好无损。

（2）对于库场因货物保管而配备的设备，保管人有义务加以维修，保证货物不受损害。

（3）保管人在负责对货物进行搬运、看护、技术检验时，应及时委派有关人员进行作业。

（4）保管人对自己的保管义务不得转让。

（5）保管人不得使用保管的货物，其不对此货物享有所有权和使用权。

（6）保管人应做好入库的验收和接收工作，并办妥各种入库凭证手续，配合存货人做好货物的入库和交接工作。

（7）对危险品和易腐货物，如不按规定操作和妥善保管，造成毁损，则由保管人承担赔偿责任。

（8）一旦接受存货人的储存要求，保管人应按时接收货物。

2. 存货人的义务与保管人的权利

（1）存货人应保证入库货物的数量、质量、规格、包装与合同规定内容相符，并配合保管人做好货物入库的交接工作。

（2）按合同规定的时间提取委托保管的货物。

（3）按合同规定的条件支付仓储保管费用。

（4）存货人应向保管人提供必要的货物验收资料。

（5）对于危险品货物，必须提供此类货物的性质介绍、注意事项、预防措施、采取的方法等。

（6）由于存货人的原因造成退仓、不能入库的，存货人应按合同规定赔偿保管人因此而造成的损失。

（7）由于存货人的原因造成不能按期发货的，由存货人赔偿逾期损失。

3. 仓储合同中的违约责任

（1）在仓储合同中，保管人的违约责任包括：① 保管人在验收仓储物后，在仓储期间发现仓储物的品种、数量、质量、规格、型号不符合合同约定，应承担违约赔偿责任；② 在仓储期间，因保管人保管不善造成仓储物毁损、灭失，保管人应承担违约赔偿责任；③ 在仓储期间，因约定的保管条件发生变化而未及时通知存货人，造成仓储物的毁损、灭失，由保管人承担违约赔偿责任。

（2）在仓储合同中，存货人的违约责任包括：① 存货人没有按合同的约定对仓储物进行必要的包装或该包装不符合要求，造成仓储物的毁损、灭失，应自行承担责任，并承担由此给保管人造成的损失；② 存货人没有按合同约定的仓储物的性质交付仓储物，或者超过储存期，造成仓储物的毁损、灭失，应自行承担责任；③ 危险有害物品必须在合同中注明，并提供必要的资料，存货人未按合同约定而造成损失，应自行承担责任，并承担由此给保管人所造成损失的赔偿责任；④ 逾期储存，存货人承担支付额外费用的责任；⑤ 储存期满不提取仓储物，经催告后仍不提取，存货人承担相应的违约赔偿责任。

思考：

仓库储存的货物是否可以被转让？怎样才可以转让？

知识拓展

仓单是保管人应存货人的请求而签发的一种有价证券。它表示一定数量的货物已由存货人交付保管人，是持有人享有有关仓储物的所有权的法律凭证。

1. 仓单的内容

根据《民法典》的规定，仓单一般需要包括以下内容：存货人的姓名或者名称和住所；仓储物的品种、数量、质量、包装及其件数和标记；仓储物的损耗标准；储存场所；储存期限；仓储费；仓储物已经办理保险的，其保险金额、期间以及保险人的名称；填发人、填发地和填发日期。

《民法典》第九百一十条，仓单是提取仓储物的凭证。存货人或者仓单持有人在仓单上背书并经保管人签名或者盖章的，可以转让提取仓储物的权利。

2. 仓单的转让

仓单持有人需要转让仓储物时，可以采用背书转让的方式进行。仓单转让生效的条件为背书完整，并且经过保管人签字盖章。背书转让的出让人为背书人，受让人为被背书人。

3. 凭仓单提货

在仓储期满或经仓储保管人同意的提货时间，存货人向仓储保管人提交仓单并出示身份证明，经保管人核对无误后，就可以办理提货手续了。具体提货程序如下。

（1）核对仓单。仓储保管人核对存货人所提交的仓单和存根，确认仓单的真实性；查对仓单的背书完整性；核对仓单上的存货人或被背书人与其所出示的身份证明是否一致。

（2）存货人缴纳费用。如果仓单中记载了由存货人缴纳仓储费，存货人必须按仓单中的约定支付仓储费，核算损害赔偿。

（3）仓储保管人签发提货单证并安排提货。仓储保管人在收取应收费用、收回仓单后，应签发提货单证，准备货物出库。

（4）存货人验收仓储物。存货人根据仓单的记载与仓储保管人共同查验仓储物，签收提货单证，接收仓储物。

任务实施

2021年12月31日，JY物流公司与QA汽车装配厂签订了一份仓储合同。合同约定：由JY物流公司提供仓库为QA汽车装配厂储存汽车配件，储存期限为从2022年1月23日到2022年9月22日，仓储费为5万元，任何一方违约，均按仓储费的20%支付违约金。

在合同签订后，JY物流公司开始清理仓库，并从此拒绝其他人对合同约定仓库的仓储要求。2022年1月20日，JY物流公司已清理完仓库，并告知QA汽车装配厂可以开始送货入库。但QA汽车装配厂表示找到了更便宜的仓库，如果JY物流公司能降低仓储费，他们就考虑送货入库。

JY物流公司不同意这一要求，并且告知QA汽车装配厂："双方可以就此解除合同，但QA汽车装配厂必须向JY物流公司支付1万元违约金。"QA汽车装配厂拒绝支付。双方就此产生纠纷，JY物流公司于2022年1月26日向法院提起诉讼，请求法院令QA汽车装配厂支付1万元违约金。QA汽车装配厂辩称合同尚未进入履行阶段，因而不存在违约问题。

实训要求如下。

步骤一：将全班学生分成若干小组，每小组4~6人；

步骤二：各小组针对上述情况展开讨论，商讨如何解决上述问题，并说明原因；

步骤三：将解决方案以PPT的形式进行展示。

任务评价

在实训结束后，根据表8-1所示的评分标准对学生进行评分。

表8-1 仓储合同分析任务评价表

姓名：			班级：			学号：		
项目	序号	考核项目	考核内容	分值	学生自评（30%）	学生互评（30%）	教师评价（40%）	分数
技术考评（80分）	1	技能操作	问题分析	15				
	2		制定合同	30				
	3		解决方案	25				
	4		汇报能力	10				
非技术考评（20分）	5	职业素养	态度端正	5				
	6		遵守纪律	5				
	7		团队合作	5				
	8		细心严谨	5				
总分：								

实战演练

扫一扫，检测你的学习效果

任务 2：智慧仓储经营管理

任务目标

1. 了解仓储经营的意义
2. 掌握仓储经营的方法
3. 掌握仓储经营方法的选择与运用

任务导入

小李是某高校物流管理专业的毕业生，他打算自主创业，创办仓储企业。小李该如何创办自己的仓储企业呢？

任务分析

要创办仓储企业，就必须了解仓储经营的方法，学会如何选择与运用仓储经营的方法。

思政小课堂

仓储经营是一个精细化的工程，在仓储经营过程中，管理者需要具备整体思维和严谨的工作作风。因此，同学们在学习过程中应该逐步培养大局意识，具备精益求精的职业素养，同时在专业领域创业也需要具有创新意识。

知识准备

为了保证货物储存的合理化，仓储企业必须采用一套科学的仓储经营方法，对库存货物进行有效的动态控制，使仓储资源得以充分利用。现代仓储经营方法根据仓储的目的不同，可分为保管仓储经营、混藏仓储经营、消费仓储经营、仓库租赁经营、流通加工经营等。

265

2.1 保管仓储经营

1. 保管仓储经营的概念

保管仓储经营是指保管人储存存货人交付的仓储物，存货人支付仓储费的一种仓储经营方法。

2. 保管仓储经营的特点

（1）保管仓储经营的目的在于保持仓储物的原有状态。
（2）保管仓储管理的仓储物一般都是数量大、体积大、价值高的大宗货物，一般来说仓储物都是动产。
（3）保管仓储是有偿服务，双方签署规范的仓储合同，保管人为存货人提供仓储服务，存货人必须按约定支付仓储费。
（4）保管仓储经营的整个仓储过程均由保管人组织并操作。
（5）保管仓储经营中货物的所有权不发生转移，归存货人所有。

3. 保管仓储经营的方法

在保管仓储经营中，保管人一方面需要尽可能多地吸引仓储，获得大量的仓储委托，以获得仓储保管收入为目标；另一方面还需要在仓储保管中尽量降低保管成本，提高经营效益。仓储费取决于存货数量、存货时间及仓储费率。其计算公式为：

$$TR = Q \times T \times K$$

式中：
TR——仓储费；
Q——存货数量；
T——存货时间；
K——仓储费率。

仓储总收入可按下式计算：

$$仓储总收入 = 总仓容量 \times 仓容利用率 \times 平均费率$$

2.2 混藏仓储经营

1. 混藏仓储经营的概念

混藏仓储经营是指存货人将一定品质、数量的仓储物交付保管人储藏，在保管期限届满时，保管人只需以相同种类、相同品质、相同数量的替代物返还给存货人的一种仓储经营方法。

2. 混藏仓储经营的特点

（1）混藏仓储经营的对象仅仅是种类物。
（2）混藏仓储经营的仓储物并不随交付而转移所有权。
（3）混藏仓储经营是一种特殊的仓储方式。

3. 混藏仓储经营的方法

混藏仓储经营在物流活动中的作用很重要，适用于农业、建筑业、粮食加工等行业中对品质无差别、可以准确计量的货物。在混藏仓储经营中，仓储经营人应尽可能地控制品种的数量，寻求大批量混藏的经营模式，从而发挥混藏仓储的优势——通过混藏的方式使仓库设备投入更少，充分利用仓储空间。混藏仓储经营的收入主要来源于仓储费，存量越多、存期越长，收益越大。

2.3 消费仓储经营

1. 消费仓储经营的概念

消费仓储经营是指存货人不仅将一定数量的仓储物交付保管人储存，而且与保管人相互约定，将仓储物的所有权也转移给保管人，在合同期限届满后，保管人以相同种类、相同品质、相同数量的替代品返还给存货人的一种仓储方法。

2. 消费仓储经营的特点

（1）消费仓储经营是一种特殊的仓储形式，其运作模式与保管仓储经营基本相同。

（2）消费仓储经营以种类物作为保管对象，在仓储期间存货人将仓储物的所有权转移给保管人。

（3）消费仓储经营以仓储物的价值保管为目的，保管人对仓储物具有自由处分的权利，并可以此获取更多的收益，减少仓储成本。

（4）存货人可以更好地利用消费仓储经营提供的低收费或不收费的优惠条件，降低仓储成本。

3. 消费仓储经营的方法

消费仓储经营的开展使得仓储财产的价值得以充分利用，提高了社会资源的利用率。消费仓储经营可以在任何仓储物中开展，但对保管人的经营水平有极高的要求，现今广泛应用在期货仓储中。消费仓储经营的收益主要来自对仓储物的消费。当该收益大于返还仓储物的购买价格时，保管人就获得了经营利润；当该收益小于返还仓储物的购买价格时，保管人就不会对仓储物进行消费，而是返还原物。在消费仓储经营中，仓储费收入是次要收入，有时甚至采取零仓储费结算方式。

2.4 仓库租赁经营

1. 仓库租赁经营的概念

仓库租赁经营是指仓库保管人出租仓库、场地和设备，由存货人自行保管货物的仓库经营方式。

2. 仓库租赁经营的特点

（1）仓库租赁经营的存货人自行保管货物。

（2）仓库租赁经营的收入主要来自租金。

（3）仓库租赁经营的设备维修由保管人负责。

3．仓库租赁经营的方法

采取仓库租赁经营的依据是仓库保管人开展仓储保管的收益低于出租的收益，其核心是仓库保管人的保管成本无法降低，或者是仓库保管人不具有特殊货物的保管能力和服务水平，即仓储费－保管成本－服务成本＜租金收入。对租用仓库者而言，因其具有特殊的保管能力、作业能力，或者为了内部的需要而租用仓库，自行进行仓储保管。

在仓库租赁经营中，租赁双方不是一般意义上的买主和卖主，而是出租人和租用人，两者之间的关系不是通过买卖合同，而是通过租赁合同确定的，两者的权利和义务也不同于买卖关系中的权利和义务。租用人对租用的仓库及仓库设备享有使用权（不是所有权），并有保护设备、按约定支付租金的义务。出租人对出租的仓库及设备拥有所有权，并享有收回租金的权利。租用人对租用仓库及仓库设备享有按约定的使用权，并保证仓库及仓库设备的性能完好。

仓库租赁经营既可以采用整体出租的方式，也可以采用部分出租、货位出租等分散出租的方式。在分散出租方式下，仓库保管人需要承担更多的仓库管理工作，如环境管理、安保管理等。

2.5 流通加工经营

1．流通加工经营的概念

流通加工经营是指在物品从生产地到使用地的过程中，根据需要施加包装、分割、计量、分拣、刷标志、贴标签、组装等简单作业的总称。流通加工经营是目前仓储企业的一项具有广阔前景的经营业务，它能够给流通领域带来很大的经济效益和社会效益。

2．流通加工经营产生的原因

流通加工经营是物流服务业与现代化生产发展相结合的产物，它弥补了企业大批量生产加工不能满足不同消费者需求的不足。例如，某企业对钢材除了有标号、规格型号上的要求，在长度、宽度等方面也有特殊的要求。但是生产企业面对成千上万的客户，在生产过程中是很难达到该企业的要求的，唯有在流通过程中通过流通加工经营来满足不同客户的需求。这也能够提高物流效率，降低物流成本。

3．流通加工经营的作用

（1）以流通加工经营这一方法来弥补产品在满足个性化消费需求方面的不足，有利于生产者采取规模化的生产模式，进而提高生产率，提高产品质量和经济效益。

（2）提高物流效率与服务质量，使产品满足客户个性化、多样化的需求，使物流功能得以完善和提高。

（3）提高仓储业加工设备的利用率和劳动生产率。将加工对象集中起来进行流通加工，达到低成本、高效率的加工效果，从而满足客户的特殊需求。

（4）提高各种运输手段的运用效率。流通加工经营能使运输工具、装卸设备充分发挥作用，从而提高货物的运输效率，降低运输费用。

（5）完善产品功能，提高经济效益。流通加工经营可以改变一些产品的功能，使其能够满足更广泛的消费需求，从而促进销售。

4．仓储企业开展流通加工经营的经济效益

（1）直接经济效益：提高流通加工的劳动生产率、原材料的利用率和加工设备的利用率；还可以使产品增值、物流成本降低，增加仓储经营收益。

（2）间接经济效益：能为许多生产厂家缩短生产时间，使其可以腾出更多的时间来进行专业化生产；能为多个生产部门或消费部门服务；吸引更多的仓储货源；提高仓储服务的回报率。

总之，流通加工经营是一项具有广阔前景的物流活动。流通加工经营的重要性不仅在于为物流合理化提供了条件，更重要的是为仓储企业提高社会效益和经济效益开辟了一条新途径，它在我国的仓储业中显得越来越重要。仓储企业开展流通加工业务，都要有一定的资源投入或者成本投入，因而需要选择具有优势的业务进行流通加工，才能使得流通加工经营获得收益。

思考：

仓储企业可以通过哪些方式提供增值服务？

知识拓展

优化包装提供增值服务

目前，仓储企业可以通过优化包装来提供增值服务，以满足整个渠道的客户需求。例如，仓库可以通过延伸包装和变换托盘来增值，这种做法可以使制造商只生产一种统一的产品。与此同时，延伸包装可以适应多样化、个性化的包装需求。此外，在将产品交付给客户之前，利用大型机械设备去除其保护包装也是一种仓储增值服务。有时候让客户处理大量的包装是有困难的，因此，去除和回收一些包装材料也是仓储提供的增值服务。流通加工经营不仅为客户提供了方便，也为仓储企业增加了额外收益。

任务实施

仓储企业经营方法调研

1．实训背景资料

指定 3～5 家仓储企业，组织学生对这些仓储企业有针对性地进行调研，以组为单位设计调研问卷。通过调研了解仓储企业的经营理念、经营方法，找出存在的问题，并写出仓储企业经营方法调研报告，通过分析调研报告为企业的经营发展提出合理的改进措施。

2．实训准备

（1）将全班学生分组，每组成员控制在 3～5 人；

（2）了解仓储企业经营方法的相关知识；
（3）收集调研资料，联系调研单位，确定调研时间和地点；
（4）教师进行现场指导，体现以学生为主体的教学特色。

3．实训步骤

步骤一：选择典型的调研对象，确定调研时间和地点；
步骤二：设计调研提纲，准备调研内容；
步骤三：通过调研，了解仓储企业的经营方法；
步骤四：各小组通过资料分析确定仓储企业的经营方法；
步骤五：撰写仓储企业经营方法调研报告；
步骤六：通过分析调研报告，提出合理的改进建议。

任务评价

根据以上调研工作，结合实际填写仓储经营调研任务评价表（见表8-2）。

表8-2　仓储经营调研任务评价表

姓名：			班级：			学号：		
项目	序号	考核项目	考核内容	分值	学生自评（30%）	学生互评（30%）	教师评价（40%）	分数
技术考评（80分）	1	技能操作	调研内容	15				
	2		调研方式	15				
	3		资料整理	15				
	4		报告撰写	20				
	5		改进建议	15				
非技术考评（20分）	6	职业素养	态度端正	5				
	7		遵守纪律	5				
	8		团队合作	5				
	9		细心严谨	5				
总分：								

实战演练

扫一扫，检测你的学习效果

任务 3：客户化仓储管理

任务目标

1. 理解客户化仓储管理的含义
2. 理解客户化仓储管理的作用
3. 掌握客户化仓储战略计划的步骤
4. 掌握客户化仓储管理的要求

任务导入

当今，汇源公司的产品线出现各种包装形态，随着消费者个性化的需求日益突出，产品需要有多样式的包装，单一的包装已不能使产品具备市场竞争力。那么怎样使传统的仓库变为满足客户个性化需求的仓库呢？

任务分析

客户化仓储管理的本质在于储存普通货物直到收到客户的订单。在这点上，仓库完成了按客户的需求将普通货物客户化的增值服务。这需要同学们学习制订客户化仓储战略计划的步骤，以及客户化仓储管理的要求等知识。

思政小课堂

客户化仓储管理是仓储行业在发展过程中所出现的新的管理思想，客户化仓储战略计划需要同学们在学习过程中要有全局的意识，以及细心、严谨、求真务实的职业态度。

知识准备

3.1 客户化仓储管理概述

1. 客户化仓储管理的含义

仓储管理是指对仓库和仓库中储存的货物进行管理。从广义上看，仓储管理是对物流过程中货物的储存，以及由此带来的包装、分拣、整理等活动进行的管理。客户化仓储管理是指储存一般的通用货物，直到收到客户的订单再开始进行最后的生产步骤。

增强仓储作用的关键在于定义一个适当的客户化仓储管理的范围，以便能最经济地满足客户的需要。客户化仓储管理的范围与以下几个因素有关：增值服务的成本、库存的成本、客户化产品所需前置时间与满足客户需求前置时间的比较。目前，仓储管理所面临的挑战来自变动的仓储环境、增长的客户需求，以及客户对更佳仓储表现的要求。客户化仓储管理是解决生产与销售之间的冲突的更好方案。

根据延迟理论，各种活动都应该被尽可能推迟，增加产品满足实际需要的可能性。客户化仓储管理正是延迟理论在"需求链"（需求链表明一个"拉"的配送流，即产品是按照客户的实际需求来生产）上满足客户需求的应用。它推延了生产的最后环节，使产品能按客户的需求生产。其基本思想就是将产品的外观、形状设计及生产、组装、配送、仓储等活动尽可能地推迟到接到客户订单后再确定，以增加产品满足实际需要的可能性。

2. 实施客户化仓储管理的作用

客户化仓储管理可为企业的生产经营起到积极的作用：创造可观的效益；提高客户服务水平（减少退回订单，增强反应能力，增强客户化能力）；减少所需的库存空间；减少库存增加对仓库产生的压力；减少客户退货次数及退货费用；减少储存单元的重组；降低储存时间过长和周转缓慢货物的库存水平；增强应对特殊订单的灵活性；可以有效安排生产计划，在最经济的批量下生产，而不是以库存为基础；可以减少生产线变动；提高库存周转率。

总之，客户化仓储管理有利于增强企业的核心竞争力，提高市场占有率，因而得到越来越多的企业管理者的重视与运用。

3. 客户化仓储管理的优势

客户化仓储管理为企业提供了一个巨大的机会，以增强它们的竞争实力，具体优势如下。
（1）以较短的前置时间提供给客户各类产品而不增加成本，在某些情况下还能降低成本。
（2）模糊了生产与仓储的界限，并且产品能够以有效成本通过需求链进行流动。
（3）通过减少不现实的库存需求预测，减少了生产与销售的冲突。
（4）使仓储的定位从提供时间和空间的有效性转变为在适当的时间和适当的地点（按照客户的需求）提供适当的产品，增强其核心能力。

3.2 制订客户化仓储战略计划的步骤

成功的客户化仓储管理应以客户化仓储战略计划为基础，制订客户化仓储战略计划的步骤如下。

1. 理解客户化和客户化仓储管理目前的地位

作为客户化仓储战略计划制订过程的底线，以下这些问题应该被完全弄懂。
（1）目前所提供的库存范围有多大？
（2）你的客户所要求的库存范围有多大？
（3）市场需要或认为的库存范围有多大？
（4）应如何看待未来的库存？
（5）目前仓储的客户化情况如何？

2. 建立目标

与公司领导层协商，以建立短期、中期和长期的客户化仓储管理的目标，理解其在以下几个方面的组织优势：客户服务、竞争威胁、弱点、力量与机遇、库存减少、容量限制，以及会影响到客户化仓储的战略方向的其他因素，同时确认价值评价标准和客户化仓储管理的方法。

3. 建立数据库

建立数据库的目的是获得以下操作信息。
（1）对所有业务的市场预测和库存增长情况。
（2）12 个月的生产计划。
（3）12 个月的订单，用以确定订单的大致情况及成本分析。
（4）确认产品特征（如装卸单元的定义）。
（5）目前的设备和平面布置、场所计划及限制条件。
（6）目前的运作成本。
（7）经济的价值评估标准和因素。
（8）目前的储存、拣选和包装过程。
（9）对一年产品库存水平的月度回顾。
（10）仓库中的计算机应用水平。

4．分析数据，制定初步可选方案

分析收集的数据以决定大多数产品的共同点，分析生产过程以确定在哪个点上实施客户化仓储管理将会是最有益而最不易引起混乱的；考察可选的客户化方案，包括设备、资料、劳动力、系统和需求的发展；在每种可选方案中，审视客户化过程以决定循环时间，并将其与目前的订单前置时间相比较，在此基础上，确定基本产品与成品库存的正确组合。一旦此组合被确定下来，就可以计算出合适的库存水平，在此基础上就可以建立合适的库存结构。最后，确定每种方案需要的空间、设备及人员数量。

5．评估可选方案，选定最佳战略计划

评估能满足客户化仓储管理的所有功能的仓储管理系统，确保仓储管理系统能实现预定目标。确定每种方案的投资成本、安装成本和操作成本，完成税后经济分析和质量分析。在完成全部经济分析和质量分析的情况下，选择最佳的客户化仓储战略计划。

6．制订行动计划

将已选定的客户化仓储战略计划变成一个行动计划。行动计划必须是分阶段的，并且清楚描述了物料处理系统、存储系统、生产和包装系统及物料控制系统等。

总之，客户化仓储管理为企业提供了一个巨大的机会以增强它们的竞争能力，应该得到充分的重视与使用。

3.3 客户化仓储管理对仓储企业的新要求

（1）仓储企业充分利用市场经济手段，能够获得最合理的仓储资源的配置。

（2）仓储企业具有以高效率为原则的组织管理机构。

（3）仓储企业必须以不断满足社会需要为原则，开展商务活动。

（4）仓储企业必须以高效率、低成本为原则组织仓储生产。

首先，实行会员制，建立长期稳定的消费市场。通过实行会员制，仓储企业以组织约束的形式把大批不稳定的消费者变成了稳定的客户，从而大大地增加营业额和提高市场占有率。其次，仓储企业必须培养大批品牌忠诚者。通过实行会员制，能够培养成为会员的消费者对仓储企业品牌的忠诚感。一方面，会员费收入相当可观。会员费对个人而言是一笔小数目，但对会员众多的仓储企业来说，是一笔相当可观的收入，它往往比销售的纯利润还多。另一方面，实行会员制是类似于减价优惠的一种促销形式，消费者可以从中获取许多利益。例如，享受超低价优惠或特殊服务。对消费者来说，加入仓储企业可以享受价格更低的优惠，一次性支出的会员费远少于以后每次所享受到的超低价优惠，所以往往愿意加入。消费者一旦成为会员，就可以享受各式各样的特殊服务，如定期收到有关资料、取货上门的一站式服务等。

（5）仓储企业必须以优质服务、讲信用建立企业形象。

（6）仓储企业必须通过制度化、科学化的先进手段不断提高管理水平。

（7）仓储企业必须从技术到精神领域提高员工素质。

（8）仓储企业必须掌握新技术和新趋势。

① 交叉配送。交叉配送的作业方式非常独特，而且效率极高，进货时直接装车出货，没有入库储存与分拣作业，降低了成本，加速了流通。

② 射频技术。射频技术在日常的运作过程中可以跟条形码结合起来应用。第一，便携式数据终端设备（PDF）。传统的方式在到货以后要打电话、发 E-mail 或者发报表，而通过便携式数据终端设备可以直接查询货物的情况。第二，物流条形码（BC）。利用物流条形码技术，能及时、有效地对企业的物流信息进行采集跟踪。第三，射频标识技术（RFID）。这是一种非接触式的自动识别技术，它通过射频信号自动识别目标对象并获取相关数据，可在各种恶劣环境中工作。

③ "无缝"供应链的运用。物流的含义不仅包括物资流动和储存，还包含上下游企业的配合程度。"无缝"的意思是，使整个供应链达到一种非常顺畅地连接的状态。也就是说，产品从工厂到商店的货架，这个过程应尽可能平滑，就像一件外衣一样没有缝。在供应链中，每一个供应者都是当中的一个环节，使整条供应链成为一个非常平稳、顺畅的过程。这样，运输、配送，以及对订单与购买的处理等所有的过程，都是一个完整网络当中的一部分，大大降低了物流成本。

④ 物流卫星。

⑤ 网络的 IT 投入和升级管理。

⑥ 全球物流与供应链管理。

> **思考：**
> 客户化仓储管理会使哪些领域发生转变？

知识拓展

客户化仓储管理使生产和销售的责任界线变得更模糊，应由工厂完成的一些任务将转由仓储完成，并致使四个领域发生重大转变。

（1）设施。由于生产的是基本产品，因此生产在变得简单化的同时，也减少了储存成品的空间。因此，仓储需要为客户化提供更多空间，包括商标、包装纸、包装箱的储存空间，生产供应、摆放货架和托盘、组装、包装、贴标签、装配或生产的工作空间，以及进行客户化仓储管理的可变空间。

（2）设备。随着储存需求的改变及一些生产功能的增加，客户化仓储管理需要更多新的、不同的设备。如果需要仓储提供客户化，则相当灵活、合适的设备将是必需的。

（3）技术。为了能处理客户化的需求，仓库必须拥有一个实时的、以条形码及射频技术为基础的仓储管理系统。除了典型的仓储管理系统的功能，客户化仓储管理系统还需要有以下功能：装配客户化所需的材料、按照材料加工单安排生产任务、追踪工作过程。

（4）劳力。在特定的客户化仓储设计中，需要更多的劳动力，或者说仓库中不允许存在剩余劳动力。很明显，它将要求劳动力具有更高的技术水平和可变性，可能一些生产工人将被从生产线上转移到仓库中去完成从生产转至仓储的任务。

任务实施

戴尔可以根据客户的特定需求提供个人电脑，并承诺第二天便能送货到家。LEVI'S为客户量身定做牛仔裤，并在几天内直接送到客户手中。这些案例都体现了客户化仓储的应用。

步骤一：将全班学生分成若干小组，每小组3~5人；

步骤二：实地调研或者收集资料，以3~5家企业为调研对象，了解这些企业面对客户的个性化需求，具体采用了哪些策略实现客户化仓储管理；

步骤三：汇总收集的资料，撰写调研报告；

步骤四：以PPT形式进行汇报。

任务评价

在任务结束后，根据表8-3所示的考核内容对学生进行评分。

表8-3 客户化仓储管理调研任务评价表

姓名：			班级：		学号：			
项目	序号	考核项目	考核内容	分值	学生自评（30%）	学生互评（30%）	教师评价（40%）	分数
技术考评（80分）	1	技能操作	调研内容	15				
	2		调研方式	15				
	3		资料整理	15				
	4		报告撰写	20				
	5		小组汇报	15				

续表

非技术考评（20分）	6	职业素养	态度端正	5					
	7		遵守纪律	5					
	8		团队合作	5					
	9		细心严谨	5					
总分：									

实战演练

扫一扫，检测你的学习效果

学习心得

学习回顾

通过对本项目内容的学习，我有哪些收获？

1. _____
2. _____
3. _____
4. _____
5. _____

自我反思

我还有哪些不足？

1. _____
2. _____
3. _____
4. _____
5. _____

行动计划

我要从以下几个方面做好智慧仓储运营管理工作。

1. _____

2. _____
3. _____
4. _____
5. _____

参考文献

[1] 曲建科,杨明. 物流成本管理[M]. 2 版. 北京：高等教育出版社,2014
[2] 刘晓燕,王晔丹,方秦盛. 仓储与配送管理实务[M]. 北京：中国石油大学出版社,2018
[3] 蒋旭德,彭金山. 仓储管理实务[M]. 北京：北京出版社,2016
[4] 郭冬芬. 仓储与配送管理实务[M]. 2 版. 北京：人民邮电出版社,2021
[5] 柳荣. 智能仓储物流、配送精细化管理实务[M]. 北京：人民邮电出版社,2020
[6] 党争奇. 图解 7S 管理实战[M]. 北京：化学工业出版社,2020
[7] 赵俊秋. 仓储 8S 管理战略[M]. 北京：中国电力出版社,2015
[8] 柳荣. 智能仓储物流、配送精细化管理实务[M]. 北京：人民邮电出版社,2020
[9] 弗布克管理咨询中心. 仓库管理员精细化管理工作手册[M]. 北京：化学工业出版社,2020
[10] 杨帆. 仓储作业实务[M]. 北京：北京交通大学出版社,2018
[11] 苗长川,杨爱花. 仓储管理[M]. 北京：北京交通大学出版社,2011